Redação para CONCURSOS, ENEM E VESTIBULARES

Adriana Figueiredo
Rodolfo Gracioli

Redação para CONCURSOS, ENEM E VESTIBULARES
Aprenda redação com lógica

2ª edição
2025

- Os autores deste livro e a editora empenharam seus melhores esforços para assegurar que as informações e os procedimentos apresentados no texto estejam em acordo com os padrões aceitos à época da publicação, *e todos os dados foram atualizados pelos autores até a data de fechamento do livro.* Entretanto, tendo em conta a evolução das ciências, as atualizações legislativas, as mudanças regulamentares governamentais e o constante fluxo de novas informações sobre os temas que constam do livro, recomendamos enfaticamente que os leitores consultem sempre outras fontes fidedignas, de modo a se certificarem de que as informações contidas no texto estão corretas e de que não houve alterações nas recomendações ou na legislação regulamentadora.

- Data do fechamento do livro: 31/01/2025

- Os autores e a editora se empenharam para citar adequadamente e dar o devido crédito a todos os detentores de direitos autorais de qualquer material utilizado neste livro, dispondo-se a possíveis acertos posteriores caso, inadvertida e involuntariamente, a identificação de algum deles tenha sido omitida.

- Direitos exclusivos para a língua portuguesa
  Copyright ©2025 by
  Saraiva Jur, um selo da SRV Editora Ltda.
  Uma editora integrante do GEN | Grupo Editorial Nacional
  Travessa do Ouvidor, 11
  Rio de Janeiro – RJ – 20040-040

- **Atendimento ao cliente: https://www.editoradodireito.com.br/contato**

- Reservados todos os direitos. É proibida a duplicação ou reprodução deste volume, no todo ou em parte, em quaisquer formas ou por quaisquer meios (eletrônico, mecânico, gravação, fotocópia, distribuição pela Internet ou outros), sem permissão, por escrito, da **SRV Editora Ltda.**

- Capa: Tiago Dela Rosa
  Diagramação: Eramos Serviços Editoriais

- **DADOS INTERNACIONAIS DE CATALOGAÇÃO NA PUBLICAÇÃO (CIP)**
  VAGNER RODOLFO DA SILVA – CRB-8/9410

F475r   Figueiredo, Adriana
        Redação Para Concursos, Enem e Vestibulares: Aprenda redação com lógica / Adriana Figueiredo, Rodolfo Gracioli. – 2. ed. – São Paulo : Saraiva Jur, 2025.

280 p.
ISBN 978-85-5362-435-5 (Impresso)

1. Redação. 2. Concursos. 3. Enem. 4. Vestibulares. I. Gracioli, Rodolfo. II. Título.

                        CDD 469.8
2024-4523   CDU 811.134.3'27

Índices para catálogo sistemático:
1. Redação   469.8
2. Redação   811.134.3'27

Aos meus filhos, Fernanda, Guilherme e Nicholas, luzes da minha vida. Ao meu amigo e parceiro Rodolfo Gracioli, meu carinho e admiração. Sempre. Aos nossos alunos, que sempre foram a razão dessa incessante busca pela melhor maneira de ensinar.

Adriana Figueiredo

A todos aqueles que sempre acreditaram no meu trabalho; a minha querida amiga Adriana Figueiredo, que compartilha sonhos e nunca deixou de se doar para o sucesso dos alunos; a minha esposa, Camila, minhas filhas Victória e Isadora que servem como alicerce para a construção da minha história.

Rodolfo Gracioli

Sumário

Apresentação XI

Introdução XIII

Parte I

O primeiro contato com o mundo dos concursos: o que é fundamental saber sobre redações em concursos, Enem e vestibulares?

Capítulo 1 – Discursiva e suas modalidades nas provas discursivas 3

1.1 As discursivas e as principais bancas do país 3

1.2 Os quatro tipos de provas discursivas 4

1.3 Os dois modelos de temas 8

1.4 Diferentes textos norteadores – análise de provas anteriores 9

    1.4.1 FCC 9

    1.4.2 Cespe 12

    1.4.3 FGV 13

    1.4.4 Outras bancas 14

    1.4.5 Enem 17

Parte II

Estrutura de pensamento: da teoria aplicada ao processo de redação

Capítulo 2 – Texto dissertativo 23

2.1 Mandamentos para uma redação nota 10 e o que não fazer para evitar tirar zero 23

2.2 O que as bancas esperam das redações 27

    2.2.1 Espelhos de correção de bancas, para que servem? 27

    2.2.2 Espelho Estrutura-Expressão-Conteúdo 27

    2.2.3 Espelho Conteúdo-Estrutura 29

    2.2.4 Espelhos de correção baseados em competências (Enem) 31

2.3 Estrutura do texto dissertativo 38

2.4 O que é dissertar? O que é argumentar? 39

2.5 O que é tese? 40

2.6 Os modelos de introdução 41

2.6.1 Três formas de introduzir redações para concursos	41
2.6.2 A introdução na redação do Enem	44
2.7 Como redigir um parágrafo de desenvolvimento	45
2.7.1 O que é tópico frasal?	46
2.7.2 Técnicas de fundamentação de um tópico frasal	47
2.7.2.1 Explicar, exemplificar e dividir	47
2.7.2.2 Elementos de coesão	49
2.7.3 Exemplos de parágrafos de desenvolvimento	51
2.8 Como concluir uma redação	52
2.9 Como concluir uma redação do Enem	53

Capítulo 3 – Aprenda a fazer discursivas: textos expositivos **55**

3.1 Como diferenciar um texto dissertativo-expositivo de um argumentativo?	55
3.2 A introdução de texto dissertativo-expositivo	56
3.3 O parágrafo de desenvolvimento do texto dissertativo-expositivo	58
3.3.1 Técnicas de fundamentação do parágrafo expositivo	59
3.3.2 Exemplos de parágrafo de desenvolvimento de texto expositivo	60
3.4 A conclusão do texto dissertativo-expositivo	63
3.5 Aprenda a redigir um estudo de caso	64
3.6 As três estratégias de estruturação de uma questão dissertativa	66

Capítulo 4 – Método Redação com Lógica® **69**

4.1 Definições gerais	69
4.2 Método Redação com Lógica® – 7 passos da produção da redação	70
4.2.1 As três etapas do método	70
4.2.1.1 Interpretar	72
4.2.1.2 Criar	73
4.2.1.3 Redigir	81

Parte III

Como fazer uma redação perfeita em 90 minutos: usando métodos visuais, temas comentados e abordagens poderosas para preparação prévia, leitura direcionada e construção de um portfólio de argumentos antes da prova

Capítulo 5 – Como pesquisar conteúdos para temas de atualidades **93**

5.1 Método Redação com Lógica® – 7 passos do portfólio de argumentos	93
5.1.1 Estruturar	94
5.1.2 Pesquisar	95
5.1.3 Interpretar	96

Capítulo 6 – Como desenvolver a visão crítica e correlacioná-la a temas da atualidade **99**

Capítulo 7 – Temas comentados **111**

7.1 Aspectos positivos e negativos do avanço da tecnologia	113

7.2	Segurança pública em pauta: problemática da violência urbana – Contextualização	125
7.3	Desvalorização da cultura e da arte no Brasil	137
7.4	Sociedade contemporânea e a disparada dos transtornos emocionais	145
7.5	Democracia digital em alta: politização via redes sociais	154
7.6	Desafios da mulher no século XXI	163
7.7	Problemática do *bullying* e do *cyberbullying*	171
7.8	Necessidade de se debater a educação de trânsito no Brasil	178
7.9	Solidariedade em pauta na era da efemeridade das relações	184
7.10	Desafios para ampliar a celeridade da justiça no país	191
7.11	Felicidade e consumo: a lógica da contemporaneidade	198
7.12	Preservação dos direitos humanos e a questão da xenofobia	210
7.13	Envelhecimento da população e a problemática do etarismo	219

Parte IV
Redações-modelo

Capítulo 8 – Redações nota 10 .... **229**

8.1	Exemplos de textos argumentativos	229
8.2	Exemplos de textos polêmicos	234
8.3	Exemplos de textos expositivos	238
8.4	Exemplos de estudos de caso	243

Glossário	251
Referências	261

Apresentação

A prova de redação vem preocupando muitos estudantes que vão fazer concursos públicos, vestibulares ou Enem, e isso é muito natural. Fuga ao tema, falta de conteúdo, dificuldade de organizar o pensamento – esses são apenas alguns dos grandes obstáculos que são enfrentados. É preciso, portanto, que se conheçam as técnicas que garantirão a produção de um texto claro, bem articulado e consistente. Este livro foi preparado para que o aluno consiga ir além da teoria – vamos trabalhar, na prática, as principais dificuldades dos alunos e mostrar que produzir uma redação perfeita é tarefa que pode estar ao alcance de todos. De forma simples e didática, todos os assuntos foram estruturados de forma que você tenha nas mãos um instrumento indispensável na elaboração de textos. Além da exposição de conceitos e da apresentação da estrutura necessária para se fazer uma redação de sucesso, há um extenso material que permitirá ao aluno visualizar a teoria na prática, de modo a facilitar o aprendizado e otimizar o estudo. Assim, haverá análise de redações de alunos, apresentação de redações-modelo, comentários a respeito de temas de provas anteriores, conteúdos de atualidades desenvolvidos para enriquecer o repertório de argumentação com foco nas diferentes bancas, bem como dicas e orientações específicas imprescindíveis para ajudar os estudantes na escrita de uma redação nota 10.

Introdução

Esta obra é destinada a todos os interessados em aprender a redigir diferentes tipos de redação para concursos públicos, Enem e vestibulares. Aliando teoria, prática e uma linguagem simples e didática, os professores Adriana Figueiredo e Rodolfo Gracioli compartilham a experiência acumulada ao longo de anos dedicados ao ensino de redação para concursos.

A proposta deste livro está diretamente relacionada ao objetivo do estudante: fazer uma redação de alto impacto em apenas 90 minutos. Para isso, optou-se por uma teoria aplicada, ou seja, direcionada para a escrita de dissertações em concursos, Enem e vestibulares, apoiada em uma grande quantidade de exemplos, que facilitam sua visualização.

Um dos grandes diferenciais desta obra é o Método Redação com Lógica® – 7 Passos da Produção da Redação e o Método Redação com Lógica® – 7 Passos do Portfólio de Argumentos, ambos utilizando métodos visuais que colaboram para sua fixação. O Método Redação com Lógica® – 7 Passos da Produção da Redação procura desenvolver nos estudantes as competências que a banca espera ver nas redações. Isso quer dizer que se partiu da correção para se chegar a um conjunto de técnicas e processos que garantem aos candidatos determinadas competências essenciais para uma redação que almeja a nota 10. Já o Método Redação com Lógica® – 7 Passos do Portfólio de Argumentos foi desenvolvido para que o estudante possa ter uma metodologia eficiente de pesquisa que lhe vai permitir ler textos variados, selecionar bons argumentos e montar um portfólio, de modo que no momento da prova ele consiga utilizar esse conteúdo na produção do texto.

Conteúdos de atualidades foram especialmente selecionados pelo professor Rodolfo Gracioli. Ele desenvolveu uma série de temas relevantes que podem ser objeto de concurso. A contribuição, porém, vai muito além, uma vez que a abordagem transdisciplinar empregada permite desdobrá-los em outros temas de áreas atuais problemáticas, como tecnologia, cultura, relações sociais, comportamento, comunicação, entre outros. Munido de uma contextualização objetiva, sem ser superficial, e de uma vasta gama de exemplos e dados estatísticos, você terá um rico material para começar desde já a aplicar o Método Redação com Lógica® – 7 Passos do Portfólio de Argumentos e se preparar para provas de redação de diferentes bancas.

O livro foi construído pensando em um percurso do estudante. Por isso, foi dividido em quatro partes, que se subdividem em 8 capítulos: "Parte I – O primeiro contato com o mundo dos concursos: O que é fundamental saber sobre redações em concursos, Enem e vestibulares?"; "Parte II – Forma: Da teoria aplicada ao processo de redação"; "Parte III – Como fazer uma redação perfeita em 90 minutos: usando métodos visuais, temas comentados e abordagens poderosas para preparação prévia, leitura direcionada e construção de um portfólio de argumentos antes da prova"; e "Parte IV – Redações-modelo".

A primeira parte comporta apenas o Capítulo 1, destinado a ambientar o leitor com o mundo das redações e dos concursos. Nele, são apresentadas as diferentes modalidades de textos dissertativos presentes em provas, as duas formas que os temas costumam aparecer nos certames, com tópicos e sem tópicos, e ainda as características das principais bancas do país. É como se o estudante estivesse se deparando com bancas, diferentes tipos de discursivas e temas pela primeira vez.

A Parte II começa no capítulo seguinte e procura apresentar uma teoria aplicada. Os textos dissertativo-argumentativos são os mais comuns em provas e, como tal, mereceram um tratamento detalhado no Capítulo 2. É neste capítulo que o estudante vai aprender todas as partes da estrutura da redação, os elementos de coesão para melhor encadeamento das ideias e as diferentes formas de fundamentar os argumentos.

O terceiro capítulo segue com o objetivo de ensinar a estruturar a redação, mas, dessa vez, o foco é nas dissertações expositivas, incluindo os estudos de caso e as questões discursivas. Introdução, desenvolvimento e conclusão de textos expositivos, além das diferentes estratégias de estruturação de discursivas, são o foco do capítulo.

O Capítulo 4 encerra a segunda parte do livro apresentando, com exclusividade, o Método Redação com Lógica® – 7 passos da Produção da Redação. Ao longo das três etapas ensinadas neste capítulo, o estudante irá desenvolver competências relacionadas à interpretação, à criação e à redação do texto. É neste capítulo que o candidato terá acesso a técnicas de geração e seleção de ideias, além do roteiro de redação e das máscaras, duas ferramentas que otimizarão o processo de escrita. Com esse conjunto de competências desenvolvidas, o aluno conseguirá aplicar a teoria de forma mais eficiente para a produção de uma redação de alto impacto.

A terceira parte reúne a ideia de fazer uma redação nota 10 em um tempo restrito de 90 minutos. No Capítulo 5, o estudante conhecerá o Método Redação com Lógica® – 7 Passos do Portfólio de Argumentos, que lhe vai permitir otimizar os estudos de atualidades, essenciais para uma boa redação. Em três etapas – Estruturar, Pesquisar e Interpretar –, o candidato vai aprender da seleção dos melhores textos de referência até a construção de um portfólio de argumentos, conhecimento este que pode ser aplicado a qualquer leitura feita ao longo da vida profissional com o objetivo de extrair as melhores informações.

"Como desenvolver a visão crítica e correlacioná-la a temas da atualidade" é o título do Capítulo 6. O capítulo apresenta a necessidade de uma visão multidisciplinar do estudante, que deve ter a capacidade de correlacionar diferentes troncos temáticos. Economia, sociologia, filosofia, cultura, entre outros, permeiam os temas que comumente aparecem em provas. Esse capítulo, em diálogo com o anterior, funciona como a base para o Capítulo 7, em que temas atuais são desenvolvidos, levando-se em conta suas diferentes dimensões, o que permite ao estudante ter informações relevantes comuns a diversos temas correlatos.

Por fim, a quarta parte contém apenas o Capítulo 8, com exemplos de redações nota 10. Aqui é o momento em que o aluno – depois de conhecer a teoria aplicada – terá referências de redações e poderá absorver as melhores práticas.

Para que se chegasse a este formato, os autores tinham em mente que a prova de redação é motivo de desespero para grande parte dos concurseiros e dos candidatos que fazem Enem e vestibulares em busca de uma colocação em uma universidade. Dessa forma, algumas perguntas nortearam o processo de escrita deste livro:

Por que redação amedronta tantas pessoas?

Todo professor de português já ouviu do aluno que fazer redação é muito difícil ou, até mesmo, chato. É comum, também, o estudante comentar que na hora de escrever "deu um branco". Fora os que afirmam não ter conseguido organizar tudo na folha de redação. Os motivos para isso são complexos e, aqui, não há a pretensão de esgotá-los. Dois deles, no entanto, são consensuais: a falta de hábito de leitura e a baixa frequência de exercícios de escrita a partir de um método lógico.

Ler todos os tipos de texto é essencial para que se adquira repertório linguístico e conteúdo. Ademais, bons textos costumam ser bem estruturados e servirão de parâmetro para as redações dos estudantes. Ainda assim, sair da leitura para a escrita não é algo direto nem transparente. Não basta ler muito, é preciso colocar em prática, ou seja, escrever. De preferência, várias vezes antes do dia do concurso.

Quais as maiores dificuldades de quem está estudando?

Há uma série de desafios na escrita de uma redação em um concurso. O primeiro é o tempo. Frequentemente o estudante reclama que não consegue escrever as 30 linhas solicitadas entre uma hora e uma hora e meia. E nada melhor do que a prática para que se consiga escrever mais rapidamente. Agora, nada adianta ser veloz se a redação for desorganizada e sem conteúdo consistente.

Por isso, estruturar uma dissertação atentando para mecanismos lógicos é essencial. Muitas vezes o aluno acredita que os aspectos gramaticais são mais importantes. No entanto, é possível tirar uma nota elevada caso se cometam alguns erros de concordância,

XV

ortografia ou pontuação, por exemplo. Em contrapartida, se a redação não apresentar de forma clara introdução, desenvolvimento e conclusão, se os argumentos em um parágrafo de desenvolvimento não tiverem organizados do aspecto mais geral ao mais específico e se não houver coesão entre os parágrafos e entre os períodos, as chances de se obter uma boa nota são muito pequenas. A experiência mostra que o principal problema de escrita é a organização textual, e não as questões gramaticais.

Qual a melhor maneira de estudar redação?

Esqueça qualquer ideia de que para escrever bem é necessário inspiração e talento. Estamos falando de redação para concursos e, para isso, o que você precisa é de técnica e um bom método de aprendizado, além de conhecer o assunto sobre o qual vai escrever. Depois de dominar a técnica, pratique o máximo que puder. Para otimizar ainda mais os ganhos provenientes do exercício de escrita, uma correção profissional certamente vai ajudar você a perceber os pontos fracos que ainda precisam ser aprimorados.

Como melhor usar este livro para direcionar seus estudos?

O estudante novato em redação para concursos, Enem e vestibulares pode ler esta obra desde o início, de forma linear. Porém, é sempre interessante estudar o sumário, sobretudo se o candidato estiver interessado em algum assunto específico. O Método Redação com Lógica® – 7 passos da Produção da Redação e o Método Redação com Lógica® – 7 passos do portfólio de argumentos, presentes nos Capítulos 4 e 5, respectivamente, são uma metodologia exclusiva deste livro. O estudante não encontrará nada parecido em nenhum outro lugar. Portanto, recomendamos uma atenção especial a esses capítulos. Eles serão responsáveis por transformar a forma como os alunos pesquisam e produzem a redação.

Parte I

O primeiro contato com o mundo dos concursos

O que é fundamental saber sobre redações em concursos, Enem e vestibulares?

CAPÍTULO 1

DISCURSIVA E SUAS MODALIDADES NAS PROVAS DISCURSIVAS

1.1 AS DISCURSIVAS E AS PRINCIPAIS BANCAS DO PAÍS

Antes de começarmos a falar propriamente das redações, vamos apresentar de forma breve algumas das principais bancas do país. É de suma importância ter uma ideia de como as bancas corrigem a redação e o que elas privilegiam. A seguir, destacamos as características mais comuns percebidas nos últimos anos em concursos das bancas selecionadas. Ainda assim, é importante sempre a leitura atenta do edital, que costuma apresentar os critérios de correção utilizados no certame. Comentaremos os critérios de correção de forma mais detalhada e apresentaremos o espelho de cada uma das bancas no Capítulo 2.

Cebraspe (Cespe/UnB): É uma banca que faz concursos para tribunais, áreas de polícia, entre outros. O nível de cobrança da redação é alto. O Cespe privilegia o conteúdo em suas redações. É possível dizer que quase a totalidade dos pontos vai para o conteúdo. Isso não quer dizer que o candidato deva deixar de lado a estrutura da redação, ou seja, você não pode achar que o que vale é apenas *o que* você vai escrever, não importando *como*. Para que o examinador consiga compreender bem o que está escrito, é necessário que o texto esteja com a paragrafação correta, coeso e coerente. Agora, com essa banca, é mais importante saber estruturar bem o texto do que se preocupar com possíveis erros gramaticais, que praticamente não pesam na fórmula que calcula a nota (os espelhos de correção serão trabalhados no Capítulo 2). Além disso, muitos temas de redação do Cespe costumam ser dissertativo-expositivos, ou seja, não tratam de atualidades, e sim de assuntos específicos de área de Direito ou qualquer outro campo de estudo ligado ao cargo de interesse da prova. Nesses casos, não é preciso argumentar nem apresentar uma tese. E mais: normalmente, as provas discursivas da banca apresentam um roteiro com os itens que o candidato deve contemplar dentro do tema. Até pouco tempo atrás, não era necessário fazer introdução nem conclusão em redações do Cespe, o candidato desenvolvia apenas os tópicos apresentados na prova de redação. Isso já não é mais válido, a banca já se posicionou orientando os candidatos que, para tirar a nota máxima, não se pode deixar de lado essas "formalidades". Mas quer uma dica? Faça uma introdução e uma conclusão bem curtas (duas ou três linhas para cada uma das partes). Dessa forma, não se gasta muito espaço destinado a desenvolver o conteúdo, que é o que realmente tem peso na nota final. Mais à frente, falaremos melhor desses detalhes.

FCC: É uma banca que costuma fazer concursos para tribunais e para a área fiscal. É uma das bancas de mais alto nível no Brasil. Uma característica comum em redações da FCC é o tema exigir do candidato uma grande capacidade interpretativa e um conhecimento humanista interdisciplinar. Com frequência, os textos motivadores relacionam assuntos filosóficos, históricos e sociológicos a assuntos relevantes da contemporaneidade, o que pode ser um obstáculo para os candidatos menos acostumados ao exercício de reflexão abstrata. Na redação, a FCC dá mais atenção aos aspectos macroestruturais e de conteúdo do que às questões gramaticais. Além de textos dissertativo-argumentativos, dependendo do cargo de interesse, a banca também vem cobrando estudos de caso.

FGV: É uma banca que costuma solicitar ao aluno um texto dissertativo entre 20 e 30 linhas. É difícil falar dos temas da FGV, porque não é uma banca com um histórico grande. Na quase totalidade das vezes, as provas da FGV apresentam um tema específico (estudos de caso ou não), em vez de um tema de atualidades. Os critérios de correção da banca costumam ser divididos em estrutura textual global, que inclui abordagem do tema e progressão textual, e correção gramatical, compreendida pela seleção vocabular e pela exigência da norma culta da língua.

ENEM: A correção do Enem é feita ao menos por dois professores, que avaliam a redação a partir de cinco competências, todas com o mesmo peso na nota final (200 pontos em um total de 1.000). Assim, os aspectos relativos à norma culta da língua valem 200 pontos, enquanto aspectos relativos ao conteúdo estão distribuídos em duas competências e, portanto, podem valer até 400 pontos. É preciso chamar atenção para uma característica peculiar exigida nas redações do Enem e que acabam tendo um peso considerável na nota final. O candidato deve elaborar uma proposta de intervenção completa e desenvolvida com certo detalhamento. Esse quesito é a competência 5 e, como tal, vale 200 pontos na redação. Por enquanto, não entraremos em mais detalhes. Mais adiante comentaremos de forma pormenorizada.

Pode-se perceber, então, que as principais bancas privilegiam o conteúdo e a organização das ideias no texto, a estruturação do parágrafo, em vez dos aspectos gramaticais (microestrutura). Mesmo quando a banca dá bastante peso às questões gramaticais, em geral a penalização pelos erros não é feita de forma rígida. É por isso que este livro se concentra em apresentar técnicas para que a sua redação fique bem organizada, em vez de se concentrar em aspectos relativos à norma culta da língua. Ou seja, nossa meta é ajudar você a organizar o pensamento, estruturar suas ideias ao longo do texto.

1.2 OS QUATRO TIPOS DE PROVAS DISCURSIVAS

Em concursos, são utilizadas basicamente quatro modalidades textuais: dissertação argumentativa; dissertação expositiva; dissertação polêmica; e estudo de caso. A seguir, uma apresentação breve dessas quatro modalidades (mais adiante nos deteremos em cada uma delas de forma mais aprofundada).

4

O texto **dissertativo-argumentativo** é aquele que defende tese, aquele que traz um posicionamento do autor em relação ao assunto. Nesse caso, a banca apresenta um tema e o candidato precisa se posicionar em relação a ele. Para isso, o autor da redação apresenta uma tese e os argumentos que vão comprovar a tese, ou seja, o direcionamento e o posicionamento que você dará ao tema. Normalmente, o tema de um texto dissertativo-argumentativo é algum assunto de atualidades. Essa é a modalidade mais comum em concursos, é a que o Enem solicita, além de ser a opção de diversos vestibulares.

Veja a seguir um exemplo de um tema dissertativo-argumentativo:

FCC 2018 – TRT 2 – ANALISTA JUDICIÁRIO

Que o crescimento do capital e os interesses dos investidores tenham leis que dependem de uma matemática acadêmica é perfeitamente admissível.

Que essas leis entrem em contradição com os limites impostos pelos sistemas nacionais de legislação social é igualmente claro.

Mas que sejam leis históricas inelutáveis, às quais seja inútil se opor, e que prometam para as gerações futuras uma prosperidade que vale o sacrifício dos sistemas de proteção social, isso não é mais uma questão de ciência, mas de fé.

Os partidários do liberalismo econômico integral penam para demonstrar que a livre circulação de capitais seja a medida que conduzirá a humanidade a um futuro melhor.

*(Adaptado de: RANCIÈRE, Jacques. **O ódio à democracia.** Trad. Mariana Echalar. São Paulo, Boitempo Editorial, 2014, edição digital)*

Com base na afirmação acima elabore um texto dissertativo-argumentativo. Justifique sua resposta.

Neste exemplo, a banca indicou que o candidato deveria fazer um texto dissertativo-argumentativo com base no texto motivador, de onde era preciso interpretar o tema. Muitas vezes, em vez de a banca solicitar diretamente que se faça um texto dissertativo-argumentativo, há um comando indicando que o candidato deve se posicionar em relação ao tema. De um modo ou de outro, o que a banca quer é que um ponto de vista dentro de um tema seja defendido por meio de argumentos fundamentados.

Já o texto **dissertativo-expositivo** é aquele que expõe conceitos sobre um assunto de uma determinada área sem que apresente juízo de valor. Muitas vezes, as redações dissertativo-expositivas apresentam tema de assunto específico da área de interesse do concurso que o candidato está prestando.

A seguir, separamos um exemplo de um tema de redação dissertativo-expositiva.

CESPE 2019 – PRF/POLICIAL RODOVIÁRIO FEDERAL

A Lei n. 11.705/2008, conhecida como Lei Seca, por reduzir a tolerância com motoristas que dirigem embriagados, colocou o Brasil entre os países com legislação mais severa sobre o tema. No entanto, a atitude dos motoristas pouco mudou nesses dez anos. Um levantamento, por meio da Lei de Acesso à Informação, indicou mais de 1,7 milhão de autuações, com crescimento contínuo desde 2008. O avanço das infrações nos últimos cinco anos ficou acima do aumento da frota de veículos e de pessoas habilitadas: o número de motoristas flagrados bêbados continua crescendo, em vez de diminuir com o endurecimento das punições ao longo desses anos. Internet: g1.globo. com (com adaptações).

Nas estradas federais que cortam o estado de Pernambuco, durante o feriadão de Natal, a PRF registrou cento e três acidentes de trânsito, com cinquenta e dois feridos e sete mortos. Segundo a corporação, seis motoristas foram presos por dirigir bêbados e houve oitenta e sete autuações pela Lei Seca. Os números são parte da Operação Integrada Rodovia, deflagrada pela PRF. Em 2017, foram registrados noventa acidentes. No ano passado, a ação da polícia teve um dia a menos. Internet: g1.globo.com (com adaptações).

Considerando que os fragmentos de texto acima têm caráter unicamente motivador, redija um texto dissertativo acerca do seguinte tema.

O COMBATE ÀS INFRAÇÕES DE TRÂNSITO NAS RODOVIAS FEDERAIS BRASILEIRAS

Ao elaborar seu texto, aborde os seguintes aspectos:

– medidas adotadas pela PRF no combate às infrações; [valor: 7,00 pontos]
– ações da sociedade que auxiliem no combate às infrações; [valor: 6,00 pontos]
– atitudes individuais para a diminuição das infrações. [valor: 6,00 pontos]

A terceira modalidade é o texto **dissertativo polêmico**. Esse tipo de redação tem aparecido cada vez mais em concursos. O texto dissertativo polêmico exige que o candidato escolha um dos lados da polêmica sugerida pelo tema. Assim como no argumentativo, nesse tipo de texto, você tem que se posicionar. A diferença para um texto dissertativo-argumentativo comum é que no polêmico haverá os dois lados de uma discussão (por exemplo, aqueles que são a favor e aqueles que são contra) e no argumentativo propriamente dito isso não acontece, só há um lado da discussão. Aqui, uma boa sugestão é apresentar os argumentos a favor da sua posição e os contra-argumentos, deixando claro que um dos dois pontos de vista é o que se defende. Enfim, com um tema polêmico, você não pode ficar em cima do muro.

Trouxemos um exemplo de tema polêmico para ilustrar:

FCC 2018 – TRT 15ª – ANALISTA JUDICIÁRIO – ÁREA ADMINISTRATIVA

A conhecida frase "A liberdade de cada um termina onde começa a liberdade do outro" é entendida, por uns, como uma necessária <u>restrição</u>, e, por outros, como uma necessária <u>garantia</u>. Considere essa dupla interpretação e manifeste seu ponto de vista diante dela em um texto dissertativo-argumentativo.

O comando do tema solicita ao candidato manifestar o seu ponto de vista diante das duas interpretações possíveis para a frase "A liberdade de cada um termina onde começa a liberdade do outro". Assim, o texto deve defender, por meio de argumentos, um dos polos apresentados.

Observação

Para identificar se o tema da prova é polêmico, uma boa dica é ver se os textos norteadores (também chamados de textos de apoio, motivadores ou coletânea) trazem opiniões distintas sobre o mesmo assunto e/ou se o tema solicita uma tomada de posição diante de uma polarização.

A última modalidade textual que vamos trabalhar neste livro é o **estudo de caso**, que é quando a banca apresenta uma situação específica (um caso) e pede que o candidato dê uma solução para o problema. É um texto semelhante ao expositivo, mas que solicita ao autor que ele solucione a situação concreta dada. O estudo de caso se apresenta por meio de uma história, e, em seguida, a banca faz perguntas que remetem a essa narrativa.

A seguir, um exemplo de estudo de caso.

FGV 2018 – SEPLAG – NITERÓI-RJ – ANALISTA DE POLÍTICAS PÚBLICAS E GESTÃO GOVERNAMENTAL – GESTÃO GOVERNAMENTAL

Uma montadora japonesa de veículos estabeleceu um plano estratégico para ampliar seu mercado, levando sua linha de SUVs para ser comercializada nos Estados Unidos. O plano prevê, ainda, o envio de 300 motocicletas por ela fabricadas para auxiliar no deslocamento dos funcionários, que não poderão ser comercializadas no país.

Seguindo sua estratégia, na qual a padronização dos modelos está aliada à automatização, a montadora tem como objetivo um crescimento rápido e uma elevada participação no mercado.

Embora a empresa tenha seguido minuciosamente o planejamento, as vendas não decolaram. Em razão disso, a montadora decidiu enviar os SUVs não vendidos para o Japão. No entanto, os americanos se mostraram interessados pelas motos utilizadas pelos funcionários, convencendo a empresa a comercializar esse lote limitado, o que evitaria os custos de enviá-las de volta para o Japão.

Percebendo a oportunidade, um influente empresário americano oferece uma parceria à montadora japonesa, para ser o representante de vendas das motos no país, dando início a uma atividade de grande sucesso.

Em relação à situação apresentada, responda aos itens a seguir.

A) Considerando os conceitos modernos de estratégia e as limitações da estratégia delibera--da, analise se o caso da empresa representa um exemplo de estratégia bem-sucedida. Justifique.

B) Explique o posicionamento da empresa, com base no modelo de estratégias genéricas, proposto por Michael Porter.

Essas são as quatro modalidades textuais que aparecem nos concursos atuais. O que muda de um concurso para outro é o número de linhas disponíveis para que o texto seja desenvolvido.

Resumindo

Texto dissertativo = Prova discursiva

- ✓ Texto argumentativo (tema de atualidade):
  - polêmico
  - não polêmico
- ✓ Texto expositivo (tema específico/técnico) – em geral tem entre 10 linhas (questão discursiva) e 30 linhas
- ✓ Estudo de caso

1.3 OS DOIS MODELOS DE TEMAS

Os concursos atuais têm trabalhado com dois modelos de apresentação do tema: com a presença de tópicos e sem a presença de tópicos. Dessa forma, a prova pode apresentar os textos norteadores seguidos do tema e, então, apresentar ou não tópicos. Quando a prova apresenta tópicos, é necessário que o candidato escreva sobre os tópicos solicitados ao longo da redação, respeitando a ordem em que aparecem na prova. Cada um dos tópicos deverá ser desenvolvido em um parágrafo próprio. Para resumir: o candidato deve evitar mudar a ordem dos tópicos e deve falar de cada um deles em um único parágrafo, sem "invadir" o parágrafo seguinte falando do assunto do parágrafo anterior. Isso pode confundir o corretor da redação.

O esquema a seguir deixa as semelhanças e diferenças mais claras:

Modelo de tema 1: com tópicos

- Os textos que antecedem o tema servirão apenas como fonte de inspiração (textos norteadores);

- Os argumentos são apresentados pela banca, por meio de tópicos;

- Os argumentos devem ser desenvolvidos pelo aluno na ordem em que foram apresentados, cada um em um parágrafo próprio.

Modelo de tema 2: sem tópicos

Neste caso, a banca não apresenta os tópicos. Há os textos norteadores e, em seguida, o tema.

- A função dos textos que iniciam a prova é também a de esclarecer o candidato quanto ao tema (textos norteadores);
- Desenvolvimento livre: a banca não impõe os argumentos;
- Argumentos e exemplos não podem ser retirados dos textos. O candidato deverá "criar" seus próprios argumentos.

1.4 DIFERENTES TEXTOS NORTEADORES – ANÁLISE DE PROVAS ANTERIORES

Vamos agora ilustrar o procedimento de leitura do tema e dos textos norteadores para que o processo fique mais claro. O roteiro para iniciar a escrita da redação será explicado de forma mais detalhada no Capítulo 4.

1.4.1 FCC

FCC 2014 – SAEB-BA – PERITO CRIMINALÍSTICO – SUPERIOR

Texto 1

O Marco Civil da Internet estabelece uma série de proteções a nossa privacidade na rede. Embora não impeça a espionagem, coloca na ilegalidade a cooperação entre empresas e governos no monitoramento massivo. A lei também não impedirá Google e Facebook de venderem nossas informações, mas define que isso deve ser autorizado de maneira expressa e informada.

*(Adaptado de: EKMAN, Pedro. **Intervozes-CartaCapital,** 11-3-2014. Disponível em: http://zip.net/bvmLsW.)*

Texto 2

Há um debate hoje, em democracias consolidadas, sobre a inconveniência de se retirar conteúdo jornalístico de circulação, um procedimento que pode ferir os princípios básicos da liberdade de expressão. No Brasil, o Marco Civil da Internet permite que juízes de juizados especiais, motivados por "interesse da coletividade" (um conceito vago e impreciso), determinem liminarmente a retirada de conteúdo de um site.

*(Adaptado de: RODRIGUES, Fernando. **Uol Notícias,** 26-3-2014. Disponível em: http://zip.net/bgny9Y.)*

*A partir da reflexão suscitada pela leitura dos textos, escreva um texto dissertativo-argumentativo, a respeito do seguinte tema: **Marco Civil da Internet: proteção à privacidade ou censura?***

Nesse exemplo, há dois textos norteadores, e o tema **Marco Civil da Internet: proteção à privacidade ou censura?** foi apresentado destacado do texto, em forma de comando.

A primeira coisa a chamar atenção no tema é a conjunção alternativa "ou", em "proteção à privacidade OU censura?". E ela chama atenção porque é um forte indício de se tratar de um tema polêmico. Isso porque o "ou" sugere que o autor da redação terá que escolher um dos dois lados propostos. Nesse exemplo, se o Marco Civil da Internet se trata de uma "proteção à privacidade" OU se trata de "censura".

Para confirmar a suspeita de que o tema é polêmico, vamos à leitura dos textos norteadores. Quando o tema solicita que o aluno assuma um dos lados dos polos apresentados, cada um dos textos norteadores deve versar sobre um dos polos. Resumindo: um texto deve defender a ideia de que o Marco Civil da Internet é importante como forma de proteger a privacidade, enquanto o outro deve defender que a regulamentação é censura.

Lendo o texto 1, o candidato logo se depara com a ideia de que o Marco Civil da Internet estabelece proteções à privacidade na rede. Essa afirmação aparece como um fato, e não como um posicionamento, e tem caráter de contextualização. É somente no terceiro período que é possível ter certeza do ponto de vista a ser defendido. Vejamos: "*A lei não impedirá Google e Facebook de venderem nossas informações, mas define que isso deve ser autorizado de maneira expressa e informada*". O trecho reafirma a ideia de que o Marco Civil da Internet tem a função de garantir a privacidade.

Assim, pode-se reescrever a ideia do texto da seguinte forma: O Marco Civil da Internet estabelece proteções à privacidade. A lei só permite que *sites* vendam as informações do usuário se, e somente se, o internauta for avisado expressamente e der autorização para isso.

O texto 2 deve, então, defender que o Marco Civil da Internet é na verdade uma forma de censura na rede. Para não tirarmos conclusões precipitadas, vamos lê-lo. Novamente, o primeiro período do texto norteador apresenta um tom de contextualização apontando para a ideia que será defendida, a de que a lei pode ser entendida como censura: *Há um debate hoje, em democracias consolidadas, sobre a inconveniência de se retirar conteúdo jornalístico de circulação, um procedimento que pode ferir os princípios básicos da liberdade de expressão.*

O período seguinte, que fecha o trecho, reafirma, ainda mais claramente, a ideia de que o Marco Civil da Internet é uma forma de censura, já que a lei permite que juízes "*determinem liminarmente a retirada de conteúdo de um site*".

Resumindo

O comando do tema, ao ser construído por meio de uma pergunta em que dois pontos de vista foram apresentados por meio de uma conjunção alternativa "ou", indica se tratar de uma redação polêmica. A análise dos dois textos norteadores confirmou a suspeita. O texto 1 defende que o Marco Civil da Internet é uma proteção à privacidade; já o texto norteador de número 2 entende que a lei tem caráter de censura.

A FCC prioriza a interpretação dos textos norteadores para a compreensão dos temas. Isso fica mais claro quando a prova não apresenta o tema por meio de um comando. Nessa situação, torna-se essencial que o aluno leia e interprete os textos norteadores, de modo que consiga depreender o tema e desenvolvê-lo de forma consistente e dentro das expectativas da banca.

Agora, vamos apresentar um exemplo em que o tema não vem em forma de comando. Muita gente, quando olha uma prova assim, sai comentando que não havia nem tema de redação. Tema há, sim... Ele só não vem destacado, deve ser depreendido do texto norteador. Quando isso acontece, o candidato precisa interpretar o texto, de modo a conseguir extrair dele o tema da redação que irá desenvolver.

FCC 2014 – TRF 1ª – ANALISTA JUDICIÁRIO – INFORMÁTICA – SUPERIOR

Em entrevista recente, o filósofo francês Alain Badiou explicou sua afirmação de que "a ecologia é o ópio do povo", feita anteriormente. Segundo ele, "a ecologia é hoje um misticismo que não teme assumir tonalidades catastrofistas. Com o declínio das religiões históricas, a ecologia, com o acento que ela coloca em questões como 'a preservação da natureza', ou mesmo de uma relação perdida do homem com esta mesma natureza, parece-me uma nova forma de messianismo. Eu não me preocupo exatamente com o destino da natureza, preocupo-me com o destino dos homens. É essa preocupação que deveria pautar nossas ações atuais".

(Folha de S.Paulo, *6-7-2014, com adaptações)*

Desenvolva um texto dissertativo-argumentativo, sobre as questões que Alain Badiou discute acima. Justifique seu ponto de vista.

Muitas vezes, sobretudo em provas da FCC, o tema não é apresentado por meio de um comando. Quando isso acontece, resta ao candidato ler o(s) texto(s) norteador(es) com atenção para que consiga extrair dele o que a banca espera que seja desenvolvido. Vamos, então, treinar?

Quando o candidato começa a ler o texto norteador, ele tem acesso a um trecho do pensamento do filósofo Alain Badiou a respeito da ecologia. Os três primeiros períodos cumprem a função de contextualização, mas não trazem claramente a tese do pensador francês.

Ao fim do terceiro período, a presença do modalizador "parece-me" dá indicações de que será apresentada a opinião de Badiou. O período seguinte confirma a suspeita:"*Eu não me preocupo exatamente com o destino da natureza, <u>preocupo-me com o destino dos homens</u>*".

Apesar de a prova apresentar somente um texto motivador, com a defesa de um ponto de vista, esse texto carrega na verdade uma polêmica. E que polêmica é essa? É a discussão entre a defesa da ecologia *versus* a defesa do homem.

1.4.2 Cespe

CESPE 2015 – MPOG – SUPERIOR

O setor público consolidado registrou déficit primário de R$ 6,9 bilhões em maio de 2015. O governo central e as empresas estatais apresentaram déficits de R$ 8,9 bilhões e R$ 72 milhões respectivamente; e os governos regionais, um superávit de R$ 2 bilhões.

No ano, o superávit primário acumulado é de R$ 25,5 bilhões, ante o superávit de R$ 31,5 bilhões para o mesmo período de 2014. No acumulado em doze meses, registrou-se déficit primário de R$ 38,5 bilhões (0,68% do PIB), comparativamente ao déficit de R$ 42,6 bilhões (0,76% do PIB) em abril.

Os juros nominais, apropriados por competência, alcançaram R$ 52,9 bilhões em maio, comparativamente a R$ 2,2 bilhões em abril. Contribuiu para esse aumento o resultado desfavorável de R$ 22,1 bilhões das operações de swap cambial no mês, ante o resultado favorável de R$ 31,8 bilhões em abril. No acumulado no ano, os juros nominais somam R$ 198,9 bilhões, comparativamente a R$ 101,6 bilhões no mesmo período do ano anterior. Em doze meses, os juros nominais totalizaram R$ 408,8 bilhões (7,22% do PIB), elevando-se 0,52 p.p. do PIB em relação ao observado em abril. Nota do Banco Central do Brasil à Imprensa, 30/6/2015 (com adaptações).

Redija um texto dissertativo que contenha uma análise do resultado fiscal do governo no período considerado no texto acima. Em seu texto, faça o que se pede a seguir.

- *Teça considerações a respeito das necessidades de financiamento do setor público (NFSP), com ênfase no nível federal, e das formas como são tratadas e registradas as NFSP no orçamento público. [valor: 5,50 pontos]*
- *Comente acerca dos conceitos de resultado nominal e primário e das duas formas de apuração: o critério abaixo da linha e o acima da linha. [valor: 15,00 pontos]*

O primeiro ponto que chama atenção é que há um texto norteador seguido dos tópicos a serem desenvolvidos, estrutura muito comum em redações do Cespe. Nesse caso, o aluno deve obedecer aos comandos de cada um dos tópicos. A leitura mais detida dos tópicos permite concluir que a redação é uma dissertação expositiva, ou seja, o aluno deve discorrer sobre os assuntos solicitados sem emitir juízo de valor.

E como pode se saber que se trata de uma redação expositiva? É simples. A presença dos verbos "tecer" e "comentar" nos comandos indicam que o aluno deve apenas discorrer sem apresentar uma opinião própria a respeito do tema. Repare que em nenhum momento, seja do texto norteador seja dos comandos topicalizados, a prova solicita que o aluno exponha um ponto de vista sobre o assunto.

1.4.3 FGV

FGV 2015 – PROCURADORIA GERAL/RO –
ANALISTA DE PROCURADORIA

Numa palestra que fiz recentemente na série "Como viver juntos", promovida pelo Fronteiras do Pensamento, defendi a tese de que o ser humano prefere a paz à guerra, muito embora a história esteja marcada por inumeráveis conflitos, que datam desde as nossas origens até os tempos atuais.

De fato, nos dias de hoje são tantos os conflitos, que a minha tese, que pareceria óbvia, se torna quase inaceitável. Não obstante, insisto que o homem prefere paz à guerra.

Como se explicaria, então, que os conflitos armados sejam um fator constante, envolvendo vários povos e países?

Esse é o começo de uma coluna do jornal Folha de S. Paulo, de outubro de 2015, da autoria do poeta Ferreira Gullar.

Você deve redigir um texto dissertativo-argumentativo, com no mínimo 20 e no máximo 30 linhas, em língua culta, explicando se você concorda ou não com a tese do poeta, procurando responder à pergunta final do texto.

O candidato já sabe pelo comando de prova que deve fazer um texto argumentativo. Isto é, ele vai ter que apresentar uma tese e defendê-la por meio de argumentos e suas respectivas fundamentações.

Neste caso, não é preciso pensar muito para eleger a tese. Isso porque a prova deixa claro que ele deve ser ou a favor ou contra a tese do poeta. Qual a tese do poeta? Isso o candidato ainda não sabe, porque ele só vai ler o texto motivador após compreender o tema. Logo chegaremos lá. Afinal, ainda há uma informação importante no comando de prova: ao desenvolver a redação, o candidato deve responder à pergunta *"Como se explicaria, então, que os conflitos armados sejam um fator constante, envolvendo vários povos e países?"*

Agora é o momento de o candidato ler o texto motivador à procura da tese que Ferreira Gullar defende. Logo na segunda linha do texto, há o anúncio claro do pensamento defendido pelo poeta: *"...defendi a tese de que o ser humano prefere a paz à guerra...".* Se o candidato, porém, ainda não se sentir seguro, ao fim do parágrafo seguinte há o reforço e a confirmação: *"Não obstante, insisto que o homem prefere paz à guerra".*

Ficou claro, então, que o candidato deve fazer uma dissertação argumentativa ou concordando com Gullar ou, ao contrário, refutando a tese dele.

1.4.4 Outras bancas

CONSULPLAN 2016 – CONSELHO FEDERAL DE
SERVIÇO SOCIAL – CFESS – ANALISTA

Texto I

Indígenas, negros e mulheres são mais afetados por pobreza e desemprego no Brasil, diz CEPAL

Em relatório divulgado na terça-feira (1), a Comissão Econômica para a América Latina e Caribe (CEPAL) alerta que indígenas, negros e mulheres estão mais vulneráveis ao desemprego e à pobreza em países latino-americanos.

No Brasil, índice de pobreza entre os afrodescendentes chega à média de 22%, valor duas vezes maior que entre os brancos (10%).

A pesquisa do organismo regional identifica o que chama de "eixos estruturantes" da desigualdade social, como gênero e aspectos étnico-raciais.

Com base em dados de 2014 do Instituto Brasileiro de Geografia e Estatística (IBGE), a CEPAL calculou que a porcentagem de indígenas brasileiros vivendo em situação de pobreza extrema – 18% – é seis vezes maior do que a proporção verificada no restante da população do país. Entre os negros, a taxa é menor (6%), mas representa o dobro do índice de indigência entre os brancos.

As disparidades atravessam outros níveis de renda. No Brasil, 49% dos indígenas e 33% dos afrodescendentes pertencem à quinta parte mais pobre da população. Vinte e quatro por cento dos indivíduos brancos estão entre os 20% mais ricos da sociedade. O valor é três vezes maior do que a participação dos negros (8%) e dos indígenas (7%) nesse grupo mais abastado.

As desigualdades nacionais acompanham padrões regionais, segundo a CEPAL. Em média, na América Latina 37% dos indígenas e 34% dos negros fazem parte dos 20% mais pobres e taxa de participação desses grupos nas camadas mais ricas equivale a aproximadamente metade dos índices calculados para os brancos.

(Disponível em: https://nacoesunidas.org/indigenas-negros-e-mulheres-sao-mais-afetados- -por-pobreza-e-desemprego-no-brasil-diz-cepal/. Publicado em: 02/11/2016. Adaptado.)

Texto II

A marginalização dos negros ocorre dentro de um contexto histórico, processo de abolição da escravidão e formação econômica moderna, onde a estrutura de classes da sociedade nacional está se constituindo e como consequência teremos o posicionamento desfavorável dos negros, devido à forma de inserção desigual na estrutura de classes, no que se refere à renda, escolaridade e ocupação.

Em outros termos, poderíamos dizer que o Estado a partir da segunda metade do século XIX, pós-1850, e, principalmente, início do século XX, até meados dos anos 40, foi o veículo primordial da formação de um mercado de trabalho fundado na exclusão dos negros e descendentes.

Esse mercado de trabalho, estruturado de cima para baixo pelo poder estatal, privilegiava os indivíduos brancos e dificultava o acesso de outros grupos raciais tendo em vista a crença, então em voga por aqui, a respeito da superioridade dos brancos.

Essa ideologia racial irá, evidentemente, dificultar a inserção dos negros no nascente mercado de trabalho tendo em vista sua suposta inferioridade e a discriminação racial será, então, uma das marcas visíveis que o negro encontrará na busca por trabalho.

(SANTOS, Cleito Pereira dos. Economista e Sociólogo. Mestre em Sociologia/UFMG. Disponível em: https://www.espacoacademico.com.br/033/33csantos.htm.)

Texto III

A lógica destrutiva do capital aprofunda a concentração de renda, acirra as desigualdades, agudiza a pobreza e o desemprego e precariza as condições de vida e de trabalho. [...]

Em uma conjuntura assim, o Conjunto CFESS-CRESS reafirma e fortalece, em sua programática, o debate e ações estratégicas em torno da valorização da ética, da socialização da riqueza e da defesa dos direitos, na perspectiva de reconhecer, analisar e se contrapor às formas de mercantilização de todas as dimensões da vida social.

(Frentes de atuação e comissões de trabalho. Disponível em: http://www.cfess.org.br/visualizar/menu/local/frentes-de-atuacao-e-comissoes-. Fragmento.)

A partir dos textos motivadores redija um texto dissertativo-argumentativo sobre o tema: **"Inclusão no mercado de trabalho e a necessária redução das desigualdades sociais".**

Conforme já explicamos, o primeiro passo, antes mesmo de ler os textos norteadores, é ir ao tema. A nossa sugestão é dividir o tema, de modo a separar as ideias-chave. É possível dividirmos o tema em questão em duas partes: [Inclusão no mercado de trabalho] e [a necessária redução das desigualdades sociais].

Repare que as duas ideias centrais do tema estão ligadas por um conector (nesse caso, a conjunção aditiva "e"). Essa é uma dica que ajudará você a identificar mais facilmente os elementos importantes do tema. Por serem ideias distintas, elas costumam estar ligadas por um conetor de coesão. Identifique o conector, e já terá meio caminho andado para fazer a separação das partes importantes do tema. Um "e" pode indicar soma, mas pode indicar oposição ou até estabelecer uma relação de causa e efeito.

Nesse tema, é possível perceber que a conjunção "e" estabelece uma relação de causa (inclusão no mercado de trabalho) e efeito (redução das desigualdades sociais). Entender que o tema apresenta essa relação ajuda o candidato a desenvolver a tese que será defendida na redação. Neste caso, a tese estava praticamente contida no tema: **a inclusão no mercado de trabalho permitirá a redução das desigualdades sociais**.

Analisado o tema, chegou o momento de ler os textos norteadores tentando estabelecer as correlações. Diante de cada um dos textos, extraia apenas uma ideia relacionada ao tema.

A leitura do texto 1 permite que o aluno entenda de que inclusão no mercado de trabalho o tema está falando: *"(...) indígenas, negros e mulheres estão mais vulneráveis ao desemprego e à pobreza em países latino-americanos"*. Ao longo do texto, apresentam-se dados que comprovam as desigualdades existentes entre esse grupo de indivíduos e o restante da população. O primeiro texto norteador já apresenta informação suficiente para contextualização e compreensão do tema. No entanto, vale reforçar, esses dados não podem ser utilizados pelo candidato na redação.

A leitura do texto 2 se concentra na marginalização da população negra. O aluno atento percebe que esse segundo texto traz as causas dessa exclusão social. Novamente, o aluno não pode copiar essas informações, no entanto, é possível retirar uma ideia sobre a estrutura da redação, como dedicar algum espaço para apresentar causas da desigualdade social e da exclusão de determinados grupos de indivíduos.

O texto 3 traz as consequências da marginalização histórica de mulheres, índios e negros: concentração de renda, agudização da pobreza, precarização das condições de vida e de trabalho. No tema, a expressão "desigualdades sociais" resume a ideia apresentada no terceiro texto norteador.

Quando os textos norteadores são grandes, como o primeiro e o segundo dessa prova, o aluno deve procurar identificar a ideia central dos textos e, tão logo identificada, partir para a leitura do texto seguinte. Como a função dos textos é apenas motivar o aluno e contextualizar o tema, não é necessário perder muito tempo lendo-os detidamente.

IBFC 2017 – PC-PR – ODONTOLEGISTA

Texto

O tema do medo está na ordem do dia. Tal fato pode ser percebido na quantidade de informação veiculada sobre o tema na atualidade, em diversas matérias em jornais e revistas, que o abordam em suas várias dimensões. O medo é um tema que vem atravessando o cotidiano e marcando de forma cada vez mais palpável a vida coletiva e individual, o que leva à modificação de comportamentos sociais e hábitos mentais.

(Disponível em: http://www.scielo.br/pdf/pcp/v23n2/v23n2a08.pdf. Acesso em: 8 fev. 2017.)

A partir da leitura do texto de apoio acima e com base em seu conhecimento de mundo, desenvolva um texto dissertativo-argumentativo sobre o seguinte tema **"O medo como componente da sociedade contemporânea"**.

Seu texto deverá ser produzido em prosa e conter entre 25 e 40 linhas.

Na apresentação do tema, a prova solicita ao candidato que faça uma dissertação argumentativa. Assim, o aluno já sabe que deverá se posicionar em relação ao tema, defender uma tese. A banca também pede ao candidato que faça um texto em prosa. Na prática, o que a banca está tentando evitar é que a redação seja escrita em versos, isto é, em forma de poema, em vez de uma dissertação. Há também a apresentação do limite de linhas: entre 25 e 40. A nossa sugestão é que o aluno tente escrever o mais próximo possível de 40 linhas, de modo a deixar claro ao examinador que possui repertório suficiente para desenvolver o assunto.

Em seguida, dividimos o tema em duas partes: [O medo como componente][da sociedade contemporânea]. Está claro que se deve escrever sobre o *medo na sociedade contemporânea*, e não apenas sobre o medo. Por isso, gostamos sempre de lembrar o aluno de dividir o tema em duas partes: para que não se corra o risco de falar somente sobre uma delas (fuga parcial ou tangencial ao tema).

Agora chegou o momento de o candidato ler o texto norteador procurando correlacionar com o tema. O primeiro período é praticamente uma reescritura do tema. Em seguida, enumeram-se evidências de que o medo é algo muito presente no dia a dia. Por fim, o texto norteador aponta consequências do medo no cotidiano das pessoas: *"(…) o que leva à modificação de comportamentos sociais e hábitos mentais"*.

A partir da leitura do tema e do texto norteador, o candidato percebe que deve desenvolver a questão do medo na sociedade atual e, para isso, é interessante apresentar as consequências do medo no cotidiano das pessoas.

1.4.5 Enem

ENEM 2018
Textos motivadores

Texto I

Às segundas-feiras pela manhã, os usuários de um serviço de música digital recebem uma lista personalizada de músicas que lhes permite descobrir novidades. Assim como os sistemas de outros aplicativos e redes sociais, este cérebro artificial consegue traçar um retrato automatizado do gosto de seus assinantes e constrói uma máquina de sugestões que não costuma falhar. O sistema se baseia em algoritmo cuja evolução e usos aplicados ao consumo cultural são infinitos. De fato, plataformas de transmissão de vídeo on-line começam a desenhar suas séries de sucesso rastreando o banco de dados gerados por todos os movimentos dos usuários para analisar o que os satisfaz. O algoritmo constrói assim um universo cultural adequado e complacente com o gosto do consumidor, que pode avançar até chegar sempre a lugares reconhecíveis. Dessa forma, a filtragem e informação feita pelas redes sociais ou pelos sistemas de busca pode moldar nossa maneira de pensar. E esse é o problema principal: a ilusão de liberdade de escolha que muitas vezes é gerada pelos algoritmos.

*(VERDÚ, Daniel. **O gosto na era do algoritmo.** Disponível em: https://brasil.elpais.com. Acesso em: 11 jun. 2018. Adaptação).*

Texto II

Nos sistemas dos gigantes da internet, a filtragem de dados é transferida para um exército de moderadores em empresas localizadas do Oriente Médio ao Sul da Ásia, que têm um papel importante no controle daquilo que deve ser eliminado da rede social, a partir de sinalizações dos usuários. Mas a informação é então processada por algum algoritmo, que tem a decisão final. Os algoritmos são literais. Em poucas palavras, são uma opinião embrulhada em código. E estamos caminhando para um estágio em que é a máquina que decide qual notícia deve ou não ser lida.

(PEPE ESCOBAR. *A silenciosa ditadura do algoritmo*. Disponível em: http://outraspalavras.net. Acesso em: 5 jun. 2017. Adaptado).

Texto III

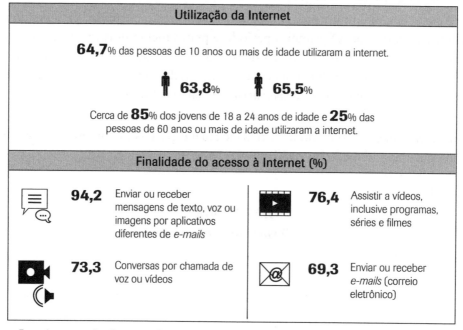

Fonte: Internet no Brasil em 2016. Disponível em: www.ibge.gov.br. Acesso em: 18 jun. 2018 (adaptado).

Texto IV

Mudanças sutis nas informações às quais somos expostos podem transformar nosso comportamento. As redes têm selecionado as notícias sob títulos chamativos como "trending topics" ou critérios como "relevância". Mas nós praticamente não sabemos como isso tudo é filtrado. Quanto mais informações relevantes tivermos nas pontas dos dedos, melhor equipados estamos para tomar decisões. No entanto, surgem algumas tensões fundamentais: entre a conveniência e a deliberação; entre o que o usuário deseja e o que é melhor para ele; entre a transparência e o lado comercial. Quanto mais os sistemas souberem sobre você em comparação ao que você sabe sobre eles, há *mais riscos de suas escolhas se tornarem apenas uma série de reações a "cutucadas" invisíveis. O que está em jogo não é tanto a questão "homem versus máquina", mas sim a disputa "decisão informada versus obediência influenciada".*

*(CHATFIELD, Tom. **Como a internet influencia secretamente nossas escolhas.** Disponível em: www.bbc.com. Acesso em: 3 jun. 2017. Adaptado).*

PROPOSTA DE REDAÇÃO

A partir da leitura dos textos motivadores e com base nos conhecimentos construídos ao longo de sua formação, redija um texto dissertativo-argumentativo em modalidade escrita formal da língua portuguesa sobre o tema "Manipulação do comportamento do usuário pelo controle de dados na internet", apresentando proposta de intervenção que respeite os direitos humanos. Selecione, organize e relacione, de forma coerente e coesa, argumentos e fatos para defesa de seu ponto de vista.

O candidato deve ir diretamente para a proposta de redação. Lá ele tem duas informações importantes: a redação é uma dissertação argumentativa, portanto ele vai precisar defender um ponto de vista, e a outra é o tema, que foi apresentado sob a forma de um comando: "Manipulação do comportamento do usuário pelo controle de dados da internet".

Dividindo o tema em duas partes, o candidato tem: [Manipulação do comportamento do usuário] [pelo controle de dados da internet]. A separação permite que o candidato tenha uma melhor noção do tema. Já é possível entender que o tema associa dados da internet à manipulação do comportamento das pessoas na rede em uma relação de causa e efeito. O tema, no entanto, não parece muito claro ainda. A leitura dos textos motivadores e o esforço em correlacioná-los ao tema deve deixar tudo menos confuso para o candidato.

O texto I começa com a descrição de uma cena hipotética, porém verossímil. A função do primeiro período é introduzir a ideia de que as plataformas *on-line* oferecem aos usuários aquilo que ele gosta de consumir de forma eficiente. Para isso, utilizam algoritmos que analisam os dados que os usuários deixam à medida que navegam na internet para sugerir sempre algo semelhante ao que o indivíduo costuma ouvir, assistir ou consumir. A ideia central do texto I aparece de forma mais clara nos dois períodos finais, a saber: os usuários de internet, ao aceitarem sugestões baseadas na análise de dados feitas por algoritmos, tendem a escolher o que ouve, assiste ou consome dentre opções preestabelecidas pelo sistema. A liberdade de escolha, de acordo com o primeiro texto, seria na verdade uma escolha condicionada por algoritmos.

O segundo texto motivador segue a mesma estrutura do anterior. Após mostrar como os algoritmos se relacionam com aquilo que o usuário de internet vê ou não, o autor apresenta a tese no último período: "*E estamos caminhando para um estágio em que é a máquina que decide qual notícia deve ou não ser lida*". Novamente, um texto que chama atenção para o fato de que os algoritmos, cada vez mais, são os responsáveis por decidir o que o usuário tem acesso ou não na *web*.

O texto III é um infográfico. É muito comum um texto norteador ter a forma de gráficos, tirinhas, charges etc. A função dele é mostrar o perfil do usuário de internet no Brasil, embora o candidato não possa copiar os dados na redação.

Por fim, o texto IV. A tese desse texto é que as empresas na internet têm mais informações sobre o usuário do que o usuário sabe sobre as empresas e o funcionamento dos sistemas na internet. Isso seria um risco, porque o usuário, sem saber, estaria tomando decisões na internet sem perceber que está sendo influenciado para tomar essas decisões. Esse é o ponto de vista explicitado nos últimos períodos do texto: "*Quanto mais os sistemas souberem sobre você em comparação ao que você sabe sobre eles, há mais riscos de suas escolhas se tornarem apenas uma série de reações a 'cutucadas' invisíveis. O que está em jogo não é tanto a questão 'homem versus máquina', mas sim a disputa 'decisão informada versus obediência influenciada'*".

Após a leitura do tema e dos textos norteadores, fica claro que o candidato tem que falar em como os algoritmos das redes manipulam as decisões dos usuários na *web*.

Parte II

Estrutura de pensamento

Da teoria aplicada ao processo de redação

CAPÍTULO

2 TEXTO DISSERTATIVO

· ·

Já falamos um pouco sobre as principais bancas, os diferentes tipos de provas. Neste capítulo, vamos, finalmente, começar a colocar a "mão na massa" e introduzir conceitos teóricos de forma aplicada. Em outras palavras, chegou a hora de ensinarmos o passo a passo de uma ótima redação. Para isso, apresentaremos uma metodologia exclusiva que vai desde a interpretação do tema da prova, passando pela geração e organização das ideias até o momento da escrita.

2.1 MANDAMENTOS PARA UMA REDAÇÃO NOTA 10 E O QUE NÃO FAZER PARA EVITAR TIRAR ZERO

Antes de qualquer coisa, antes mesmo de saber o que é uma tese e um tópico frasal, resumimos em trinta elementos aquilo que você não pode perder de vista para que conquiste um dez na redação. Você verá que alguns desses tópicos parecem bastante óbvios, mas saiba que o número de candidatos que comete esse tipo de deslize não é nada pequeno. Outros tópicos vão parecer que carecem de mais explicações. Você provavelmente tem razão. A sugestão é conter a ansiedade, porque vamos detalhar tudo até o fim deste livro.

Trinta mandamentos para uma redação nota 10

1) Só utilize título se houver determinação da banca. Nem todas as bancas organizadoras de concursos pedem título. Caso seja exigido, o título deverá ser uma frase nominal – sem verbo. Também não deve vir seguido de ponto. Uma dica para o seu título: procure reescrever o tema com outras palavras, evite ironias e sarcasmos.

2) Respeite o número mínimo, bem como o máximo de linhas estipulado pela banca. Em uma redação de 20 a 30 linhas, o ideal é que se redija acima de 25 linhas, sem ultrapassar a marca de 30 linhas. Toda linha escrita a mais será desprezada.

3) Comece a redigir a partir da primeira linha que a banca disponibiliza em sua folha de redação. Quando a banca solicita título, ela disponibiliza ao aluno um espaço para colocá-lo. O aluno deverá começar a sua redação logo na linha seguinte. Também não pule linha de um parágrafo a outro.

4) Evite rasuras. Mas se cometer algum erro, faça apenas um traço sobre ele e escreva corretamente na sequência. Nada de pôr a palavra errada entre parênteses. O corretor deve perceber que você está invalidando, porém não é necessário chamar a atenção para os erros cometidos.

5) Faça margens regulares. Para isso, basta escrever até o fim da linha, evitando espaçamentos e fazendo a devida translineação (quebra da palavra, obedecendo às regras de separação silábica). Mas cuidado! Não ultrapasse o limite indicado na folha de redação.

6) Evite repetições vocabulares desnecessárias. Mostre ao corretor que você tem um bom repertório linguístico.

7) Frases prontas, clichês e lugares-comuns também devem ficar de fora de sua redação. Se você quer mostrar boas ideias, é importante se expressar de forma original.

8) Cuidado com os pleonasmos viciosos ou redundâncias. Retire expressões como "fato real", "elo de ligação", "há anos atrás" de seu texto. Além disso, lembre-se de que certas perífrases devem ser evitadas, como quando você usa várias palavras para dizer algo que poderia ser dito de modo mais simples. Seja objetivo.

9) Cuidado ao utilizar citações. Utilize-as com parcimônia e com precisão.

10) Atenção para as redundâncias. Mencione o argumento apenas uma vez. Não é necessário escrever a mesma ideia de diferentes maneiras, a não ser que a explicação de fato elucide algo que tenha ficado obscuro. Dessa forma, você garante a objetividade de seu texto e "economiza" linhas para fundamentar de formas diferentes.

11) Fuja das construções genéricas: procure apresentar ideias específicas.

12) Sua dissertação não é lugar para utilizar exclamações. É preciso manter a sobriedade na redação.

13) É aconselhável que os numerais sejam escritos por extenso. Em vez de 40, quarenta; de 100, cem; e de 2.500.000, 2,5 milhões. A sugestão é a mesma quando falamos em porcentagem: dez por cento é preferível a 10%.

14) Uma redação de 20 a 30 linhas deve conter, no mínimo, quatro parágrafos e, no máximo, cinco. Um parágrafo para introdução, de dois a três parágrafos de desenvolvimento e um para a conclusão.

15) Um modelo de introdução padrão é aquele que apresenta a tese e os tópicos frasais que serão desenvolvidos no texto. Entretanto, essa não é a única opção.

16) Nos parágrafos de desenvolvimento, procure apresentar inicialmente o tópico frasal. Em outro período, sua fundamentação. De três a quatro períodos para cada parágrafo de desenvolvimento é o ideal.

17) Ainda nos parágrafos de desenvolvimento, lembre-se de que cada parágrafo deverá conter um argumento. Apresente tal argumento logo no início do parágrafo, em

seu tópico frasal. A seguir, desenvolva-o, por meio de exemplos, apresentação de causas, consequências e outras formas de fundamentação.

18) O último parágrafo do texto é chamado de *conclusão*. Deve representar a retomada da tese (ideia central apresentada na introdução), podendo vir seguida de sugestão de intervenção para o problema discutido no texto, mas nem sempre será necessária uma solução.

19) Quanto à letra, atente aos pingos dos *is*, à diferenciação entre maiúsculas e minúsculas, bem como aos erros ortográficos em geral. Em alguns casos, as bancas exigem do candidato a utilização de letra cursiva. Portanto, comece a investir, desde já, nos tradicionais cadernos de caligrafia. Além disso, faça a leitura minuciosa do seu edital, isso irá trazer um norte quanto a essa e outras exigências.

20) Muitas vezes, as bancas apresentam textos – chamados de norteadores – que antecedem a apresentação do tema. Eles servirão para que você extraia dali a ideia central que será discutida em seu texto. São verdadeiras fontes de inspiração. Entretanto, evite copiar palavras desses textos de apoio. A cópia de trechos dos textos motivadores comumente é avaliada de maneira negativa pelas bancas examinadoras e pode ser motivo de uma nota baixa em redação.

21) Não se esqueça da objetividade: o enfoque do assunto deve ser direto, sem rodeios. Não use expressões introdutórias meramente formais ou simplesmente chavões sem utilidade prática. O uso de expressões ou conectores muito rebuscados, muitas vezes, desagrada aos examinadores. As bancas dão preferência a uma linguagem simples e objetiva.

22) Busque a clareza. Priorize a ordem direta na construção dos seus períodos (sujeito + verbo + complementos). Lembre-se de que seu texto deve permitir a compreensão imediata da mensagem transmitida. Da mesma forma, valorize a concisão. Use apenas as palavras que interessam ao entendimento da mensagem, eliminando aquelas que sejam dispensáveis.

23) Evite um tom excessivamente particular ou pessoal ao seu texto. Utilize a terceira pessoa do discurso.

24) Fuja de parágrafos pautados em períodos longos. Lembre-se de que eles tornam o seu texto cansativo, pouco claro e ainda aumentam as chances de você cometer erros de pontuação e concordância. Escreva períodos curtos, com, em média, de duas a três orações – geralmente, cerca de três linhas.

25) Os exemplos devem concretizar o argumento central – tópico frasal –, portanto ambos devem ficar em um único parágrafo. Exemplo não enseja mudança de parágrafo. Caso opte por desenvolver o seu argumento por meio de exemplos, comece pela apresentação do argumento, para, só então, introduzir seus exemplos.

26) Jamais pergunte em seu texto; afirme. Fazer indagações, que nem sempre são devidamente respondidas ao longo do texto, pode deixar seu leitor confuso.

27) Evite "tom de palestrante" em sua redação, do tipo: "Essas foram causas importantes que pretendia discutir no texto" ou "O texto a seguir...". Jamais fale sobre sua redação referindo-se ao que você desenvolveu ou apresentará ao longo do texto.

28) Fuja de um tom excessivamente coloquial; sua redação deve ser construída baseada no registro culto da língua. Jamais utilize gírias em sua redação. E, se errar, não utilize a expressão "digo", "isto é", "ou melhor": é preferível rasurar sutilmente. As bancas organizadoras dos concursos costumam proibir a utilização de corretivos.

29) Procure treinar bastante e, assim, diminuir seu tempo de produção textual.

30) Ter conteúdo é importante, mas o que vai garantir a qualidade de sua redação é organização, clareza e objetividade.

11 situações que levam o candidato a receber nota zero

1) **Em branco:** caso o aluno entregue a folha de redação sem ter escrito, obviamente não há o que se avaliar e, portanto, a redação é zerada;

2) **Texto insuficiente:** é quando o candidato escreve um número muito pequeno de linhas. No caso específico do Enem, é preciso que se escreva pelo menos sete linhas. Se o candidato escrever título na redação (não costuma haver obrigatoriedade de título), ele será considerado para a contagem de linhas.

3) **Prova assinada:** o candidato não deve assinar a prova. Por assinatura, entende-se também rubrica, apelido, iniciais, primeiro nome etc.

4) **Desenhos:** não é permitido ao candidato que desenhe na folha de redação no espaço destinado ao texto. Por desenhos, entendem-se, inclusive, reproduções de *emoticons*. Além disso, evite, ao fazer a correção de uma palavra, rabiscar ou fazer "molinhas" como forma de rasura do erro.

5) **Números e sinais gráficos:** não são permitidos números, cálculos, nem sinais gráficos isolados do corpo do texto (separado por linha em branco, por exemplo).

6) **Letra ilegível:** capriche na letra, o examinador poderá atribuir nota zero caso não consiga identificar formação de palavras ou mesmo de letras.

7) **Texto predominantemente em língua estrangeira:** a redação deve ser escrita de acordo com a norma culta da língua portuguesa. Sendo assim, o excesso de palavras em língua estrangeira pode ser penalizado com nota zero.

8) **Cópia:** quando o candidato copia e apresenta poucas linhas de produção própria. Paráfrase não é considerada cópia, mas já há bancas que penalizam e até mesmo zeram textos com paráfrases.

9) **Fuga ao tema:** se o texto não abordar de modo algum os elementos principais do tema, será entendido que houve fuga ao tema. Se a abordagem for incompleta, entende-se como fuga parcial, ou tangencial, ao tema. Neste caso, o texto não receberá nota zero, mas haverá descontos.

10) **Não atendimento ao tipo textual:** é quando o texto não apresenta predominantemente características da tipologia textual exigida, por exemplo, quando é feito um texto expositivo e o exigido era uma dissertação-argumentativa.

11) **Parte desconectada:** entende-se por parte desconectada a identificação do participante no corpo do texto; impropérios ou ofensas; reflexões do candidato sobre a prova ou sobre o próprio desempenho no exame; recado destinado à banca ou a interlocutores específicos; oração ou mensagem religiosa; mensagem política (desde que desconectada da proposta temática); trecho de música, hino ou poema (se desconectada da proposta temática); e mensagem ou frase desconectada do corpo do texto ou da proposta temática.

2.2 O QUE AS BANCAS ESPERAM DAS REDAÇÕES

2.2.1 Espelhos de correção de bancas, para que servem?

A correção da redação é feita de acordo com critérios claros e definidos em edital, que envolvem, com mais ou menos ênfase, de acordo com a banca, aspectos de estruturação (macroestrutura), linguagem e expressão (microestrutura) e conteúdo. Dessa forma, os examinadores seguem um padrão que está explicitado nos espelhos de correção, uma tabela que apresenta os aspectos que devem ser levados em conta na correção. Conhecer os critérios exigidos pelas bancas é de suma importância para o estudante, pois permitirá a ele desenvolver as competências específicas que são avaliadas em uma redação. Ademais, possibilitam ao candidato se botar no papel do corretor e, desse modo, procurar produzir o texto que esperam dele.

Vamos apresentar três tipos de espelhos de correção. O primeiro é do tipo Estrutura-Expressão-Conteúdo, que, exceto por pequenas variações, ilustra a forma de avaliar de grande parte das bancas; o segundo é do tipo Conteúdo-Estrutura, usado pelo Cespe; terceiro modelo é específico do Enem e avalia competências.

2.2.2 Espelho Estrutura-Expressão-Conteúdo

Este primeiro espelho de correção dá uma ideia da forma como as principais bancas corrigem. O espelho de correção é dividido em três partes: estrutura, expressão (microestrutura) e conteúdo.

A primeira parte é a **estrutura** e, em geral, vale três pontos em dez. Basicamente, o examinador avalia se introdução, desenvolvimento e conclusão cumpriram os seus objetivos em termos de organização e finalidade. Ainda neste capítulo, explicaremos como escrever cada uma dessas estruturas de modo a conquistar a nota máxima.

Na **introdução**, busca-se avaliar se, no primeiro parágrafo da redação, o candidato apresentou o tema, isto é, se o texto começou com uma breve contextualização, e a tese, o ponto de vista que será defendido dentro do tema (no caso das dissertações argumentativas). Espera-se que cada uma das duas partes da introdução seja feita de forma objetiva, sem entrar em explicações desnecessárias ou iniciar a argumentação. Dessa forma, a introdução, claramente, será um parágrafo menor, pois não devemos desenvolver ideias ou conceitos, apenas apresentá-los.

O **desenvolvimento** avalia estruturalmente os parágrafos de argumentação.

Espera-se do candidato que o desenvolvimento seja objetivo, coeso (dentro dos períodos, entre os períodos e entre os parágrafos), que haja progressão dentro do parágrafo (da ideia mais geral para a ideia mais específica), que o argumento seja fundamentado (por meio de explicações, exemplos, dados estatísticos, testemunhos de autoridade etc.) e que seja claro. Essas exigências, ao fim, garantem que o texto esteja organizado e que o conteúdo possa ser compreendido com clareza pelo examinador. Apesar de ser um aspecto da estrutura, problemas aqui podem afetar, também, a expressão e o conteúdo.

A **conclusão** é o último parágrafo da redação. O examinador avaliará se há a retomada da tese e se o candidato deu um fechamento ao texto, que pode ser por meio de uma sugestão objetiva de solução para o problema debatido no texto.

O segundo aspecto a ser avaliado é a **expressão**, que, em geral, também vale três pontos de dez. Abaixo, os principais elementos de expressão avaliados:

- Coesão e coerência | Conector indevido;
- Coesão e coerência | Uso inadequado do pronome demonstrativo;
- Colocação pronominal;
- Correlação semântica de tempos verbais;
- Impropriedade vocabular/repetição vocabular;
- Ausência de vírgula nas explicações;
- Ausência de vírgulas nos deslocamentos;
- Concordância nominal;
- Concordância verbal;
- Regência;
- Período longo (período possui mais de três orações);
- Vírgula separando sujeito de verbo;
- Vírgula separando verbo de complemento.

O último aspecto é relativo estritamente ao **conteúdo**. O conteúdo é a parte nobre da redação e vale, normalmente, quatro pontos em dez. O conteúdo se divide em três:

- Perspectiva adotada no tratamento do tema: aqui avalia-se se o aluno se manteve dentro dos limites do tema e se ateve às questões mais relevantes do assunto.

- Capacidade de análise e senso crítico em relação ao tema proposto: o corretor avalia se o conteúdo foi desenvolvido com originalidade, se foi apresentado um olhar perspicaz sobre o tema.

- Consistência dos argumentos: aqui o corretor deve ficar atento se os argumentos e as fundamentações têm força e foram construídos de forma sólida.

Observação

A distribuição dos pontos em cada um desses aspectos pode variar de acordo com o concurso. Recomenda-se ler o edital com atenção.

2.2.3 Espelho Conteúdo-Estrutura

Este é o típico espelho do Cespe, em que o conteúdo é responsável por quase a totalidade dos pontos. Porém, para que o conteúdo seja bem compreendido, é necessário que o candidato se atente para a estrutura, de modo que a redação fique organizada.

As discursivas do Cespe são apresentadas por meio de um texto motivador. Em seguida, o comando de prova normalmente apresenta tópicos dentro do tema que devem ser desenvolvidos. Espera-se do candidato que ele seja capaz de desenvolver o conteúdo de forma aprofundada e completa.

O atual critério de correção do Cespe passou a exigir introdução e conclusão. No entanto, a banca continua a privilegiar o conteúdo. A estrutura, dessa forma, permanece tendo pouca participação na nota. Isso quer dizer que a recomendação atual é que se escreva uma introdução e uma conclusão em discursivas do Cespe. No entanto, sugere-se não gastar mais de três linhas tanto na introdução quanto na conclusão. Quanto mais linhas forem utilizadas nessas estruturas, menos espaço haverá para desenvolver os tópicos solicitados pelo comando de prova. E eles representam praticamente todos os pontos da questão.

Para se ter uma ideia, em editais recentes do Cespe em que a discursiva valia 40 pontos, apenas 2 deles eram destinados à estrutura e apresentação (legibilidade, respeito às margens e indicação de parágrafos). Assim, caso não se faça introdução e conclusão, não será possível obter a pontuação máxima, porém os descontos não serão relevantes.

A introdução, portanto, deve apresentar o tema de forma breve, objetiva e genérica. Já a conclusão deve dar o tom de fechamento, fazendo um balanço resumido do que foi discutido.

Dito isso, vamos ao critério de correção do Cespe, que envolve dois aspectos: Apresentação e estrutura textual e Desenvolvimento do tema.

Aspecto 1 – Apresentação e estrutura textual: Este primeiro quesito avalia a apresentação (legibilidade, respeito às margens e indicação de parágrafos) e a estrutura textual (organização das ideias em texto estruturado). Como já foi dito, o peso na nota final é baixo. A atribuição de nota neste aspecto se dá de acordo com o seguinte critério:

2	Atende a, pelo menos, dois dos quesitos de apresentação textual E/OU é bem estruturado, coerente e atende à estrutura com introdução, desenvolvimento e conclusão.
1	Não atende a dois dos quesitos de apresentação textual, ou apresenta ilegibilidade E/OU não apresenta uma das partes da estrutura dissertativa (introdução, desenvolvimento e conclusão).
0	Não atende a nenhum dos quesitos de apresentação textual E/OU não é predominantemente dissertativo.

É preciso deixar claro que os valores de 0 a 2 não correspondem à nota, mas a uma gradação (níveis de excelência) para, em seguida, transformá-la em nota. Assim, o primeiro nível (0) corresponde à nota zero; o segundo nível (1) corresponde à metade dos pontos desse aspecto; e o terceiro nível (2), à totalidade dos pontos do aspecto.

Aspecto 2: Este aspecto avalia o conteúdo desenvolvido. A tabela com o critério de avaliação a seguir é aplicada a cada um dos tópicos solicitados pela prova.

3	Desenvolveu o aspecto, articulando-o com o tema e os demais aspectos, apresentando exemplos de atuação.
2	Desenvolveu o aspecto de forma inconsistente ou desconectada do texto como um todo.
1	Mencionou o aspecto, mas não o desenvolveu.
0	Não abordou os aspectos.

Perceba que no critério de avaliação não há um aspecto que contemple questões gramaticais e ortográficas (microestrutura). Isso não quer dizer, porém, que não haja desconto para os erros de microestrutura. Cada erro desse tipo entra na fórmula que calcula a nota final. A nota da prova discursiva (NPD) é calculada conforme a seguinte expressão, $NPD = NC - 2 \times (NE \div TL)$, em que:

NC = nota de conteúdo, que é a soma da nota de apresentação e estrutura dos itens solicitados pela prova (Aspecto 1 + Aspecto 2)

NE: Número de erros de expressão/gramática (microestrutura)

TL = Linhas efetivamente escritas na prova

Depreende-se, assim, que, apesar de os erros microestruturais descontarem pontos, o peso deles é muito pequeno na nota final.

2.2.4 Espelhos de correção baseados em competências (Enem)

Os mil pontos do Enem são divididos em cinco competências de mesmo peso, conforme o quadro abaixo.

Competência 1	Demonstrar domínio da modalidade formal da Língua Portuguesa.
Competência 2	Compreender a proposta de redação e aplicar conceitos das várias áreas de conhecimento para desenvolver o tema, dentro dos limites estruturais do texto dissertativo-argumentativo em prosa.
Competência 3	Selecionar, relacionar, organizar e interpretar informações, fatos, opiniões e argumentos em defesa de um ponto de vista.
Competência 4	Demonstrar conhecimento dos mecanismos linguísticos necessários para a construção da argumentação.
Competência 5	Elaborar proposta de intervenção para o problema.

Fonte: Redação do Enem – cartilha do participante.

A seguir, vamos comentar as competências para explicar melhor o que está sendo avaliado e como chegar aos 200 pontos em cada uma delas.

A **Competência 1** diz respeito ao domínio formal da Língua Portuguesa. O examinador da redação estará atento à estrutura sintática e aos desvios gramaticais.

Espera-se que o candidato tenha atenção a quatro categorias de desvios:

1) desvios de convenções de escritas (acentuação, ortografia, hífen, maiúsculas/minúsculas e separação silábica – translineação), os quais são os mais fáceis de serem identificados;

2) desvios gramaticais (regência, concordância, pontuação, paralelismo sintático, emprego de pronomes e crase), exigindo uma análise sintática aprofundada dos períodos e das orações;

3) desvios de escolhas de registros (informalidade/marcas de oralidade);

4) desvios de escolha vocabular (escolhas lexicais imprecisas), os quais levam à necessidade de uma análise semântica, visualizando se um determinado vocábulo está sendo utilizado com o sentido correto. Por isso, vale ressaltar que metáforas e expressões ambíguas devem ser evitadas.

Para que o examinador tenha parâmetros para atribuir a nota, ele segue o quadro abaixo:

200 pontos	Demonstra excelente domínio da modalidade escrita formal da Língua Portuguesa e de escolha de registro. Desvios gramaticais ou de convenção da escrita serão aceitos somente como excepcionalidades e quando não caracterizarem reincidência.

160 pontos	Demonstra bom domínio da modalidade escrita formal da Língua Portuguesa e de escolha de registro, com poucos desvios gramaticais e de convenções da escrita.
120 pontos	Demonstra domínio mediano da modalidade escrita formal da Língua Portuguesa e de escolha de registro, com alguns desvios gramaticais e de convenções da escrita.
80 pontos	Demonstra domínio insuficiente da modalidade escrita formal da Língua Portuguesa, com muitos desvios gramaticais, de escolha de registro e de convenções da escrita.
40 pontos	Demonstra domínio precário da modalidade escrita formal da Língua Portuguesa, de forma sistemática, com diversificados e frequentes desvios gramaticais, de escolha de registro e de convenções da escrita.
0 ponto	Demonstra desconhecimento da modalidade escrita formal da Língua Portuguesa.

Fonte: Redação do Enem – cartilha do participante.

O texto receberá nota 0 nesta competência quando inexistir estrutura sintática, independentemente da quantidade de desvios. É um caso extremo, como se pode notar.

Se a estrutura sintática estiver deficitária **E** houver muitos desvios gramaticais, o examinador irá atribuir nota 40. Caso haja apenas um dos problemas, isto é, estrutura sintática deficitária **OU** muitos desvios gramaticais, a nota já sobe para 80.

Quando a estrutura sintática é regular e há alguns desvios gramaticais, atribuem-se 120 pontos nesta competência.

A pontuação sobe para 160 quando a estrutura sintática está boa e há poucos desvios gramaticais. Segundo o INEP, os 200 pontos são conquistados quando o texto não se enquadrar nas seguintes situações:

- ausência de falhas na estrutura sintática e três (ou mais) desvios;
- uma falha de estrutura sintática e três (ou mais) desvios;
- duas (ou mais) falhas de estrutura sintática e nenhum desvio;
- duas (ou mais) falhas de estrutura sintática e um (ou mais) desvios;
- estrutura sintática precária e qualquer quantidade de desvios.

Ou seja, para o texto receber a nota máxima na Competência 1, ele deverá ter estrutura sintática excelente, caracterizada por possuir, no máximo, uma falha e, no máximo, dois desvios de escrita.

Atenção

Palavras estrangeiras grafadas incorretamente não são consideradas desvios. Além disso, os erros de convenção de escrita são contabilizados uma única vez, ainda que se repitam, por exemplo: caso o candidato escreva a palavra "brasil" com inicial minúscula várias vezes em seu texto, o corretor contará como apenas um desvio.

A **Competência 2** se refere à compreensão da proposta da redação e aplicação de conhecimentos variados para o desenvolvimento do tema. Além disso, também se avalia a estrutura de uma dissertação argumentativa. É nesta competência, então, que se exige do candidato o tipo textual. Isso quer dizer que ele terá que defender uma tese por meio de argumentos fundamentados, observando uma estrutura que contenha introdução, desenvolvimento e conclusão.

Vamos conferir os critérios para a distribuição dos 200 pontos desta competência e, em seguida, faremos alguns comentários a título de esclarecimento.

200 pontos	Desenvolve o tema por meio de argumentação consistente, a partir de um repertório sociocultural produtivo e apresenta excelente domínio do texto dissertativo-argumentativo.
160 pontos	Desenvolve o tema por meio de argumentação consistente e apresenta bom domínio do texto dissertativo-argumentativo, com proposição, argumentação e conclusão.
120 pontos	Desenvolve o tema por meio de argumentação previsível e apresenta domínio mediano do texto dissertativo-argumentativo, com proposição, argumentação e conclusão.
80 pontos	Desenvolve o tema recorrendo à cópia de trechos dos textos motivadores ou apresenta domínio insuficiente do texto dissertativo-argumentativo, não atendendo à estrutura com proposição, argumentação e conclusão.
40 pontos	Apresenta o assunto, tangenciando o tema, ou demonstra domínio precário do texto dissertativo-argumentativo, com traços constantes de outros tipos textuais.
0 ponto	Fuga ao tema/não atendimento à estrutura dissertativo-argumentativa. Nestes casos a redação recebe nota 0 (zero) e é anulada.

Fonte: Redação do Enem – cartilha do participante.

A nota 0 é atribuída à redação que não obedecer à estrutura dissertativo-argumentativa, mesmo que atenda a outras exigências e critérios. Assim, o candidato não deve elaborar um poema, apresentar uma narrativa, um depoimento de experiência pessoal ou mesmo fazer uma dissertação meramente expositiva.

Para receber a nota 40, é preciso ou tangenciar o tema ou não dominar bem o texto dissertativo-argumentativo. O que seria tangenciar o tema? É quando se faz uma abordagem incompleta dos elementos relacionados ao tema. Nesses casos, o texto aborda somente o assunto em sentido amplo, em vez de discutir objetivamente o recorte proposto pelo tema, o que irá impactar também na avaliação das Competências III e V, impossibilitando que o candidato receba acima de 40 pontos em todas elas. Outro caso para que a nota seja 40 nesta competência ocorre quando o texto está predominantemente fora do padrão dissertativo-argumentativo. Isto é, quando o texto apresenta características frequentes de outros tipos textuais. Isso ocorre quando há momentos de narrativa, de experiência de vida ou mesmo ausência de argumentos.

Quando o texto recorre à cópia excessiva dos textos motivadores (por excessiva entende-se que apenas sete das linhas escritas foram originais), o máximo que o examinador atribuirá nesta competência será 80 pontos. Outra situação é quando, apesar de a abordagem do tema estar completa, o texto não apresentar as três partes necessárias (introdução, argumentação e conclusão) ou há ao menos duas dessas partes muito curtas ou mesmo quando não é possível reconhecer as três partes.

Para receber 120 pontos nesta competência, o texto precisa apresentar necessariamente uma abordagem completa do tema e as três partes do texto dissertativo-argumentativo, sendo que uma delas pode ser embrionária (curta, incompleta). Soma-se a isso uma argumentação baseada nos textos motivadores e/ou que utiliza uma fundamentação não comprovada pelas várias áreas do conhecimento e/ou quando o repertório, embora tenha legitimidade, não é pertinente ao tema da redação.

Agora, a diferença entre a redação que vai receber 160 e a que vai receber 200 nesta competência é um pouco sutil. Nos dois casos, é preciso que a abordagem ao tema seja completa, que o texto apresente as três partes da dissertação argumentativa bem desenvolvidas, que o repertório seja legitimado (provado, de acordo com os diferentes saberes, pesquisas, conceitos, fatos históricos etc.), não esteja presente nos textos motivadores e seja pertinente ao tema. O que vai definir se o examinador atribuirá 200 ou 160 é se o repertório é produtivo ou não. Por produtivo, entende-se o repertório sociocultural vinculado à discussão que o candidato está propondo e que agregue algo à discussão. Isto é, o repertório produtivo não deve ser meramente uma reafirmação ou ilustração do que já havia sido afirmado, mas um aprofundamento da ideia.

A **Competência 3** se relaciona com a inteligibilidade do texto. Para isso, a redação deve apresentar as ideias de forma clara, organizada, coerente, com precisão vocabular e a devida seleção de argumentos. Em outras palavras, nesta competência o examinador avalia a construção de sentido do texto e a forma com que o candidato construiu a argumentação em defesa da tese. O foco é na qualidade da defesa do ponto de vista. Nesta competência o examinador precisa perceber que o texto foi feito a partir de um planejamento prévio. Isso se dá quando fica claro que há um caminho que está sendo percorrido para defender o ponto de vista.

A tabela abaixo demonstra como se dá a distribuição dos pontos.

200 pontos	Apresenta informações, fatos e opiniões relacionados ao tema proposto, de forma consistente e organizada, configurando autoria, em defesa de um ponto de vista.
160 pontos	Apresenta informações, fatos e opiniões relacionados ao tema, de forma organizada, com indícios de autoria, em defesa de um ponto de vista.

120 pontos	Apresenta informações, fatos e opiniões relacionadas ao tema, limitados aos argumentos dos textos motivadores e pouco organizados, em defesa de um ponto de vista.
80 pontos	Apresenta informações, fatos e opiniões relacionados ao tema, mas desorganizados ou contraditórios e limitados aos argumentos dos textos motivadores, em defesa de um ponto de vista.
40 pontos	Apresenta informações, fatos e opiniões pouco relacionados ao tema ou incoerentes e sem defesa de um ponto de vista.
0 ponto	Apresenta informações, fatos e opiniões não relacionados ao tema e sem defesa de um ponto de vista.

Fonte: Redação do Enem – cartilha do participante.

Se o texto apresentar uma abordagem que foge ao tema e que não tenha uma tese, o examinador atribuirá nota 0. Se não houver tese ou se a fuga ao tema for parcial, ou seja, se a argumentação tiver pouca relação com o tema, a redação não poderá ser pontuada com mais de 40 pontos nesta competência.

O texto receberá 80 pontos nesta competência se o examinador não conseguir perceber a existência de um projeto de texto. Isto é, a argumentação, os fatos apresentados, as informações estão relacionados ao tema, mas foram apresentados de forma desorganizada. Se a argumentação estiver contraditória ou se limitar ao que foi apresentado nos textos motivadores, sem o devido desenvolvimento, a nota na competência também será 80 pontos.

Os 120 pontos são atribuídos quando o projeto de texto contém muitas falhas e quando as ideias não são desenvolvidas. Por falhas, entende-se aquele texto em que as ideias se limitam aos textos motivadores e estão pouco organizadas.

Para conquistar 160 pontos, o projeto de texto precisa ter poucas falhas (e aqui há subjetividades, mas a avaliação se dá tendo em vista a progressão textual), com as opiniões, informações e fatos desenvolvidos na maior parte do texto. Além disso, é preciso que haja indícios de autoria. Para o Enem, autoria se relaciona ao projeto de texto ao desenvolvimento das ideias, dos fatos e informações utilizados para defender a tese. Para ficar mais claro, o examinador deve conseguir visualizar que o autor da redação tem um projeto de texto, ou seja, que houve uma boa seleção de argumentos e fundamentações, que as ideias foram encadeadas de forma progressiva e lógica, que os argumentos foram hierarquizados – deve-se começar com os argumentos mais importantes e, em seguida, utilizar os argumentos complementares – e que o candidato foi capaz de interpretar informações, fatos, dados, opiniões corretamente, contextualizando-os em relação ao tema. Assim, indícios de autoria acontecem quando há algum deslize no projeto de texto, desde que não comprometa a progressão textual.

Finalmente, a nota máxima nesta competência será atribuída quando o projeto de texto for cumprido com êxito. Dessa forma, a redação deve apresentar uma organização muito boa, bem como argumentos, fatos, informações fundamentadas e desenvolvidas de maneira consistente.

A **Competência 4** diz respeito ao encadeamento lógico entre as frases e entre os parágrafos. O que se avalia nesta competência é a coesão textual, que deve ser marcada explicitamente por meio de artigos, pronomes, preposições, conjunções e advérbios, responsáveis por articular os diferentes segmentos textuais. Assim, estamos falando de coesão dentro dos períodos, entre os períodos e entre os parágrafos. Uma redação bem avaliada nesta competência apresenta uso adequado e diversificado dos elementos coesivos, os quais são chamados também de operadores argumentativos.

A tabela a seguir apresenta como se dá a distribuição de pontos.

200 pontos	Articula bem as partes do texto e apresenta repertório diversificado de recursos coesivos.
160 pontos	Articula as partes do texto, com poucas inadequações, e apresenta repertório diversificado de recursos coesivos.
120 pontos	Articula as partes do texto de forma mediana, com inadequações, e apresenta repertório pouco diversificado de recursos coesivos.
80 pontos	Articula as partes do texto de forma insuficiente, com muitas inadequações, e apresenta repertório limitado de recursos coesivos.
40 pontos	Articula as partes do texto de forma precária.
0 ponto	Não articula informações.

Fonte: Redação do Enem – cartilha do participante.

Agora que conhecemos a forma como a pontuação é distribuída, vamos tentar deixá-la mais clara.

O texto receberá nota 0 nesta competência se não articular as informações. O que a banca entende por informações não articuladas? É simples: acontece quando as palavras e os períodos estão justapostos e desconexos ao longo de todo o texto. A ausência de elementos coesivos e a falta de conexão entre as partes da frase, entre uma frase e outra e entre os parágrafos configura-se ausência de articulação. Essa total desarticulação, no entanto, é bastante incomum.

A nota 40 será atribuída ao texto em que os elementos coesivos interparagrafais

(entre os parágrafos) e/ou intraparagrafais (dentro do parágrafo) sejam raros e/ou se houver repetições excessivas e/ou inadequações excessivas. Resumindo: a articulação precária das partes do texto ocorre quando a maior parte da redação não apresenta elementos coesivos, ou seja, os conectivos. Não há, porém, um critério objetivo para definir o que são repetições e inadequações excessivas.

O texto receberá 80 pontos quando houver presença pontual de elementos coesivos interparagrafais e/ou intraparagrafais, além de muitas repetições e/ou inadequações. Textos em forma de monobloco – sem paragrafação – não poderão obter uma nota superior a 80 pontos.

O texto receberá 120 pontos quando a presença dos elementos coesivos interparagrafais e/ou intraparagrafais for regular e/ou se houver algumas repetições e/ou algumas inadequações. Percebe-se que a diferença entre receber 80 e 120 pontos se relaciona com a presença pontual ou regular de elementos coesivos e o fato de ter muitas repetições e inadequações ou não.

A nota 160 será atribuída a um texto que revela um maior apuro nesta competência. É preciso que haja presença constante de elementos coesivos interparagrafais e intraparagrafais. Além disso, é necessário que o repertório seja diversificado (sem repetições) e que haja poucas inadequações. Para evitar as repetições, é importante ter um bom repertório de conectores, de modo que se possa utilizar diferentes elementos coesivos ao longo da redação. Ainda é importante chamar atenção de que, para se atingir os 160 pontos, exige-se que haja pelo menos um elemento coesivo entre parágrafos.

O texto que receber nota 200 nesta competência terá presença constante de elementos coesivos interparagrafais e intraparagrafais. Por constante, entende-se que haverá pelo menos dois elementos coesivos entre os parágrafos e um elemento coesivo qualquer (desde que adequado) dentro de cada um dos parágrafos. Somam-se a isso as raras ou ausentes repetições e nenhuma inadequação.

A **Competência 5** é típica do Enem. Isso porque é uma competência que avalia a proposta de intervenção para o problema abordado, respeitando os direitos humanos. A proposta de intervenção deve apresentar cinco elementos: a ação interventiva (o quê?), o agente (quem?), o modo ou meio da ação (como?; por meio de quê?), o efeito da ação (a finalidade) e um detalhamento. O candidato pode até apresentar mais de uma proposta de intervenção, porém a banca irá considerar apenas a mais completa de acordo com os cinco elementos citados.

A tabela a seguir nos ajudará a compreender como a nota é atribuída nesta competência.

200 pontos	Elabora muito bem proposta de intervenção, detalhada, relacionada ao tema e articulada à discussão desenvolvida no texto.
160 pontos	Elabora bem a proposta de intervenção relacionada ao tema e articulada à discussão desenvolvida no texto.
120 pontos	Elabora, de forma mediana, proposta de intervenção relacionada ao tema e articulada à discussão desenvolvida no texto.

80 pontos	Elabora, de forma insuficiente, proposta de intervenção relacionada ao tema, ou não articulada com a discussão desenvolvida no texto.
40 pontos	Apresenta proposta de intervenção vaga, precária ou relacionada apenas ao assunto.
0 ponto	Não apresenta proposta de intervenção ou apresenta proposta não relacionada ao tema ou assunto.

Fonte: Redação do Enem – cartilha do participante.

O texto receberá nota 0 nesta competência quando a proposta de intervenção for ausente ou quando for cópia integral. A mesma nota será atribuída se a proposta desrespeitar os direitos humanos ou se não se relacionar ao assunto do tema.

Os 40 pontos são atribuídos quando a proposta de intervenção tangenciar o tema ou quando os elementos forem nulos (uma tentativa mínima de propor intervenção, em geral uma ação muito genérica) ou mesmo se houver apenas um dos cinco elementos básicos da proposta de intervenção.

Vale 80 pontos a proposta de intervenção que tenha apenas dois elementos dos cinco necessários a uma boa proposta de intervenção.

Se a proposta de intervenção possuir três dos cinco elementos básicos, será atribuída a nota 120.

Serão atribuídos 160 pontos nesta competência para a proposta de intervenção que apresentar quatro dos cinco elementos básicos.

A nota máxima (200 pontos) se restringirá ao texto cuja proposta de intervenção estiver completa, isto é, quando apresentar os cinco elementos básicos.

2.3 ESTRUTURA DO TEXTO DISSERTATIVO

A partir deste ponto, vamos ensinar a fazer um texto dissertativo. Vamos partir do texto argumentativo, que é o mais comum em concursos, para, então, falarmos do texto expositivo e do estudo de caso (ambos no Capítulo 6). A nossa escolha metodológica é explicar separadamente cada uma das partes da redação: introdução, desenvolvimento e conclusão. Após dominar a técnica de cada uma dessas etapas, basta apenas juntá-las de forma coesa e a redação está pronta. A seguir, apresentamos um esquema de texto dissertativo-argumentativo para ilustrar aonde vamos chegar:

1º parágrafo	Afirmação de cunho geral relacionada ao tema + tese (+ argumento 1 + argumento 2)	Introdução

2º parágrafo	Apresentação do argumento 1 Explicação ou causa para o argumento Exemplo para o argumento Consequência do argumento	
3º parágrafo	Conector relacionando argumentos 1 e 2 Apresentação do argumento 2 Explicação ou causa para o argumento Exemplo para o argumento Consequência do argumento	Desenvolvimento
4º parágrafo	Conector conclusivo + reafirmação da tese + sugestão concreta	Conclusão

Essa estrutura mostra de forma resumida a "cara" de uma dissertação argumentativa.

A introdução pode ser composta, assim, por uma afirmação de cunho geral e uma tese. Ela pode ainda conter os assuntos a serem apresentados também nos tópicos frasais (argumento 1 e argumento 2) que serão desenvolvidos nos parágrafos de desenvolvimento.

Em seguida, há os parágrafos de desenvolvimento. O candidato pode escrever dois ou três parágrafos de desenvolvimento – nem menos nem mais – para uma redação de até 30 linhas, que é o limite de linhas mais comum em concursos. No desenvolvimento, observa-se a presença dos tópicos frasais, que são os argumentos centrais de cada parágrafo. São breves e objetivos, pois a ideia ali defendida será detalhada nos períodos posteriores. Eles serão desenvolvidos das mais variadas formas: apresentação de relações de causa e efeito, utilização de exemplos, comparações, analogias, dados estatísticos, testemunhos de autoridade etc.

Por fim, o último parágrafo, ou conclusão, surge no texto representando a retomada da tese. É neste momento que, em geral, o autor externa suas opiniões, críticas, ou ainda sugestões sobre a discussão desenvolvida em sua dissertação, finalizando-se, assim, o ciclo textual. Vale ressaltar que isso será feito de modo impessoal, ou seja, valendo-se da 3ª pessoa do discurso.

2.4 O QUE É DISSERTAR? O QUE É ARGUMENTAR?

Agora que você já conhece as partes que compõem um texto dissertativo-argumentativo, está na hora de apresentarmos algumas definições para delimitarmos de forma clara e precisa a nossa discussão.

Estamos aqui falando a todo momento sobre texto dissertativo, mas, afinal, o que é uma dissertação? De acordo com o dicionário *on-line* Michaellis, dissertar é "fazer apresentação oral ou por escrito sobre algum tema de forma organizada e completa". Desenvolvendo um pouco mais a ideia, podemos dizer que dissertar é apresentar, no nosso caso aqui, por escrito, ideias e raciocínios, analisar contextos, fatos e dados, discutir problemas e defender posicionamentos em relação a determinado tema. Na dissertação, predominam os conceitos abstratos, muitas vezes fora das esferas do tempo e do espaço. Logo, estamos tratando de ideias, conceitos e problemáticas sociais, por exemplo.

Também chamado de opinativo, além de expor o que se sabe sobre o assunto, o texto dissertativo argumentativo tem por finalidade principal persuadir (convencer) o leitor sobre determinado assunto, modificar seu comportamento. Portanto, uma dissertação argumentativa é um texto que versa a respeito de determinado assunto com o intuito de expor o que se sabe sobre esse tema e defender, por meio de argumentos, um posicionamento do autor relativo ao assunto em questão.

Algumas definições importantes

Dissertar: expor algum assunto de modo sistemático (metódico, organizado), abrangente e profundo, oralmente ou por escrito.
Dissertação: exposição escrita de um assunto relevante nas áreas científica, artística, doutrinária etc.
Argumentar: apresentar fatos, ideias, razões lógicas, provas etc. que comprovem uma afirmação, uma tese.
Argumentação: conjunto de ideias e fatos que constituem os argumentos que levam ao convencimento de alguém ou à conclusão de algo.

2.5 O QUE É TESE?

A tese se caracteriza por ser a tomada de posição do autor em relação ao tema e aparece, em um texto padrão, no primeiro parágrafo. A tese se caracteriza pela presença de um modalizador, isto é, alguma palavra ou expressão que indica a opinião do autor do texto. O modalizador pode ser um adjetivo, um verbo, um advérbio etc. Observe os seguintes exemplos:

Exemplo 1: O Brasil **precisa** evoluir **mais** na área da educação.

Há tese, pois tanto o verbo quanto o advérbio indicam a existência de um ponto de vista do autor.

Exemplo 2: Amanhã não haverá aula.

A frase é um fato e, portanto, não representa um ponto de vista subjetivo do autor. Dessa forma, não há tese. Repare que não há expressão alguma que indica a existência de uma opinião.

Exemplo 3: **Infelizmente**, amanhã não haverá aula.

A presença do modalizador "infelizmente" indica que o autor não está contente com o fato de não haver aula amanhã. Logo, pode-se afirmar que há uma tese.

Quatro mandamentos para uma boa tese
1 – A tese contém um modalizador. 2 – A tese é uma frase verbal. 3 – A tese deve estar dentro de um único período. 4 – A tese deve ser breve, objetiva.

Atenção

Muitos alunos costumam achar que defender uma tese é dar opinião. Isso, no entanto, não é verdade. Defender uma tese não é simplesmente dar uma opinião a respeito de determinado assunto (tema). Defender uma tese é expor argumentos pertinentes e lógicos, extraídos de fatos e acontecimentos relacionados ao tema (assunto/questão relacionado a uma determinada sociedade ou segmento desta, país, mundo etc.), que demonstrem seu posicionamento como verdadeiro e convincente.

2.6 OS MODELOS DE INTRODUÇÃO

Todo texto é composto por uma introdução, um desenvolvimento e uma conclusão. A introdução, primeiro segmento do texto, possui extremo valor, pois representa um compromisso assumido pelo autor com todo o desenvolvimento.

Em termos práticos, a introdução deve conter, pelo menos, o tema e a tese (lembre--se, estamos usando como modelo o texto dissertativo-argumentativo) de forma clara e objetiva. Antigamente, era comum as introduções serem longas. As bancas hoje em dia, porém, preferem introduções que vão direto ao ponto sem floreios ou qualquer tipo de informação sem utilidade.

Por apresentar o encaminhamento do que vai ser dito, uma boa dica é apenas prepará-la após a elaboração do roteiro que direcionará o desenvolvimento, ou seja, após realizar o seu projeto de texto, o que inclusive tem sido cobrado pelas bancas, pois muitos editais inserem como quesito avaliativo a "presença de um projeto claro de texto estruturado". Assim, escrever a introdução antes de se ter certeza do que vai ser abordado no desenvolvimento é um risco que deve ser evitado, pois há o perigo de se propor uma abordagem diferente do tema e desenvolver os argumentos por outro caminho.

Vamos apresentar três modelos de introdução que cumprem esses requisitos. Há outras formas de fazê-la, mas optamos por ensinar apenas três modelos que vêm se mostrando bastante eficazes em concursos.

2.6.1 Três formas de introduzir redações para concursos

Modelo 1: Introdução com tese e tópicos frasais

É a introdução mais comumente vista. Aqui, inicia-se com a declaração inicial a respeito do tema – a tese –, apresentando-se os tópicos frasais. Neste modelo, o candidato deve fazer a introdução com dois períodos: o primeiro, que apresenta a tese, e o segundo, responsável pela explicitação dos tópicos frasais. É possível que haja algumas variações, como veremos no segundo exemplo.

Modelo 1

Apresentação da tese + explicitação dos tópicos frasais

Vamos observar a seguir alguns exemplos de introduções feitas por alunos de acordo com este primeiro modelo.

Exemplo 1:

"A qualidade de vida nas regiões rurais é, em alguns aspectos, superior à da zona urbana. ***Esse fato ocorre porque*** *no campo inexiste a agitação das grandes metrópoles, há maiores possibilidades de se obterem alimentos adequados e as pessoas dispõem de maior tempo para estabelecer relações humanas mais profundas e duradouras."*

- Primeiro período (tese): *A qualidade de vida nas regiões rurais é, em alguns aspectos, <u>superior</u> (modalizador) à da zona urbana.*
- Segundo período (tópicos frasais): ***<u>Esse fato ocorre porque</u>*** <u>no campo inexiste a agitação das grandes metrópoles</u> *(tópico frasal 1),* <u>há maiores possibilidades de se obterem alimentos adequados</u> *(tópico frasal 2)* <u>e as pessoas dispõem de maior tempo para estabelecer relações humanas mais profundas e duradouras</u> *(tópico frasal 3).*

Exemplo 2:

*"**Muito se tem discutido** sobre os fatores que induzem os jovens a consumirem drogas. Em busca de autoafirmação, fuga da realidade ou devido à falta de uma atuação familiar firme, a juventude está consumindo entorpecentes abusivamente."*

- Primeiro período (tema/afirmação de cunho geral): ***Muito se tem discutido*** *sobre os fatores que induzem os jovens a consumirem drogas.*
- Segundo período (tópicos frasais + tese): *Em busca de <u>autoafirmação</u> (tópico frasal 1), <u>fuga da realidade</u> (tópico frasal 2) ou devido à <u>falta de uma atuação familiar firme</u> (tópico frasal 3), a juventude está consumindo entorpecentes <u>abusivamente</u> (modalizador).*

Observação

Repare que, nesse segundo exemplo, o candidato inicia a introdução com a apresentação do tema por meio de uma afirmação de cunho geral, um fato. O segundo período é dedicado a explicitar os três tópicos frasais e a tese, que se caracteriza pela presença do modalizador. E qual o ponto de vista que o autor da redação defende? É que "a juventude está consumindo entorpecentes abusivamente".

Modelo 2: Introdução com afirmação de cunho geral ou definição

Nesse caso, escolhe-se uma palavra-chave do tema e formula-se um período com a definição dessa palavra ou com uma generalização a respeito dela. Em seguida, apresenta-se a tese. Novamente, a introdução deverá ser feita por meio de dois períodos. O primeiro apresenta a definição de uma palavra-chave do tema ou uma afirmação de cunho geral; já o segundo período vai se dedicar a apresentar a tese.

Modelo 2

Apresentação de definição/afirmação de cunho geral + apresentação da tese

---

Exemplo 1:

Menor: um ser que é, de alguma forma, inferior, aquele que não atingiu a maioridade. O uso da palavra "menor" para se referir às crianças no Brasil já demonstra como são tratadas: em segundo plano.

- Primeiro período (definição): *Menor: um ser que é, de alguma forma, inferior, aquele que não atingiu a maioridade.*
- Segundo período (tese): *O uso da palavra "menor" para se referir às crianças no Brasil já demonstra como são tratadas: <u>em segundo plano</u> (modalizador).*

Exemplo 2:

Diante de um mercado forte e diversificado, o homem contemporâneo é bombardeado por peças publicitárias que prometem bem-estar, status e conforto. Isso, no entanto, tem gerado indivíduos altamente insatisfeitos.

- Primeiro período (afirmação de cunho geral): *Diante de um mercado forte e diversificado, o homem contemporâneo é bombardeado por peças publicitárias que prometem bem-estar, status e conforto.*
- Segundo período (tese): *Isso, no entanto, tem gerado indivíduos <u>altamente</u> (modalizador) insatisfeitos.*

Modelo 3: Introdução com raciocínio concessivo

Nesse caso, inicia-se a introdução com uma afirmação de cunho geral e, a seguir, apresenta-se a tese, que será uma oposição à primeira afirmação. Nesta introdução, é possível usar apenas um período. Este é o modelo que sugerimos que seja feito em textos polêmicos, embora se possa utilizar para dissertações argumentativas tradicionais também.

Modelo 3

Apresentação de definição/afirmação de cunho geral +
apresentação da tese por oposição

Exemplo 1:

Embora o Brasil tenha evoluído em educação, ainda há <u>muito</u> (modalizador) o que ser feito.

Exemplo 2:

Embora parte da sociedade ache que o grafite é uma espécie de vandalismo nos centros urbanos, o que se percebe é que é uma forma de arte de resistência social <u>bastante importante</u> (modalizador).

Esse modelo de introdução pode ser resumido da seguinte forma:

Embora x, y (tese) **ou**

X, porém y (tese) **ou**

X, mas y (tese)

Observação

Em livros clássicos de redação, é comum se apresentarem modelos de introdução por meio de perguntas e por alusão histórica. Não indicamos mais esses dois modelos de introdução. Quando o candidato introduz por meio de perguntas, ele cria uma dúvida na cabeça do corretor, porque, em vez de afirmar a tese ou apresentar o tema, ele produz uma questão. Já a introdução por alusão histórica pode parecer ao examinador que o candidato está dando uma volta desnecessária até entrar de fato no tema e na tese, isto é, que a introdução está sem objetividade. Nesses dois modelos de introdução, o autor da redação gasta mais linhas do que o necessário, espaço este que pode fazer falta nos parágrafos de desenvolvimento. Portanto, **não recomendamos** introdução por meio de perguntas ou por alusão histórica em concursos.

2.6.2 A introdução na redação do Enem

No Enem, o parágrafo de introdução tem algumas especificidades que o diferenciam dos modelos de introdução para concurso que ensinamos. Não que as mudanças sejam muito substanciais, mas há sutilezas que o candidato deve saber para que consiga atingir a nota máxima.

Embora não exista um modelo obrigatório de introdução para o Enem, a nossa experiência sugere que o candidato faça um parágrafo introdutório bastante completo, o que vai exigir mais períodos e linhas do que os modelos que apresentamos para concursos.

Os parágrafos de introdução bem-sucedidos no Enem costumam começar com um período de cunho geral a respeito do tema, marcado pela presença de um repertório sociocultural. A diferença, aqui – em relação a introduções de concursos –, é que, no segundo período da introdução, devem aparecer todas as palavras-chave existentes no tema apresentado pela prova. Isto é, o tema deve ser parafraseado na introdução, mas as palavras-chave não devem ser modificadas pelo candidato.

Ainda no segundo período, o candidato deve apresentar o ponto de vista dele a respeito do tema, isto é, a tese, que pode vir já com os tópicos frasais que serão trabalhados nos parágrafos de desenvolvimento.

Por fim, deve-se concluir o parágrafo de introdução.

De acordo com a pensadora brasileira Djamila Ribeiro, o primeiro passo a ser tomado para solucionar uma questão é tirá-la da invisibilidade. Porém, no contexto atual do Brasil, as mulheres enfrentam diversos desafios para que seu trabalho de cuidado seja reconhecido, gerando graves impactos em suas vidas, como a falta de destaque. Nesse sentido, essa problemática ocorre em virtude da omissão governamental e da influência midiática.

(Disponível em: https://g1.globo.com/educacao/noticia/2024/03/19/redacoes-nota-mil--do-enem-2023.ghtml. Acesso em: 28 nov. 2024.)

2.7 COMO REDIGIR UM PARÁGRAFO DE DESENVOLVIMENTO

Segundo Othon M. Garcia, o parágrafo-padrão "é uma unidade de composição constituída por um ou mais de um período, em que se desenvolve determinada <u>ideia central</u>, ou <u>nuclear</u>, a que se agregam outras, *secundárias*, intimamente relacionadas pelo sentido e logicamente decorrentes dela" (GARCIA, 2010).

Difícil de entender? Vamos traduzir, então. O que Othon M. Garcia chama de ideia central ou nuclear do parágrafo é o tópico frasal. As ideias secundárias são os subtópicos necessários para expandir o tópico frasal, ou seja, a fundamentação do argumento central.

De modo geral, o parágrafo de dissertação deve ser uma unidade completa de informação, sendo, portanto, constituído de:

- uma ideia-núcleo (ou tópico frasal) – em geral apresentada no início do parágrafo;
- desenvolvimento dessa ideia, que é então devidamente especificada, fundamentada, justificada logo a seguir;
- conclusão, a qual se caracteriza por ser facultativa, representada, em geral, pela retomada (paráfrase) do tópico frasal.

Como a conclusão do parágrafo é facultativa, sugerimos que não se faça. No nosso entendimento, é preferível que o parágrafo termine com um período de fundamentação do tópico frasal ou apresentando consequências daquilo que foi afirmado. Veremos como fundamentar o tópico frasal ainda neste capítulo.

2.7.1 O que é tópico frasal?

Tópico frasal é a ideia, ou argumento, central do parágrafo, apresentada de forma genérica. É a ideia-chave, a síntese do pensamento, a essência do parágrafo. Tudo o que se afirma no parágrafo girará, portanto, em torno da fundamentação do tópico frasal. Um bom tópico frasal é objetivo, claro e apresenta um modalizador; deve ter em torno de duas linhas.

No texto-padrão, o tópico frasal inicia o parágrafo de desenvolvimento e na sequência vem a sua fundamentação. Esse é o método dedutivo de raciocínio, em que o autor parte da generalização para o seu detalhamento (GERAL → ESPECÍFICO).

**Parágrafo-padrão = tópico frasal (ideia geral) +
fundamentação (ideias específicas)**

Exemplo de tópico frasal em um parágrafo de desenvolvimento:

Muitas vezes o mau uso dos suportes tecnológicos pelo professor põe a perder todo o trabalho pedagógico e a própria credibilidade do uso das tecnologias em atividades educacionais *(tópico frasal). Os educadores precisam compreender as especificidades desses equipamentos e suas melhores formas de utilização em projetos educacionais. O uso inadequado dessas tecnologias compromete o ensino e cria um sentimento aversivo em relação à sua utilização em outras atividades educacionais, difícil de ser superado.*

O parágrafo também pode apresentar seu argumento principal no fim da argumentação. Nesse caso, o autor parte das definições, exemplos, comparações, dados estatísticos, para, na sequência, apresentar o tópico frasal. São parágrafos menos comuns, pautados no método indutivo de raciocínio (ESPECÍFICO – GERAL).

Exemplo:

Pesquisa da CNTE (Confederação Nacional dos Trabalhadores em Educação), realizada em 2003, mostrou que 51,1% dos professores em atividade estavam na faixa dos 40 aos 59 anos, e 38,4% tinham entre 25 e 39 anos. Só 2,9% se encontravam na categoria entre 19 e 24 anos. **A pergunta inescapável é: quem vai substituir os atuais mestres à medida que eles forem se aposentando?** *(tópico frasal)*

Apesar de o tópico frasal poder vir no meio ou no fim do parágrafo, a nossa sugestão é que se faça o parágrafo-padrão. Dessa forma, o candidato deve apresentar o tópico frasal no início do parágrafo e, nos períodos seguintes, fundamentá-lo. Isto é, o parágrafo deve ser construído por meio do método dedutivo, ou seja, da ideia geral para as ideias específicas.

Atenção

Cada parágrafo tem somente um tópico frasal e cada tópico frasal corresponde a apenas um parágrafo. Isso quer dizer que uma ideia central não deve ser desenvolvida em mais de um parágrafo nem um parágrafo deve ter mais de uma ideia central.

2.7.2 Técnicas de fundamentação de um tópico frasal

Desenvolver o parágrafo significa expandir sua ideia-núcleo, de modo a torná-lo claro e bem fundamentado. Tal fundamentação pode ocorrer por diversos critérios, lembrando que, em um único parágrafo, o autor pode utilizar mais de um artifício na busca da maneira mais convincente de se expressar.

2.7.2.1 *Explicar, exemplificar e dividir*

Enumeração ou descrição de detalhes: Neste caso, a ideia-núcleo é especificada por meio de detalhes, pormenores. Estabelece-se, portanto, uma explanação da ideia-núcleo, que é então desenvolvida, de modo a aprofundar a discussão iniciada pelo tópico frasal.

Exemplo:

Quem caminha pelos mais de 70 quilômetros de praia da Ilha Comprida, no litoral sul de São Paulo, pode perceber uma paisagem peculiar (tópico frasal). Em meio às dunas da restinga, onde deveria existir apenas vegetação rasteira, grandes pinheiros brotam por toda parte. A sombra das árvores é um bem-vindo refresco para os moradores da região, mas a verdade ecológica é que elas não deveriam estar ali — assim como os pombos não deveriam estar nas praças das cidades, nem as tilápias nas águas dos rios, nem o mosquito da dengue picando pessoas dentro de casa ou as moscas varejeiras rondando raspas de frutas nas feiras.

Estabelecimento de comparação (paralelo e contraste): A comparação por contraste se dá por meio do estabelecimento das diferenças entre os elementos comparados. A comparação também pode ser feita por meio da apresentação de paralelos, ou seja, com foco nas semelhanças entre os elementos que estão sendo comparados.

Exemplo:

Mas os saberes científicos têm uma característica inescapável: os enunciados que produzem são necessariamente provisórios, estão sempre sujeitos à superação e à renovação (tópico frasal). Outros exercícios do espírito humano, como a cogitação filosófica, a inspiração poética ou a exaltação mística poderão talvez aspirar a pronunciar verdades últimas (comparação por contraste); *as ciências só podem pretender formular verdades transitórias, sempre inacabadas.*

Apresentação de causas e/ou consequências: Aqui, ou o tópico frasal é a causa e seu desenvolvimento expõe suas consequências, ou será ele a consequência e o restante do parágrafo desenvolverá suas causas.

Exemplo:

A educação é uma função tão natural e universal da comunidade humana que, pela própria evidência, (tópico frasal) *leva muito tempo a atingir a plena consciência daqueles que a recebem e praticam, sendo, por isso, relativamente tardio o seu primeiro vestígio na tradição literária* (consequências).

Apresentação de explicação ou esclarecimento: Neste caso, elucida-se o tópico frasal, quando este apresenta certa obscuridade, uma necessidade de maior clareza. Para isso, basta escrever a mesma ideia utilizando outras palavras.

Exemplo:

As discussões sobre a liberdade assentam necessariamente e em princípio na negação de suas próprias bases possibilitadoras (tópico frasal). *Quero dizer que o único pressuposto histórico viável para que se possa instaurar a inteireza do entendimento da questão está na ausência de liberdade* (explicação).

Utilização de exemplos: Os exemplos são uma maneira bem elucidativa de concretizar o que há de abstrato no tópico frasal. Seguindo esse critério, o parágrafo se desenvolve por meio da ilustração da ideia-núcleo, constituindo-se em uma das formas mais simples e eficaz de se demonstrar aquilo que se afirma. Quer uma sugestão? Sempre utilize ao menos um exemplo no desenvolvimento de sua redação.

Exemplo:

Dependendo das circunstâncias, as espécies invasoras podem ser meras "imigrantes" inofensivas ou invasoras altamente nocivas (tópico frasal). *Dentro do sistema produtivo, por exemplo, o búfalo e o pinus são apenas espécies exóticas. Quando escapam para a natureza, entretanto, muitas vezes tornam-se organismos nocivos aos ecossistemas "naturais".*

Divisão ou explanação das ideias em cadeia: Neste tipo de fundamentação de tópico frasal, o autor divide sua ideia inicialmente apresentada em duas ou mais partes. Na sequência, o candidato explana cada uma das partes a seu momento. Essa explanação em cadeia pode durar o parágrafo inteiro ou pode avançar ao longo do texto, dependendo da dimensão da discussão.

Exemplo:

As cidades em processo rápido de crescimento no Brasil indicam pelo menos três modalidades de crescimento dos organismos urbanos (tópico frasal): *um crescimento horizontal por partilha de espaços de antigas chácaras ou glebas congeladas para especulação, de dinâmica similar a uma mancha de óleo em expansão; um crescimento vertical, à custa de edifícios de muitos andares, aproveitando as facilidades aparentes dos espaços centrais e subcentrais das cidades de porte médio, acumulando funções residenciais em uma área de permanência duvidosa para tais funções; e, por fim, mecanismo de maior gravidade, a partilha de glebas situadas em posições descontínuas, a quilômetros de distância da área central, inicialmente semi-isoladas no meio de sítios e fazendas, os quais, por sua vez, são espaços potenciais para loteamentos ulteriores e instalações de unidades industriais, com eliminação quase total das funções agrárias que responderam pelo crescimento e a riqueza iniciais da própria cidade* (explanação em cadeia).

Parágrafo com dados estatísticos: Neste tipo de fundamentação de tópico frasal, o autor se baseia em uma comprovação do tópico frasal por meio de dados de pesquisas.

Exemplo:

A maioria dos docentes não tem a formação necessária para atender alunos com deficiência, o que acaba desmotivando-os e, em último caso, causando a evasão escolar (tópico frasal). *O censo de 2010 apontou que 61% das pessoas com deficiência com 15 anos ou mais não possuem o ensino fundamental completo ou não tiveram acesso a qualquer nível de instrução* (dados).

2.7.2.2 Elementos de coesão

A expansão do tópico frasal por meio de sua fundamentação pode ser feita, como visto, de diferentes maneiras: utilizando causas, consequências, exemplos, explicações, dentre outras formas. Isso, porém, não deve ser feito de qualquer maneira. Para que haja coesão entre os períodos e o raciocínio fique claro para o examinador, é importante utilizar conectores coesivos de forma precisa. Os conectores, como o próprio nome sugere, vão estabelecer o "*link*" entre uma parte do texto e outra (entre um parágrafo e outro; entre um período e outro). Sendo assim, é importante que o aluno tenha um bom repertório deles para que possa utilizar ao longo da redação sem repeti-los. Isso, além de garantir a coesão do texto, também demonstrará que o autor da redação possui recursos linguísticos.

Para auxiliar essa tarefa de criar as relações entre os enunciados, relacionamos a seguir alguns recursos de coesão (conectores/conectivos, operadores argumentativos) úteis.

Tabela de conectores		
Realce/relevância	Quando o candidato quiser dar uma opinião, enfatizar um ponto de vista	Vale lembrar/ De modo geral / É inegável/ É certo/ Decerto/ Sem dúvida/ Com toda a certeza/ Por certo/ Certamente

Atenuadores de opinião	Quando o autor do texto opinar, mas quiser que essa opinião seja relativizada, isto é, que ela não soe muito taxativa	Muitas vezes/ Em muitos casos/ De certa forma/ Pode-se dizer/ Provavelmente/ Possivelmente/ É provável/ De certo modo
Enumeração/ prioridade	Quando o candidato quer trabalhar mais de um ponto e precisa ordená-los na redação	Em primeiro plano ou lugar ou momento/ A princípio/ Antes de tudo/ Desde logo
Adição/ sequenciadores	Quando é necessário adicionar uma ideia a uma outra que foi explicitada antes	Além disso/ Por outro lado/ Ademais/ Soma-se a isso (retomada do parágrafo anterior)/ Em adição a isso/ Cabe ressaltar, também,/ Ainda/ Um outro aspecto é/ Da mesma forma
Negação, contraste, oposição	Quando se quer estabelecer diferenças, oposições ou negar o que foi dito anteriormente	Não obstante isso/ Ao contrário/ De outra face/ Entretanto/ Ao contrário disso/ No entanto/ Por outro lado/ Por outro enfoque/ Diferente disso/ De outra parte/ Diversamente disso/ Contudo/ Pelo contrário/ Em contrapartida
Explicação	Quando se quer explicar de forma mais pormenorizada o que se acabou de afirmar	Em verdade/ Com efeito/ De fato/ Realmente/ Isso sugere/ Isso significa/ Isso implica/ Isso ocorre porque
Semelhança/ comparação	Quando se comparam dois elementos ressaltando as similaridades entre eles	Igualmente/ Da mesma forma/ Assim também/ Do mesmo modo/ Similarmente/ Semelhantemente/ Analogamente
Conformidade	Utiliza-se quando se quer apresentar testemunhos de autoridade, citações de autores renomados	Segundo/ Conforme/ De acordo com/ Em conformidade com
Exemplificação	Quando se quer deixar claro que se está exemplificando	É o que se vê em/ É o que se observa em/ Prova disso é/ Basta observar/ Exemplo disso é/ Como exemplo, pode-se citar
Causa	Quando se quer apresentar uma causa	Isso ocorre em função de/ Graças a/ Em virtude de/ Devido a/ Porque/ Já que/ Uma vez que/ Visto que
Consequência, conclusão	Quando se quer apresentar uma consequência	Consequentemente/ Em decorrência disso/ Em consequência/ Por consequência/ Por conseguinte/ Como resultado
Fecho, conclusão	Para fechar ou concluir a redação, deve-se utilizar, também, um conector com essa finalidade	Por conseguinte/ Por fim/ Finalmente/ Por tais razões/ Por tudo isso/ Em razão disso/ Diante disso/ Assim/ Enfim/ Sendo assim/ Dessa forma/ Desse modo

2.7.3 Exemplos de parágrafos de desenvolvimento

A seguir, trouxemos alguns exemplos de parágrafos de desenvolvimento em que se combina mais de uma estratégia de fundamentação e há a utilização dos conectores coesivos:

Exemplo 1:

O senso de coletividade é eficaz no papel de constranger indivíduos a se comportarem segundo regras de conduta (tópico frasal). **Dessa forma**, *a liberdade de uma pessoa é limitada pela liberdade de outra, de modo que há a supressão de condutas socialmente reprovadas tacitamente* (explicação). **Como resultado**, *há uma boa convivência em sociedade, mesmo sendo composta por pessoas tão distintas entre si* (consequência). **Assim**, *o senso de grupo prevalece sobre as individualidades, como defendia o sociólogo Émile Durkheim* (conclusão de parágrafo por meio de um testemunho de autoridade).

Exemplo 2:

Além disso, *existe um grande impacto econômico em torno dessas manifestações culturais* (tópico frasal). **Isso porque** *muitas comunidades têm como principal fonte de renda as atividades provenientes das práticas culturais imateriais* (explicação). *São empregos diretos e indiretos criados para manter o turismo local* (explicação). **Um exemplo** *são as vaquejadas que ocorrem no Ceará, em que mais de 700 eventos por ano geram cerca de 600 mil empregos e movimentam aproximadamente 14 milhões de reais* (exemplo).

Exemplo 3:

A preservação do patrimônio cultural imaterial acarreta a valorização da cultura local e a diminuição do impacto da influência estrangeira (tópico frasal). **Essa valorização implica** *em um respeito maior ao que é próprio, promovendo, de certa forma, a revitalização desses traços culturais locais* (consequência). **Além disso**, *diante de costumes culturais tão diversificados, elevá-los a um patamar de patrimônio promove maior tolerância por parte da população* (consequência). **Basta observar** *o título de patrimônio cultural do estado do Rio de Janeiro dado à umbanda, que funciona, muitas vezes, como mecanismo de combate à intolerância religiosa* (exemplo).

Observação

Nesses exemplos, é importante o aluno reparar que o parágrafo se inicia com a apresentação do tópico frasal e é expandido por meio de diferentes estratégias de fundamentação do argumento. Outro aspecto que deve ser ressaltado é a utilização de conectores coesivos, destacados em negrito.

2.8 COMO CONCLUIR UMA REDAÇÃO

A conclusão é o último parágrafo da redação. Embora muitos a considerem um simples fechamento do texto, a conclusão constitui-se, muitas vezes, em sua parte mais importante. Os dados utilizados, as ideias e os argumentos convergem para este ponto em que a discussão ou exposição se fecha.

No entanto, ainda que um dos fundamentos para um bom texto é que ele seja cíclico – deva retomar ao final a tese –, um texto bem concluído é aquele que evita repetir literalmente os argumentos já utilizados, mas sem acrescentar desenvolvimentos de informações novos.

A conclusão deve, portanto, retomar a tese apresentada na introdução, dando encerramento ao ciclo textual. Faz-se ainda conveniente que, além da retomada da tese, a conclusão apresente uma opinião ou uma sugestão de intervenção que aponte para a solução do problema discutido na redação.

A seguir algumas dicas que podem ser úteis na elaboração da conclusão de uma redação:

- Reserve dois períodos para a sua conclusão: um para a retomada da tese, outro para o <u>acréscimo.</u>
- No acréscimo, procure apresentar soluções específicas ao tema sobre o qual se discorreu ou simplesmente apresentar críticas/opinião em relação ao que se discutiu no texto.

Na transição do desenvolvimento do texto para a conclusão, pode-se optar pelo uso de expressões que indiquem esse fechamento, tais como: *dessa forma, com isso, como consequência, por esses motivos, por tudo isso.* Além desses conectores, o uso de palavras de referência que retomem as ideias anteriormente apresentadas pode ser conveniente. Dentre elas, podemos citar o uso de sinônimos das palavras-chave do texto ou até mesmo palavras do mesmo campo semântico, pronomes demonstrativos etc.

Quanto ao número de linhas, a conclusão tem, em média, o tamanho da introdução. Uma conclusão longa demais aponta para possíveis erros, entre os quais:

- O desenvolvimento não foi suficientemente explorado e invadiu a conclusão.
- O autor simplesmente está "enrolando". Utiliza-se de frases vazias, dispensáveis.

Seja qual for a técnica escolhida para sua conclusão, lembre-se de que será ela o trecho da redação mais lembrado pelo leitor, simplesmente por ser aquele que se coloca ao final da discussão.

Exemplo 1:

Por todos esses aspectos (conector conclusivo)*, o reconhecimento da igualdade entre homens e mulheres capacita-as para atuar de forma proativa em favor da sociedade* (retomada da tese). **Sendo assim**, *melhor ainda seria que o governo promovesse incentivos fiscais às empresas para contratação de mão de obra feminina, a fim de proporcionar um acelerado desenvolvimento social* (sugestão de solução).

Exemplo 2:

Diante disso (conector conclusivo), *tem-se nas competições esportivas entre os países uma ótima ferramenta para um mundo em paz e igualitário* (retomada da tese). *É de suma importância que tais eventos sejam não só preservados, mas ampliados e incentivados para que o máximo de nações possa participar* (sugestão de solução). *Desse modo, os efeitos de tantas experiências e oportunidades serão maximizados* (consequência/fechamento).

2.9 COMO CONCLUIR UMA REDAÇÃO DO ENEM

O que se espera no parágrafo de conclusão em redações do Enem é diferente do que vimos nas dissertações argumentativas para concursos. No Enem, 200 pontos da redação são específicos para a proposta de intervenção, que, como sabemos, deve aparecer de forma clara na conclusão. Tal valorização resulta em uma conclusão mais longa e completa do que a conclusão que ensinamos a fazer em redações para concursos.

Conforme explicamos no item 2.3.2, a proposta de intervenção deve se relacionar com a problemática discutida na redação, respeitar os direitos humanos e apresentar cinco elementos: a ação interventiva (o quê?), o agente (quem?), o modo ou meio da ação (como?; por meio de quê?), o efeito da ação e um detalhamento. Por detalhamento, entende-se o desenvolvimento de algum desses cinco elementos. O examinador exige apenas um detalhamento.

Retiramos dois exemplos de redações de alunos que conquistaram os 200 pontos na Competência 5. Em cada um dos exemplos, percebe-se que as intervenções foram feitas de forma completa, embora os períodos pudessem estar mais curtos, o que tornaria a ideia apresentada mais clara.

Exemplo 1:

Enfim (conector conclusivo), *a internet como qualquer outro meio de comunicação é manipulável e influencia diretamente o indivíduo*. **Dessa forma**, *cabe ao Governo, em parceria com o Ministério da Justiça* (agentes), *a fiscalização desse meio tão importante na vida coletiva* (ação interventiva), *por meio da criação de novos algoritmos que cancelem a ação dos velhos algoritmos que filtram as buscas do internauta* (modo ou meio da ação), *para que assim seu direito de liberdade de expressão e opinião não seja influenciado* (efeito/finalidade), *mas, pelo contrário, respeitado, como assegurado na Constituição Federal brasileira vigente* (detalhamento + retomada de argumento citado anteriormente/texto cíclico).

Exemplo 2:

Diante do exposto (conector conclusivo), *medidas são necessárias para sanar o problema. A escola* (agente), *cujo papel é passar conhecimento aos jovens* (detalhamento), *deve informar aos alunos sobre a manipulação do comportamento pelo controle de dados na internet* (ação interventiva), *por meio de aulas que abordem os perigos de ter o pensamento moldado pelo mercado, e o consumismo causado por ele* (modo ou meio de ação), *com objetivo de acabar com a alienação popular diante dessa situação e devolver a liberdade de escolha aos indivíduos* (efeitos).

CAPÍTULO 3

APRENDA A FAZER DISCURSIVAS: TEXTOS EXPOSITIVOS

Até aqui vimos as características do texto dissertativo-argumentativo, bem como o desenvolvimento de sua estrutura. Neste capítulo, vamos trabalhar outro tipo de dissertação também bastante comum em concursos: a expositiva. O candidato perceberá que a dissertação expositiva tem algumas semelhanças com a argumentativa.

3.1 COMO DIFERENCIAR UM TEXTO DISSERTATIVO-EXPOSITIVO DE UM ARGUMENTATIVO?

Enquanto no texto argumentativo há a defesa de uma tese por meio de argumentos, o texto expositivo se propõe apenas a discutir o tema por meio de fatos. Isto é, a dissertação argumentativa é construída sobre o ponto de vista do autor do texto em relação a determinado tema; já na dissertação expositiva o autor se restringe a discorrer sobre o tema (muitas vezes um tema específico de determinada área do conhecimento), apresentando pontos consensuais sobre o assunto, conceitos, em suma, o que se sabe sobre o que foi solicitado.

Diferentemente do texto argumentativo, no expositivo não deve haver a presença de modalizadores. Além disso, a presença de testemunhos de autoridade é marcante nos textos expositivos. Isso porque citações diretas e indiretas de autores e documentos relevantes da área sobre a qual está sendo escrita enriquecem a redação e mostram que as ideias apresentadas são embasadas em teorias, leis, jurisprudências etc. A tabela a seguir resume o que foi dito:

Texto argumentativo	Texto expositivo
Há a defesa de uma tese/ponto de vista	Há a discussão de um tema/assunto
Presença de argumentos	Presença de fato
Presença de modalizadores	Presença de testemunhos de autoridade

Em algumas provas discursivas, a banca apresenta, além do tema, os tópicos que devem ser desenvolvidos pelo candidato ao longo da redação. Perceba que a banca está, na verdade, entregando "de mão beijada" os tópicos frasais ao autor do texto. Quando isso acontece, a redação deve conter um parágrafo de desenvolvimento para cada um dos tópicos, mantendo a mesma ordem em que a prova os apresentou.

3.2 A INTRODUÇÃO DE TEXTO DISSERTATIVO-EXPOSITIVO

A introdução da redação, como já sabemos, corresponde ao primeiro parágrafo do texto. Como também já vimos, uma das diferenças entre o texto argumentativo e um expositivo é que, no primeiro, o autor defende uma tese, enquanto, no segundo, há apenas o desenvolvimento de um assunto por meio de fatos. Sendo assim, a introdução do texto dissertativo deverá explicitar o tema por meio de um período genérico, mas não terá a apresentação de uma tese, como se exige no texto argumentativo. Perceba que a introdução da dissertação expositiva é como se fosse a introdução da dissertação argumentativa sem a explicitação de um ponto de vista a ser defendido. Então vamos relembrar como escrever a introdução.

Passo a passo para a introdução de um texto expositivo

1 – Recortar (dividir) o tema em duas partes
2 – Reescrever as duas partes do tema trocando, sempre que possível, as palavras por sinônimos (termos técnicos e conceitos devem ser repetidos na introdução).

O esquema para fazer a introdução do texto expositivo é bem simples, como se pode ver. As provas discursivas, porém, podem solicitar que o texto seja escrito em tamanhos distintos. O número de linhas disponíveis para fazer a redação pode afetar a forma como a introdução será escrita. Por isso, vamos mostrar diferentes modelos de introdução de acordo com o número máximo de linhas disponíveis para a resposta: de 10 a 15 linhas; em até 30 linhas; e de 45 a 60 linhas.

Modelo de introdução 1 – Discursiva de 45 a 60 linhas

Como essa prova exige que se escreva mais, o candidato também terá mais linhas para fazer a introdução. Sendo assim, sugerimos uma introdução da seguinte forma:

1º período: Conceito/ Definição/ Afirmação de cunho geral.

2º período: Reescritura do tema (paráfrase do tema).

3º período: Apresentação dos tópicos frasais (sem desenvolvê-los).

Modelo de introdução 2 – Discursiva de 30 linhas

1º período: Conceito/ Definição/ Afirmação de cunho geral.

2º período: Reescritura do tema (paráfrase do tema).

> **Observação**
>
> O modelo 2 pode ser feito apenas com a reescritura do tema. Nesse caso, a introdução ficaria somente com um período. Essa variação pode ser útil, caso o candidato precise de espaço para fazer um desenvolvimento consistente e com bastante conteúdo.

Modelo de introdução 3 – Discursiva de 10 a 15 linhas

Muitas vezes, a prova solicita que se responda a determinadas perguntas e oferece de 10 a 15 linhas para a resposta – são as questões discursivas. Para elas, de forma organizada, há também uma técnica, como mostraremos neste modelo de introdução.

1º período: Reescritura do tema (paráfrase do tema).

Repare que sugerimos uma introdução com apenas um período. Neste caso, a introdução pode ou vir em um período próprio ou estar junto do desenvolvimento, em um mesmo parágrafo. Assim, escrever a introdução e o desenvolvimento no mesmo parágrafo é útil quando há um número reduzido de linhas para responder à questão. Vejamos um exemplo de prova discursiva e de como a introdução poderia ser feita.

Exemplo de prova – Direito tributário – ESAF

O Supremo Tribunal Federal tem entendido que <u>não se tipifica crime material contra a ordem tributária</u> (TEMA), previsto no art. 1º, inciso I, da Lei n. 8.137/90, <u>antes do lançamento definitivo do tributo</u> (TEMA). Sobre o lançamento tributário:

a) *<u>Conceitue-o</u>, mencionando, entre outros aspectos, a competência para efetuá-lo, seus requisitos e sua finalidade;*

b) *Explique e exemplifique as suas <u>diferentes modalidades</u>;*

c) *<u>Para cada modalidade de lançamento, mencione o prazo</u> que possui a autoridade administrativa para efetuá-lo, e quando se dá o termo inicial da contagem de prazo; e*

d) *<u>Cite as hipóteses</u> em que, de acordo com o Código Tributário Nacional, admite-se a revisão do lançamento por parte da autoridade administrativa.*

(Desenvolvimento de 40 a 60 linhas)

> **Observação**
>
> No texto inicial, as partes sublinhadas por nós servem para identificar o tema. Os grifos nos itens solicitados se referem ao que é de fato para ser desenvolvido na resposta.

A seguir, o parágrafo de introdução feito por um aluno para essa questão. Caso o número de linhas para a resolução fosse menor, bastava adaptar a introdução, cortando o período de apresentação dos tópicos frasais e/ou o de afirmação de cunho geral:

A Súmula Vinculante n. 24 do Supremo Tribunal Federal (STF) traz relevante elucidação sobre a importância do lançamento tributário *para a tipificação do crime material contra a ordem tributária* (1º período: Afirmação de cunho geral). *Conforme o STF,* somente após o lançamento *definitivo do tributo será possível o enquadramento do fato como crime* (2º período: Reescritura do tema). *Para a plena aplicação do instituto do lançamento tributário, é imprescindível o entendimento de sua* conceituação, *de suas* modalidades (aqui o aluno reuniu em um tópico os itens *b* e *c*) *e de suas* hipóteses *de revisão por parte da autoridade administrativa* (3º período: Apresentação dos tópicos frasais).

Observação

Além da estrutura em três períodos, conforme o modelo 1 de introdução que apresentamos, repare que o candidato trouxe testemunhos de autoridade/citações indiretas para mostrar de onde ele tirou a afirmação de cunho geral ("Conforme o STF..."). Isso é necessário, já que no texto expositivo deve-se mostrar domínio de um conhecimento específico, em vez de apresentar argumentos que denotam um ponto de vista próprio. Assim, sempre cite a lei, o decreto, o autor, a obra etc. que embasam a resposta que está sendo construída.

3.3 O PARÁGRAFO DE DESENVOLVIMENTO DO TEXTO DISSERTATIVO--EXPOSITIVO

Da mesma forma que no texto argumentativo, na redação expositiva o parágrafo de desenvolvimento se inicia com um tópico frasal e, então, há a fundamentação desse tópico frasal.

Parágrafo de desenvolvimento = Tópico frasal + Fundamentação

Na dissertação argumentativa, o tópico frasal precisa conter um modalizador, já que ele funciona como um argumento em defesa de um ponto de vista. Já na dissertação expositiva, o tópico frasal será um fato precedido por uma fonte (testemunho de autoridade). Citar a fonte, por meio do discurso direto ou indireto, é necessário para demonstrar que a afirmação do tópico frasal não é uma opinião pessoal, mas um fato embasado em leis, decretos, autores, obras etc. Dessa forma, o autor também mostra que domina o conteúdo.

Em algumas provas discursivas, a banca, além do tema, apresenta os tópicos frasais que precisam ser desenvolvidos, como foi o caso do exemplo que acabamos de apresentar no item 3.2. Quando isso acontece, o candidato deve reescrever o tópico frasal mantendo a mesma ideia, mas utilizando palavras distintas quando possível. Cada tópico frasal apresentado pela banca será um parágrafo de desenvolvimento distinto. É importante, também, que o candidato escreva os parágrafos de desenvolvimento na mesma ordem em que os tópicos aparecem na questão da prova.

Observação

Quando a prova apresenta tópicos em formato de pergunta, o tópico frasal do parágrafo será a resposta à pergunta. É importante que na resposta esteja contida a reescritura da pergunta em tom de afirmação, de modo que seja possível compreender o que se fala sem precisar recorrer à leitura da questão novamente. Além disso, esse tópico frasal deve responder à pergunta de forma breve e objetiva, sem entrar em especificidades. O detalhamento da resposta é a fundamentação do tópico frasal e, portanto, será feito nos períodos seguintes do parágrafo.

3.3.1 Técnicas de fundamentação do parágrafo expositivo

Já foi falado que o parágrafo de desenvolvimento deve ser construído partindo-se da ideia geral à ideia específica. Isso quer dizer que se inicia por um período que resume a ideia central do parágrafo de forma genérica, o tópico frasal, e, então, apresenta-se a fundamentação desse tópico frasal nos períodos seguintes. São essas estratégias de fundamentação passíveis de serem utilizadas no texto expositivo que vamos comentar agora. Lembrando que o candidato pode utilizar diferentes estratégias de fundamentação no mesmo parágrafo.

1 – Comparação (paralelo e contraste): É o estabelecimento de um contraste (que enfoca as diferenças) ou um paralelo (que destaca as semelhanças) entre ideias, seres, fatos etc.

2 – Definição: Como o nome sugere, é quando se apresenta a definição de um termo. Essa estratégia deve ser utilizada após o tópico frasal, quando este girar em torno de uma palavra ou expressão específica que necessita ter a definição explicitada. É importante o candidato ter em mente que, em algumas vezes, quem corrige a redação é não é um professor do conteúdo específico, e sim um professor de redação. Assim, definir termos técnicos, quando estes fazem parte da ideia central da resposta, é de suma importância.

3 – Explicação ou esclarecimento: Explicar é esclarecer o que foi dito no momento anterior. Muitas vezes, uma boa solução para o período seguinte ao tópico frasal é explicá-lo, ou seja, reescrevê-lo de forma mais detalhada, utilizando palavras distintas das que foram usadas anteriormente.

4 – Exemplificação: Se o tópico frasal permitir, apresente exemplos. Ilustrar o que foi dito anteriormente por meio de algo retirado da realidade/situação concreta é uma excelente forma de fundamentação.

5 – Divisão: Utiliza-se quando o tópico frasal tem mais de um segmento. Um exemplo é quando a banca solicita que o candidato cite três modalidades de determinado assunto. A fundamentação por divisão nada mais é do que falar, segundo o nosso exemplo, de cada uma das modalidades solicitadas em períodos distintos (uma modalidade por período).

Não esqueça

É importante utilizar um conector coesivo sempre que houver mudança de parágrafo ou quando se iniciar um período novo.

3.3.2 Exemplos de parágrafo de desenvolvimento de texto expositivo

Vamos retomar o exemplo da questão de prova apresentado no item 3.2 para mostrar como os parágrafos de desenvolvimento foram realizados por um de nossos alunos.

Exemplo de prova – Direito tributário – ESAF

O Supremo Tribunal Federal tem entendido que não se tipifica crime material contra a ordem tributária (TEMA), previsto no art. 1º, inciso I, da Lei n. 8.137/90, antes do lançamento definitivo do tributo (TEMA). Sobre o lançamento tributário:

a) *Conceitue-o, mencionando, entre outros aspectos, a competência para efetuá-lo, seus requisitos e sua finalidade;*

b) *Explique e exemplifique as suas diferentes modalidades;*

c) *Para cada modalidade de lançamento, mencione o prazo que possui a autoridade administrativa para efetuá-lo, e quando se dá o termo inicial da contagem de prazo; e*

d) *Cite as hipóteses em que, de acordo com o Código Tributário Nacional, admite-se a revisão do lançamento por parte da autoridade administrativa.*

(Desenvolvimento de 40 a 60 linhas)

Para ficar mais claro, vamos repetir o item que a banca solicitou para ser feito na prova e que tem a função de tópico frasal no nosso parágrafo de desenvolvimento para, então, apresentar o exemplo de como o parágrafo poderia ser escrito.

a) Conceitue-o, mencionando, entre outros aspectos, a competência para efetuá-lo, seus requisitos e sua finalidade;

O lançamento tributário é o procedimento administrativo pelo qual a autoridade fiscal institui o crédito tributário. A competência para efetuá-lo é exclusiva da autoridade fazendária,

60

sendo a ação dessa autoridade plenamente vinculada. A finalidade do lançamento é dar condições ao Fisco de exigir a obrigação tributária oriunda do fato gerador. O lançamento define requisitos indispensáveis para a exigibilidade do crédito tributário, por exemplo o sujeito passivo, o montante a ser pago e a base de cálculo.

O item a) solicitou que o candidato conceituasse o lançamento tributário, apresentasse a competência para efetuá-lo, seus requisitos e a sua finalidade. Sendo assim, sugerimos que cada um desses comandos esteja em um período próprio. Dessa forma, espera-se que o parágrafo contenha pelo menos quatro períodos (é possível que um comando exija mais de um período, mas não se deve falar de dois comandos distintos no mesmo período).

O primeiro comando do item solicitava que se conceituasse o lançamento tributário. Dessa forma, o parágrafo começou "o lançamento tributário é..." e, em seguida, apresentou o conceito. Sempre que a banca pedir que se conceitue algo, procure utilizar o verbo "ser", pois ele indica que se está conceituando sem precisar repetir a palavra "conceito" na resposta.

O segundo comando solicitava que se mencionasse a competência. O período seguinte, portanto, anuncia a competência logo no início.

Um ponto a se destacar nesse parágrafo é que o aluno inverteu os dois últimos comandos, em vez de seguir a ordem apresentada pela prova, como nós sugerimos. A justificativa, segundo o aluno, é que a inversão era essencial para se manter uma coerência lógica entre os comandos. Pelo visto, ele tinha razão, pois conquistou a nota máxima na questão ao adaptar a técnica aprendida para uma situação de prova específica.

b) Explique e exemplifique as suas diferentes modalidades;

Conforme o Código Tributário Nacional (CTN), o lançamento possui três modalidades: ofício, declaração e homologação. Na primeira, a participação do sujeito passivo é a menor dentre as modalidades de lançamento, nessa situação o Fisco realiza todos os procedimentos e compete ao contribuinte apenas o pagamento, o Imposto Predial Territorial Urbano (IPTU) é um exemplo dessa modalidade. O segundo tipo de lançamento ocorre quando o contribuinte presta informações à autoridade administrativa, e esta efetua o lançamento, o Imposto de Importação (II) sobre bagagens é exemplo dessa modalidade. A última hipótese é a mais comum e que mais exige participação do sujeito passivo, nessa modalidade o contribuinte calcula o pagamento e posteriormente a autoridade fiscal efetua a homologação do pagamento. Um exemplo é o imposto sobre Circulação de Mercadorias e Serviços (ICMS).

O item b) da prova pede que se explique e exemplifique as diferentes modalidades. Quando o tópico frasal vier no plural ("modalidades"), a sugestão é que o candidato apresente logo no primeiro período todas as modalidades – sempre remetendo à lei, ao decreto, ao código, à jurisprudência etc. que embase a resposta. Os períodos seguintes serão para desenvolver cada uma dessas modalidades (neste caso, explicar e exemplificar), uma em cada período, por meio da estratégia de fundamentação que chamamos de divisão. Foi justamente o que o aluno fez no parágrafo.

c) Para cada modalidade de lançamento, mencione o prazo que possui a autoridade administrativa para efetuá-lo, e quando se dá o termo inicial da contagem de prazo;

Ainda sobre essas modalidades, prescreve o CTN que a autoridade administrativa possui um prazo decadencial de cinco anos para efetuar o lançamento. Em regra, a contagem desse prazo inicia-se no primeiro dia do exercício subsequente ao qual o lançamento poderia ser efetuado. Porém, no lançamento por homologação, em regra, esse prazo tem como termo inicial o pagamento efetuado pelo sujeito passivo.

O aluno começou o parágrafo com um recurso coesivo, retomando o parágrafo anterior com a expressão "Ainda sobre essas modalidades". No primeiro período, o aluno mencionou o prazo, conforme o solicitado na primeira parte do item c). A segunda parte da pergunta foi respondida no período seguinte.

d) Cite as hipóteses em que, de acordo com o Código Tributário Nacional, admite-se a revisão do lançamento por parte da autoridade administrativa.

Apesar de o lançamento tributário gozar de presunção de legitimidade, essa não é absoluta. O próprio CTN prevê hipóteses em que é possível a revisão do lançamento por parte da autoridade administrativa, são elas: recurso de ofício e revisão administrativa. A primeira hipótese é o recurso realizado pela autoridade fiscal quando a Fazenda Pública tem seu crédito desconstituído por decisão administrativa ou judicial. Já a segunda ocorre, dentre outras situações, quando o Fisco possui fundada suspeita de fraude, dolo ou conluio por parte do sujeito passivo.

O parágrafo relativo ao item d) começa com um período que introduz a ideia de que em certas circunstâncias há revisão de lançamento tributário por parte da autoridade administrativa. Logo no segundo período, o aluno cita as duas hipóteses em que isso acontece. Os dois períodos seguintes são para explicar essas hipóteses, uma em cada período.

Observação

Repare que em nenhum momento o texto do aluno faz menção aos itens a), b), c) ou d). A relação entre o texto e os itens se dá por meio da construção textual do parágrafo, sobretudo pela reescritura do tópico frasal no primeiro período. É assim que indicamos que se escrevam os parágrafos de desenvolvimento de questões discursivas.

Acabamos de ver quatro parágrafos de desenvolvimento de um texto expositivo de uma questão discursiva em que os tópicos frasais são dados pela banca. Nesses parágrafos, percebem-se a reescritura do tópico frasal no primeiro período, elementos de coesão entre parágrafos e entre períodos, bem como as estratégias de fundamentação: testemunho de autoridade, explicação, divisão, exemplificação etc.

Para terminar a estruturação do texto expositivo, resta ainda apresentarmos a conclusão, que é o assunto do próximo item.

3.4 A CONCLUSÃO DO TEXTO DISSERTATIVO-EXPOSITIVO

Assim como a introdução do texto dissertativo-expositivo, a conclusão também tem três modelos: para textos mais longos, de 45 a 60 linhas; para textos com até 30 linhas; e para textos curtos, de 10 a 15 linhas.

Modelo de conclusão 1: Discursiva de 45 a 60 linhas

Em textos mais longos, é possível fazer uma conclusão utilizando mais linhas. Recomendamos, portanto, que o parágrafo que fechará o texto seja escrito em dois períodos. O primeiro é para a reescritura do tema; já o segundo, para um fechamento de cunho mais geral, por exemplo, relacionando o tema a uma lei maior ou a uma legislação mais abrangente.

Modelo de conclusão 2: Discursiva de até 30 linhas

A discursiva de 30 linhas é a situação mais comum em concursos. Neste caso, a nossa sugestão é que a conclusão tenha somente um período, em que o candidato deverá reescrever o tema.

Modelo 3: Discursiva de até 15 linhas ou discursiva de até 30 linhas com um desenvolvimento muito extenso

Este é um caso em que o candidato não tem espaço para concluir, mas precisa escrever algo para fechar o texto. Não recomendamos que se sacrifique o desenvolvimento para que a conclusão possa ser feita mais facilmente. Sugerimos, então, duas opções:

- Se ainda restar uma linha na folha de resposta: Inicie essa última linha por uma conjunção conclusiva ("Portanto"; "Dessa forma" etc.) e, em seguida, reescreva o tema de forma sucinta. Repare que não se abriu um parágrafo de conclusão nessa última linha, a opção foi escrever um período com tom conclusivo na última linha do desenvolvimento.

- Se não houver mais linhas para reescrever o tema: Utilize os conectores "Por fim" ou "Finalmente" no início do último parágrafo de desenvolvimento. Os conectores conclusivos indicarão ao examinador que a discursiva está sendo concluída sem que, para isso, seja necessário abrir um parágrafo de conclusão.

Agora apresentaremos a conclusão da discursiva que viemos utilizando como exemplo desde a introdução. Confira a seguir:

Pelo exposto, fica evidente a importância do lançamento tributário nas atividades da Fazenda. Essa relevância justifica a atenção dada ao assunto pela jurisprudência pátria, prova disso é a Súmula Vinculante n. 24 do STF, que, dentre outros assuntos, trata sobre lançamento tributário.

Como a questão solicitava que fosse escrito um texto entre 40 e 60 linhas, o aluno optou por fazer o modelo 1 de conclusão, com dois períodos. O primeiro período contém a reescritura do tema e se inicia por um conector conclusivo. O aluno ainda poderia ter desenvolvido mais o tema na conclusão, mas ele optou apenas por retomar o assunto central. No segundo período, ele escreveu uma afirmação de cunho geral, conforme a nossa sugestão.

Observação

Em discursivas do Cespe, sugerimos que tanto a introdução quanto a conclusão sejam feitas de forma brevíssima, com apenas um período em cada uma das estruturas. Conforme já comentamos, a quase totalidade dos pontos vai para o desenvolvimento, portanto é prudente guardar o máximo de linhas para desenvolver o tema.

3.5 APRENDA A REDIGIR UM ESTUDO DE CASO

O estudo de caso é um texto dissertativo-expositivo em que o candidato deve apresentar seu conhecimento a respeito de determinada matéria específica. Como o próprio nome sugere, parte-se de um caso concreto que servirá de base para que o aluno discorra sobre determinado assunto. Em vez de um texto norteador, a banca oferece uma situação hipotética. Após a exposição do caso, a banca, em geral, apresenta tópicos que devem ser desenvolvidos na forma de texto expositivo. A seguir, mostraremos como estruturar um estudo de caso.

Para que o leitor possa visualizar uma questão real e entender melhor nossa explicação, apresentamos uma questão real de prova da banca FCC para o cargo de Analista Legislativo, no certame de 2018.

QUESTÃO 1

Suponha que determinada Secretaria de Estado tenha sofrido contingenciamento de suas dotações orçamentárias, em percentual determinado em função da queda de arrecadação, recaindo sobre o titular da Pasta a decisão sobre quais despesas seriam efetivamente "reduzidas", de modo a atingir o percentual determinado. Cientes de tal cenário, os servidores dos diferentes órgãos da Secretaria passaram a solicitar que o corte de despesas não recaísse sobre as atividades de seus setores, sustentando, cada grupo, o protagonismo e a maior relevância de sua atuação em relação às demais. Instaurou-se, então, conflito no âmbito da Secretaria em face das visões antagônicas dos diferentes grupos acerca da melhor forma de cumprir a determinação governamental sem maiores prejuízos para as ações e projetos prioritários em curso. Considerando o cenário e os conceitos e abordagens descritos pela literatura especializada acerca de processo decisório e gerenciamento de conflitos, de forma fundamentada:

a) Indique e descreva os modelos de tomada de decisão que poderiam, em tese, ser adotados, envolvendo ou não a participação dos servidores, e os tipos de decisão, levando em conta o ineditismo ou não da situação enfrentada.

b) Elenque as possíveis abordagens no gerenciamento dos conflitos, descrevendo a abordagem estrutural e a abordagem de processo, indicando as ferramentas correspondentes e as técnicas de resolução que poderiam, em tese, ser adotadas pelos gestores dos grupos conflitantes.

c) Conceitue os modelos de solução de conflitos integrativa e distributiva e elenque, com a descrição correspondente, as possíveis formas de resolução de conflitos com a intervenção de terceira parte (não integrante da organização).

Agora que já se sabe como um estudo de caso se apresenta em prova, vamos à estruturação da resposta.

A introdução do estudo de caso

É na introdução que as diferenças entre o estudo de caso e uma dissertação expositiva tradicional se mostram mais evidentes. Caso haja linhas suficientes, o melhor é que a introdução do estudo de caso comece por um breve resumo ou uma síntese da situação hipotética apresentada na prova. Isso porque fazer referência a um texto que não vai fazer parte da sua resposta pode confundir o leitor. Daí a importância de se tentar resumir as informações essenciais do caso. Em um ou dois períodos, o aluno deve reunir objetivamente as informações principais – apenas o necessário para contextualizar as respostas aos itens da prova. Após o resumo, em período distinto, deve-se apresentar o tema, também de forma breve, objetiva e genérica.

O parágrafo de desenvolvimento do estudo de caso

O desenvolvimento do estudo de caso corresponde aos parágrafos que respondem/desenvolvem aquilo que foi solicitado em cada um dos itens da questão.

Para maior clareza e organização, escreva apenas um parágrafo para cada item, na mesma ordem em que aparecem na prova. Não separe a resposta de um item em mais de um parágrafo e nem una as respostas de mais de um item em apenas um parágrafo. Ao redigir sua resposta, procure atender exatamente ao comando ("aponte", "descreva", "responda fundamentadamente") logo no primeiro período. Para isso, faça uma paráfrase do item e desenvolva o que foi pedido de forma objetiva e genérica, deixando a fundamentação para os períodos seguintes. Na fundamentação, sempre que for pertinente, cite legislações, jurisprudências, conceitos que sustentem a resposta.

A conclusão do estudo de caso

Escrever ou não uma conclusão para o estudo de caso vai depender da forma com que a questão se apresenta, seja pela quantidade de itens que devem ser desenvolvidos seja pelo próprio conteúdo solicitado no último item.

Para deixar mais claro: imagine que a questão solicite ao candidato desenvolver quatro ou cinco tópicos, além da introdução. Ora, isso significa que o candidato precisará escrever cinco ou seis parágrafos em apenas 30 linhas. Diante de tal situação, se ainda for preciso escrever uma conclusão, o desenvolvimento do conteúdo será prejudicado. É muito comum, também, que o teor do último item tenha características de conclusão. Isso quer dizer que o comando do tópico tem um tom de fechamento, solução ou balanço da questão.

Nessas duas situações citadas, a recomendação é que não se faça uma conclusão. A sugestão é que se inicie o desenvolvimento do último item com um conector que aponte para o fechamento do texto: "por fim", "diante do exposto", "desse modo" etc. No entanto, se não ocorrer nenhum dos dois casos citados, sugerimos que o candidato escreva uma conclusão breve, procurando estabelecer o tom de fechamento do texto, um balanço superficial do que foi discutido ou a solução do problema levantado pelo estudo de caso.

> **Observação**
>
> Cuidado, evite escrever "segundo o caso em tela", "de acordo com o caso acima", "de acordo com a situação descrita", ou qualquer outra expressão que remeta ao caso. Como já foi comentado, o caso deve ser reescrito de forma resumida na introdução, de modo que não seja necessário fazer novas referências à situação apresentada em prova.

3.6 AS TRÊS ESTRATÉGIAS DE ESTRUTURAÇÃO DE UMA QUESTÃO DISSERTATIVA

Neste item, ensinaremos a fazer uma questão dissertativa. A diferença entre uma questão dissertativa e uma prova discursiva é, basicamente, a extensão. Enquanto uma prova discursiva tem em torno de 30 linhas, uma questão dissertativa deve ser feita em até 15 linhas. As duas modalidades, porém, tratam de conhecimentos específicos e se configuram como textos expositivos.

A estrutura de uma questão dissertativa é mais simples do que a de um texto expositivo tradicional: apenas introdução e desenvolvimento. Isso mesmo, não há conclusão.

Sabendo disso, sugerimos três formas distintas de estruturação de questões discursivas.

Modelo 1 de estruturação de questões discursivas

A primeira estratégia para estruturar a questão é escrever a introdução e o desenvolvimento no mesmo parágrafo. Neste caso, a introdução será escrita no primeiro período da resposta; já o desenvolvimento será construído nos períodos seguintes (cada etapa da resposta em um período próprio). Assim, a resposta terá apenas um único parágrafo. Esse modelo é adequado para questões com limite máximo de dez linhas para a resposta. Caso a questão possa ser respondida em até 15 linhas e o candidato julgar que possui muito conteúdo para o desenvolvimento, pode-se optar também por esta estratégia, em um único parágrafo, para otimizar o espaço.

Dessa forma, a estruturação da resposta será realizada por meio da divisão de períodos, e não de parágrafos. O primeiro período tem a função de introdução, apresentando o tema (ideia principal da questão), enquanto os períodos seguintes serão destinados às ideias secundárias. Sempre é bom lembrar que é necessário manter a coesão entre os períodos.

Modelo 2 de estruturação de questões discursivas

Nesta estratégia, o candidato vai estruturar a resposta em dois parágrafos, um para a introdução (apresentação do tema/ideia principal) e o outro para o desenvolvimento (ideias secundárias). Neste modelo, cada etapa do desenvolvimento também deverá vir em um período próprio.

Modelo 3 de estruturação de questões discursivas

A terceira forma de estruturar a questão discursiva é fazer a introdução (apresentação do tema/ideia principal) em um parágrafo e cada etapa do desenvolvimento (ideias secundárias) em um parágrafo próprio. Este terceiro modelo é preferível quando há um maior número de linhas para se escrever a discursiva ou no caso de, após o rascunho, o candidato perceber que sobraram linhas.

Depois de conhecer as três estratégias de estruturação, vamos ver um exemplo para a teoria ficar mais clara e concreta.

Exemplo:

UNICAMP – Procurador – VUNESP I – 2014
Questão 1 – Direito Administrativo

Considerando as atividades de controle da Administração Pública previstas na Constituição Federal de 1988, discorra sobre as sanções e demais providências que, em caso de constatação de irregularidades, podem ser impostas e/ou adotadas pelo Tribunal de Contas competente.

De acordo com o que vimos, a primeira etapa é separar o que é tema (ideia principal) do que são as ideias secundárias. Depois dessa identificação, basta escolher um dos modelos apresentados para estruturar a resposta, de acordo com o número de linhas à disposição e com o volume de conteúdo que precisa ser escrito.

O tema aparece logo no início do texto da questão, após a expressão "Considerando". Isto é, o assunto principal é "as atividades de controle da Administração Pública previstas na Constituição Federal de 1988". Essa é a ideia que deve aparecer na introdução, seja em apenas um período, por meio de uma breve paráfrase, seja em um parágrafo próprio, dependendo da quantidade de linhas disponíveis para a resolução da questão e, consequentemente, da escolha de um dos três modelos de estruturação de discursivas que explicamos.

As ideias secundárias solicitadas na questão são apresentadas pela expressão "discorra sobre". É importante identificá-las, porque cada uma delas será desenvolvida em um período próprio, no caso de questões com poucas linhas para o desenvolvimento, ou em parágrafos próprios, em questões mais longas. A primeira ideia secundária é discorrer sobre "as sanções"; já a segunda é discorrer sobre as "demais providências".

Assim, se essa questão exigisse uma resposta em até dez linhas, sugeriríamos que fosse feita em, pelo menos, três períodos: o primeiro para a introdução, o segundo para as sanções e o terceiro para as demais providências. Além disso, repare que tanto as sanções quanto as demais providências estão no plural. Uma boa solução para que você não tenha que falar sobre todas é anunciar que vai discorrer apenas sobre parte delas. Dessa forma, o período poderia se iniciar assim: "Em caso de irregularidades, algumas sanções poderiam ser impostas pelo Tribunal de Contas, entre elas,...".

Se, no entanto, a questão permitisse a resposta com mais de 15 linhas, tanto as sanções como as demais providências poderiam estar em parágrafos próprios. Nesse caso, o candidato poderia discorrer sobre cada uma das sanções, bem como sobre cada uma das demais providências, falando de cada item em um período distinto em seus respectivos parágrafos. O único cuidado que se deve ter caso se opte por desenvolver toda a resposta em um único parágrafo é anunciar no início do período que se vai falar de outra sanção ou uma outra providência: "Uma outra sanção possível é...".

Com esse exemplo, esperamos ter mostrado como se pode aplicar cada um dos modelos, de acordo com o espaço destinado para a resposta e com o domínio do conteúdo pelo candidato. Os três modelos são opção de estruturação da resposta, mas a escolha de um deles passa, também, pelo julgamento do candidato sobre a melhor alternativa naquele momento.

Lembre-se: os modelos não devem ser entendidos como uma imposição. Eles são apenas uma sugestão de estruturação para facilitar e organizar a resposta. Use sempre o bom senso.

CAPÍTULO 4

MÉTODO REDAÇÃO COM LÓGICA®

Neste capítulo, detalharemos o Método Redação com Lógica®, o nosso método exclusivo de produção de dissertações. Ele é composto de dois processos. O primeiro é o da produção da redação, que será apresentado neste capítulo. Já o segundo processo, o de pesquisa e portfólio de argumentos, será apresentado no Capítulo 5, abrindo a parte de temas e conteúdo de atualidade desta obra.

O processo de produção textual do Método Redação com Lógica® apresenta conceitos que facilitarão a assimilação das técnicas de redação por meio de 7 passos estruturados de aprendizagem, além de diagramas esquemáticos. Ao utilizar o processo de produção de redação que vamos ensinar, o candidato atenderá as competências que a banca espera dele na correção do texto, tais como capacidade de interpretação, capacidade de defender pontos de vista, domínio de mecanismos textuais lógicos. Espera-se, assim, uma transformação no estudante em relação ao planejamento e à produção da redação, que o permita escrever um texto de alto impacto dentro do tempo disponível em concursos.

4.1 DEFINIÇÕES GERAIS

Antes de entrarmos no método de escrita propriamente dito, é importante se familiarizar com algumas definições presentes na metodologia que estamos apresentando.

Processo: É o conjunto de atividades sequenciais e associadas que visam a produzir um resultado definido.

Diagrama esquemático: É uma representação visual estruturada e simplificada de um determinado conceito, ideia etc.

Competência: É a aquisição de um conjunto de conhecimentos, habilidades e processos que conduzam o estudante à compreensão, interpretação e resolução de problemas. Dessa forma, o aluno desenvolve capacidade de pensamento e, também, atitudes favoráveis à aprendizagem. A competência se expressa, portanto, pelo modo singular como uma determinada habilidade é operacionalizada no texto.

4.2 MÉTODO REDAÇÃO COM LÓGICA® – 7 PASSOS DA PRODUÇÃO DA REDAÇÃO

Quem nunca teve dificuldade para colocar as ideias no papel? Muitas vezes, o aluno domina a estrutura – sabe como fazer uma introdução, os parágrafos de desenvolvimento e a conclusão –, mas enfrenta um "apagão" na hora de escrever e de transformar as ideias em uma dissertação organizada. Ao longo de todos esses anos ensinando redação, desenvolvemos um método para fazer com que a escrita possa ser algo prático e simples, de modo que o aluno consiga organizar o pensamento antes de transpô-lo para o papel.

4.2.1 As três etapas do método

Para escrever uma redação, é necessário um planejamento simples e eficaz, sem o qual, dificilmente, o candidato conseguirá organizar o pensamento para produzir um texto bem estruturado com potencial para receber a nota máxima. A nossa metodologia consiste em dividir o processo de produção da dissertação em três etapas: interpretar, criar e redigir. O quadro a seguir ilustra o processo de produção da redação.

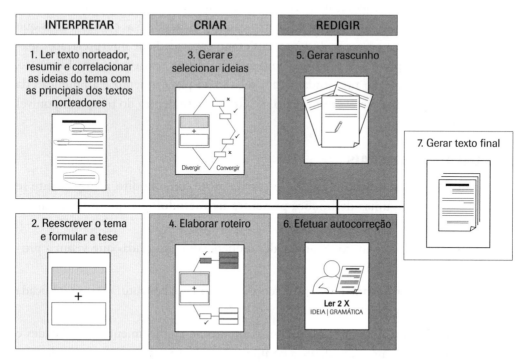

Este é o momento de condensar a teoria aplicada e os conceitos fundamentais em uma abordagem sistematizada que desenvolva as competências essenciais para a transformação do estudante, de modo que ele consiga fazer sua busca pela redação perfeita. A partir deste ponto, vamos explicar a sequência lógica em que todos os conceitos são aplicados para uma assimilação rápida e eficaz. Vamos apresentar cada uma das etapas e os respectivos passos separadamente, facilitando a compreensão pelo estudante.

É fundamental ter em mente o que está sendo desenvolvido com foco na maneira que o estudante será avaliado na situação de prova. O propósito deste processo de 7 etapas é o de trazer um alto grau de proficiência nessas competências, direcionando a prática e o treino. Cada etapa e cada passo deste processo irá desenvolver nos estudantes uma competência específica, conforme se pode observar na tabela a seguir.

Etapa	Passo	Competência a desenvolver	Objetivo da banca ao corrigir a redação
Interpretar	1. Ler texto norteador, resumir e correlacionar as ideias do tema com as principais dos textos norteadores.	Compreender a proposta de redação e posicionar-se quanto ao tema.	Verificar se o candidato sabe o que foi pedido.
	2. Reescrever o tema e formular a tese.		
Criar	3. Gerar e selecionar ideias.	Elaborar um ponto de vista com base em argumentos.	Averiguar seleção, organização e interpretação dos fatos. Conferir a veracidade e a qualidade da linha de pensamento.
	4. Elaborar o roteiro.	Demonstrar conhecimento de mecanismos lógicos (coesivos).	Avaliar a estruturação lógica das partes do texto. Verificar o encadeamento textual. Aferir a coesão dos argumentos.
		Elaborar proposta de intervenção (no caso do Enem).	Observar se há solução para o problema apresentado no tema. Perceber a existência de uma proposta exequível, com detalhamento de sua realização.
Redigir	5. Gerar rascunho.	Dominar norma padrão da língua escrita.	Verificar precisão vocabular. Observar ausência de oralidade (elementos informais no texto). Checar domínio da gramática. Avaliar a caligrafia.
	6. Efetuar autocorreção.		
	7. Produzir texto final.		

4.2.1.1 *Interpretar*

> **PASSO 1**
> Ler texto norteador, resumir e correlacionar
> as ideias do tema com as principais dos textos norteadores

O primeiro momento em uma prova de redação é o candidato se deparar com os textos norteadores e com o tema. Pode parecer que a redação ainda não tenha começado, mas a banca já está testando a capacidade de leitura, de interpretação e de posicionamento do candidato em relação ao tema. Essas são habilidades essenciais não apenas para escrever uma dissertação ou compreender um comando de prova, mas, também, para quem quer extrair as principais ideias de um texto.

O primeiro passo, então, é ler o texto norteador, resumi-lo e, a partir disso, procurar correlacioná-lo com o tema. O objetivo é que o candidato consiga compreender o tema para que possa, posteriormente, posicionar-se em relação a ele. Dessa forma, sugerimos ler o tema antes do texto norteador. Isso fará com que se busque no texto motivador o que realmente importa para a produção da redação.

Na leitura do tema, convém dividi-lo, destacando as duas ideias-chave. Tendo-as em mente, o aluno deve deter-se nos textos norteadores. Sublinhe as palavras-chave, procure destacar a ideia central e, então, tente relacioná-las ao tema. Uma dica que eu sempre dou é: para cada texto norteador, sublinhe uma única ideia, mas esteja sempre de olho no tema. Essa ideia que você sublinhar precisa ter a ver com o tema, o texto está aí para ajudar você a entender a proposta da redação. E nada de ficar sublinhando tudo que você achar interessante nos textos. Isso só vai confundir você ao final. Textos não sublinhados ou muito sublinhados não são confiáveis. É necessário lembrar que você não poderá copiar nenhuma ideia do texto norteador, apenas correlacioná-las ao tema. Além disso, lembre-se de que cada texto de apoio esclarece algo sobre o tema.

> **PASSO 2**
> Reescrever o tema e formular a tese

Depois desse primeiro momento, em que o candidato já se apropriou do tema e conseguiu correlacioná-lo às informações principais dos textos norteadores, está na hora de olhar novamente para o tema e tomar uma posição em relação a ele. Em outras palavras, é preciso definir o ponto de vista (tese) que será defendido na redação.

Observando o quadro ao lado, você verá que há duas caixinhas. Elas são a primeira parte do roteiro da redação, que será apresentado em detalhes na próxima etapa. Por enquanto, é importante saber que cada uma dessas caixinhas deve conter uma palavra-chave retirada do tema (lembre-se de que ele foi dividido em duas partes). O que estamos propondo é que se sintetize o tema em apenas duas palavras para que não se perca de vista as duas dimensões existentes no tema e que devem balizar todo o processo por vir de produção da redação.

Antes, porém, é preciso definir o ponto de vista em relação ao tema a ser defendido no texto. Ele deve conter as duas ideias-chave, além da presença de um modalizador. As características da tese podem ser vistas no item 2.5.

Ao fim desta primeira etapa, o estudante que utilizar o processo que estamos aqui propondo terá desenvolvido competências que permitirão a ele formular uma tese e não fugir ao tema na escrita de uma redação. As duas competências são cobradas por todas as bancas e são a base para desenvolver um texto nota 10.

4.2.1.2 *Criar*

> **PASSO 3**
> Gerar e selecionar ideias

Este terceiro passo, o primeiro da segunda etapa do método de produção de redação, ensinará uma técnica para gerar e selecionar ideias para serem desenvolvidas no texto. É um passo que se relaciona diretamente ao processo de pesquisa, pois, para se criar argumentos, é preciso recorrer a um repertório de conteúdo previamente estudado e catalogado. Em outras palavras: é necessário que se tenha um portfólio de argumentos e tópicos frasais (ver Capítulo 5), pois o examinador avaliará a capacidade do candidato de selecionar, organizar e interpretar fatos, bem como a veracidade e a qualidade da linha de raciocínio exposta na redação.

Em uma redação de até 30 linhas, o candidato precisa de apenas dois ou três argumentos para desenvolver, um em cada parágrafo de desenvolvimento. No entanto, não se devem utilizar os primeiros que vierem à cabeça. A nossa sugestão é que se faça um *brainstorm*, isto é, uma "tempestade de ideias".

A técnica consiste em você anotar tudo relacionado ao tema e à tese que poderia ser utilizado como tópicos frasais, bem como suas próprias fundamentações. Uma boa forma de gerar essas ideias é fazer perguntas à tese: "Por quê?" (a resposta será uma explicação para a sua tese), "O que gera isso?", "Quais os possíveis fatores responsáveis por essa ideia?" (as respostas serão causas da sua tese), "O que isso gera?", "Quais são as consequências disso?" (as respostas serão as consequências da sua tese).

Neste primeiro momento, procure não julgar nem qualificar os argumentos que forem surgindo como bons ou ruins. Apenas deixe que sua mente funcione livremente. Um ponto importante é que neste momento as ideias não devem ser desenvolvidas. Além disso, procure trabalhar apenas com frases nominais (sem verbo). O *brainstorm* será mais eficiente se o processo de pesquisa presente no Capítulo 6 tiver sido aplicado a diferentes temas e troncos temáticos.

O diagrama a seguir possibilita maior clareza do passo que estamos descrevendo. Ele parte do conceito de que o processo criativo envolve duas etapas, a de divergir e a de convergir. Durante a sua preparação, ele será fundamental para modelar a sua mente. A ideia é ter agilidade para fazer associações em pouco tempo e ser cirúrgico ao descartar as ideias com menor impacto, menor poder de argumentação e pouco relacionadas à tese que está propondo.

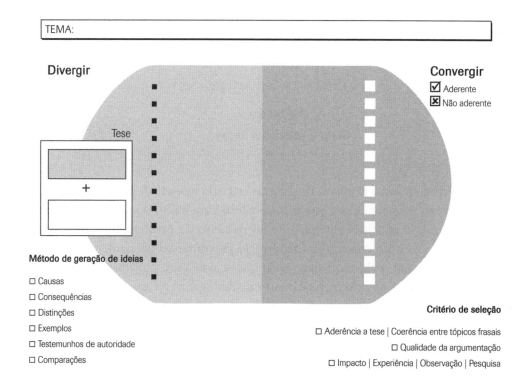

Por "divergir" entende-se a geração de diversas possibilidades. É o momento em que o autor do texto procura capturar todas as ideias que surgirem a partir de palavras-chave: causa, consequência, distinções, exemplos testemunhos de autoridade e comparações. É muito provável que, ao fim, tenham-se gerado mais ideias do que será possível utilizar. O segundo momento é o de convergir, ou seja, o de reduzir o número de opções ao mínimo necessário. A seleção, porém, deve ser feita de acordo com critérios, de modo a garantir a consistência do texto.

E como saber se uma ideia é boa e deve constar na redação? O candidato deve buscar, entre os argumentos, aqueles que permitam uma fundamentação sólida. Pareceu confuso? Vamos tentar esclarecer. Cada argumento escolhido será um tópico frasal. Como vimos no Capítulo 2, o parágrafo de desenvolvimento é dividido em tópico frasal e sua respectiva expansão ou acréscimo. Esse acréscimo é a fundamentação do argumento, ou seja, é a prova da ideia apresentada, que se dá por meio de explicações, causas, consequências, exemplos, dados, testemunhos de autoridade. Assim, um bom argumento será aquele que permita uma fundamentação consistente.

Por "convergir" entende-se o processo de seleção de acordo com um critério. Neste momento, teremos como objetivo reduzir aos dois ou três melhores argumentos, caso você vá produzir uma redação com dois ou três parágrafos de desenvolvimento. A escolha sobre quais argumentos utilizar passa tanto pela adesão ao tema e à tese escolhida – o quão forte esses argumentos são para defender a sua tese – quanto pela força das estratégias de fundamentação existentes para cada um deles. Isso quer dizer que, se não houver estratégias de fundamentação suficientes nem convincentes, deve-se rejeitar, na seleção, o tópico frasal/argumento em detrimento daquele que proporciona uma fundamentação mais consistente. Lembre-se: ideia boa é aquela que permite dar exemplos e elaborar explicações.

Essa técnica de geração e seleção de ideias é muito útil não somente para redações em concursos, mas para qualquer situação na vida profissional, ou não, que envolva a necessidade de apresentar ideias e defendê-las por meio de argumentos fundamentados.

PASSO 4
Elaborar o roteiro

○ A elaboração do roteiro é o momento de organizar as ideias selecionadas no passo anterior, tanto os argumentos quanto as fundamentações. A produção consciente do roteiro desenvolve no estudante a competência de demonstrar mecanismos lógicos, o que é de suma importância, afinal as bancas esperam encontrar um texto bem encadeado e com recursos de coesão bem empregados. O roteiro também garante que haverá progressão textual, ou seja, que argumentos e fundamentações distintas serão desenvolvidos de maneira organizada e progressiva. Ademais, caso o estudante esteja participando de uma prova do Enem, é no roteiro que ele vai elaborar uma proposta de intervenção para o problema que foi discutido na redação, competência característica do Enem (ver item 2.2.4).

O diagrama a seguir representa e aprofunda a estrutura lógica de uma dissertação argumentativa. O objetivo dele é assegurar o desdobramento da estrutura da redação em parágrafos. O modelo mental representado pelo diagrama é de que deverá existir uma tese contendo as duas ideias-chave contidas no tema, os argumentos em defesa da tese (tópicos frasais), a fundamentação destas ideias e a elaboração de um fechamento para o texto ou de uma proposta de intervenção (no caso de redações para o Enem).

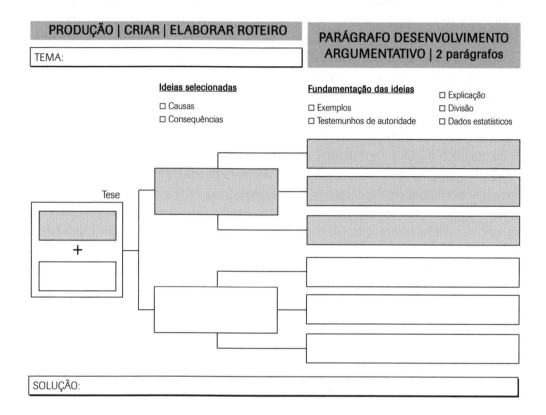

As caixas de tópico frasal (ideias selecionadas no passo anterior) estão ligadas a três retângulos, cada um para uma estratégia de fundamentação (explicação, causa, consequência, exemplo etc.). O roteiro sugere que o desenvolvimento será feito por meio de dois parágrafos, e cada um desses parágrafos será composto por um tópico frasal e pela combinação de até três formas (distintas ou não) de fundamentar esse argumento. Apesar de o diagrama sugerir três estratégias de fundamentação, poderiam ser quatro ou cinco. Depende da qualidade da fundamentação e do espaço que houver para desenvolvê-las.

Para gerar estratégias de fundamentação do argumento, sugerimos que se façam algumas perguntas ao tópico frasal. As respostas que forem obtidas serão as explicações, os exemplos, as causas, as consequências, enfim, as estratégias de fundamentação do argumento. Lembrando que um bom parágrafo de desenvolvimento tem, em média, três estratégias de fundamentação. O estudo prévio de possíveis temas, bem como a sistematização do conteúdo conforme explicitado no processo de pesquisa no Capítulo 5, otimizarão este passo.

Vejamos, então, quais são as perguntas que devem ser feitas ao tópico frasal para ajudá-lo na fundamentação:

- Como posso escrever o tópico frasal com outras palavras? (Explicação)
- Qual seria um caso concreto para ilustrar esse tópico frasal? (Exemplo)
- O que gera esse tópico frasal? (Causa)
- O que esse tópico frasal gera? (Consequência)
- Algum autor renomado ou obra importante já falou sobre o assunto do tópico frasal? (Testemunho de autoridade)
- Há algum dado estatístico/pesquisa que comprova esse tópico frasal? (Dados estatísticos)

Por fim, o roteiro termina com um retângulo grande, que representa o parágrafo de conclusão, em que, além da retomada da tese, o candidato deve expressar uma opinião ou apresentar uma sugestão de solução para a discussão promovida no texto (no caso de redações do Enem). Os candidatos que irão fazer a prova do Enem devem, neste momento, voltar-se novamente para a tese e procurar uma proposta de intervenção exequível e detalhada para que o problema discutido na redação seja resolvido.

Trouxemos um exemplo para que se possa visualizar a aplicação do roteiro.

Exemplo:

Texto 1: A ONU Mulheres é a nova liderança global em prol das mulheres. A sua criação, em 2010, proporciona a oportunidade histórica de um rápido progresso para as mulheres e a sociedade. A ONU Mulheres trabalha com as premissas fundamentais de que as mulheres têm o direito a uma vida livre de discriminação, violência e pobreza, e de que a igualdade de gênero é requisito central para se alcançar o desenvolvimento.

Texto 2: No Brasil, as mulheres representam mais da metade (52,6%) da População Economicamente Ativa (PEA). Entretanto, ocupam principalmente a base da pirâmide ocupacional, em cargos de menor qualificação e remuneração. Não bastasse isso, o rendimento médio das mulheres corresponde a apenas 65,6% do rendimento dos homens (PNAD 2006/IBGE). É nesse contexto que o Governo Federal assume a iniciativa de implementar o Programa Pró-Equidade de Gênero, em parceria com o Fundo de Desenvolvimento das Nações Unidas para a Mulher (Unifem) e Organização Internacional do Trabalho (OIT).

*Considere as informações acima para desenvolver um texto dissertativo a respeito do seguinte tema: **A igualdade de gênero e a contribuição da mulher para o desenvolvimento das sociedades**.*

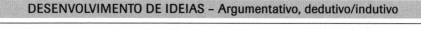

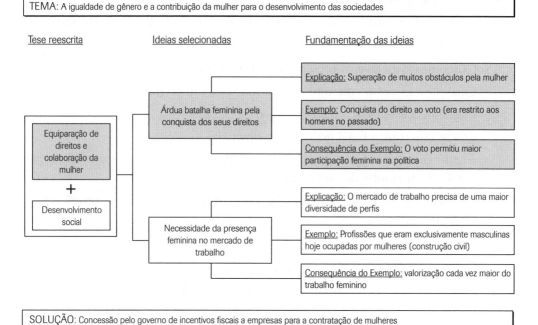

Veja agora como ficou a redação de um aluno a partir desse roteiro.

Não se pode negar que a equiparação de direitos e a colaboração da mulher são quesitos fundamentais para o desenvolvimento da sociedade. **Essa evolução social é possível não só pela** árdua batalha feminina em busca da conquista de seus direitos, **mas também devido à** necessidade da presença da mulher no mercado de trabalho.

Sabe-se que as vitórias femininas na luta por seus direitos não são recentes. **De fato**, muitos obstáculos foram superados pelo sexo aparentemente frágil, com paciência, trabalho e determinação ao longo de séculos. **Exemplo** de conquista política feminina é a aquisição do direito ao voto, que, no passado, era uma restrição apenas aos homens. **Como consequência** desse avanço, houve a valorização do eleitorado feminino, gerando, assim, uma participação política ativa.

Outro fator importante para inclusão feminina no processo de evolução social é a necessidade da presença desse gênero no mercado de trabalho. **De fato**, diante da diversidade das atividades, o mercado de trabalho prima por diferentes perfis. **Basta observar** as profissões que, outrora, eram exclusivamente masculinas e, atualmente, são ocupadas, também, por mulheres, como acontece no ramo da construção civil. **Tantas transformações geram** uma crescente valorização da mão de obra feminina, pois a mulher agora passa a ser presença indispensável no meio corporativo. **Por todos esses aspectos**, o reconhecimento da igualdade entre homens e mulheres capacita-as para atuar de forma proativa em favor da sociedade. **Sendo assim**, melhor ainda seria que o governo promovesse incentivos fiscais às empresas para contratação de mão de obra feminina, a fim de proporcionar um acelerado desenvolvimento social.

No exemplo que acabamos de apresentar, o aluno optou pelas mesmas estratégias de fundamentação nos dois parágrafos de desenvolvimento: exemplo e consequência do exemplo. É importante ressaltar que as estratégias de fundamentação não precisam ser as mesmas. Pelo contrário, elas podem ser combinadas de diferentes maneiras, conforme as ideias geradas pelo autor do texto.

É importante também apresentar outro modelo de roteiro: o do texto polêmico. Como explicamos, sugerimos que a tese seja feita por meio de raciocínio concessivo (ver item 2.6.1). Dessa forma, ela será construída por meio de um período que apresenta primeiro o ponto de vista contrário ao do autor para, só então, desvendar o ponto de vista do autor (a tese).

O desenvolvimento, no entanto, pode ser feito de duas maneiras distintas. O candidato pode escrever defendendo a tese como em uma dissertação argumentativa tradicional, isto é, argumentar a favor do ponto de vista dele sem precisar desenvolver uma contra-argumentação. Para isso, ele utilizará o roteiro que apresentamos anteriormente neste passo, o da dissertação argumentativa. Porém, também é possível construir o texto apresentando a contra-argumentação no primeiro parágrafo de desenvolvimento e, no parágrafo seguinte, a argumentação, conforme o roteiro a seguir.

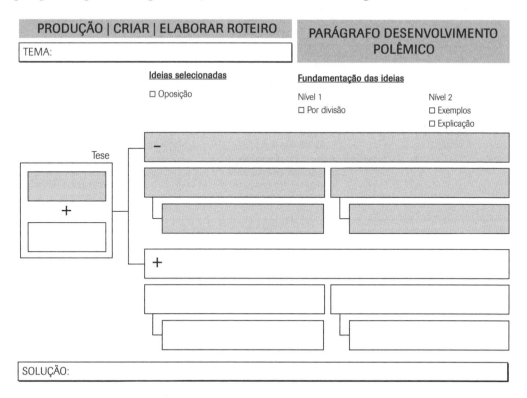

Perceba, no diagrama acima, que o roteiro apresenta dois retângulos, correspondentes aos dois tópicos frasais do desenvolvimento, ligados à introdução. O primeiro é escuro e tem um sinal negativo, ou seja, é o espaço destinado ao tópico frasal que apresenta a ideia contrária à do autor da redação (contra-argumentação); já o segundo é claro e com sinal positivo, isto é, destina-se ao tópico frasal que defende a ideia do autor (argumentação).

Para ficar mais claro, apresentamos um roteiro de texto polêmico preenchido de uma redação cujo tema é "A proibição de véu islâmico e o debate sobre liberdade religiosa". A tese do roteiro a seguir é contrária à proibição do véu islâmico, por isso os argumentos que a defenderão estão no segundo parágrafo de desenvolvimento.

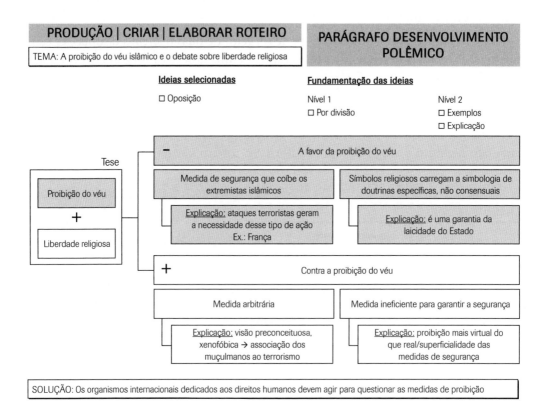

Vamos detalhar um pouco o roteiro do exemplo acima. Primeiramente, pode-se depreender desse roteiro que a tese deve conter tanto "proibição do véu" quanto "liberdade religiosa". Já comentamos, também, que a tese será feita por meio de raciocínio concessivo. Dessa forma, uma possível tese seria: "Embora uma parcela da população defenda a proibição do véu islâmico como forma de combate ao terrorismo, o que se percebe, de fato, é que se trata de uma política inócua e que fere o direito à liberdade religiosa".

De acordo com o roteiro, o primeiro parágrafo de desenvolvimento terá um tópico frasal a favor da proibição do véu islâmico, ideia contrária à tese defendida. Como a sugestão é fazer uma fundamentação por divisão, o tópico frasal precisa comportar os dois argumentos que serão trabalhados no parágrafo. Assim, um possível tópico frasal poderia ser o seguinte: "Muitos acreditam que vetar o uso do véu entre as mulheres é uma medida importante contra o fundamentalismo islâmico". Na sequência, segundo o roteiro, será apresentado o argumento que defende a proibição como forma de coibir os extremismos islâmicos, seguida da explicação de que os ataques terroristas perpetrados por indivíduos deste grupo religioso exigem medidas desse tipo. Ainda neste parágrafo da contra-argumentação, o candidato lançará mão de mais um argumento contra o uso do véu, a saber: a vestimenta representa um símbolo religioso específico e, portanto, não consensual. A explicação que fundamenta o argumento seria de que é preciso garantir a laicidade do Estado.

O roteiro do segundo parágrafo de desenvolvimento revela que o parágrafo é o da argumentação, isto é, o que tem a função de defender a tese. Um possível tópico frasal seria o seguinte: "Em contrapartida, a proibição do véu islâmico é uma medida que se mostra equivocada". Repare que o tópico frasal não entra em detalhe algum, apenas aponta o viés contrário à medida que veta a vestimenta islâmica. Assim, o autor do texto pode apresentar qualquer tipo de argumento nesse sentido. O roteiro aponta como primeiro argumento que a medida é arbitrária e justifica, em sua fundamentação, que ela tem caráter xenófobo, ao associar o islã ao terrorismo. O segundo argumento presente no roteiro em defesa da tese é que a medida é ineficiente para combater a violência. Como fundamentação desse argumento, o candidato desenvolveria a ideia de que a proibição é superficial e que não atinge o cerne do problema.

A última etapa do roteiro é a conclusão, parágrafo em que o candidato vai retomar a tese, seja por uma afirmação que reforce a contrariedade à proibição do véu, seja por meio de raciocínio adversativo, como no exemplo a seguir: "Há aqueles que defendem que o véu islâmico deva ser proibido para evitar atentados terroristas, porém está claro que essa é uma atitude incapaz de reduzir a violência, além de ser uma manifestação de preconceito religioso".

Como sabemos, não haverá diagramas como esses à disposição do candidato no dia da prova. O importante, portanto, é que se consiga compreender e internalizar o esquema apresentado, para que, então, se possa produzir o roteiro que servirá de mapa para o rascunho. Ao executar este passo, o estudante terá tomado consciência do encadeamento lógico do texto, essencial para a eficiência da argumentação.

4.2.1.3 *Redigir*

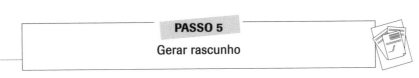

° Depois de interpretar e criar, chegou o momento de redigir a redação. Esta terceira etapa tem o objetivo de fazer o estudante dominar a norma culta da língua em sua versão escrita, pois aspectos como precisão vocabular, ausência de oralidade no texto e domínio gramatical são exigidos não só pelas bancas de concurso, mas também por todos aqueles que buscam uma leitura formal e com credibilidade.

Neste passo, apresentaremos as máscaras de redação, que servem de guia para a produção do rascunho e otimizam o tempo do candidato ao redigir o texto. As máscaras transformarão o processo de escrita de uma redação quase em um jogo de completar lacunas. Chamamos atenção, porém, para que o estudante não tome a máscara como um modelo a ser seguido cegamente. Ela serve mais como um apoio para que o candidato possa visualizar como a redação poderá ficar quando pronta. Uma dica: procure compreender a lógica da máscara, mas não se prenda a ela.

Técnica: Máscara de textos argumentativos

Introdução – primeiro parágrafo

Sugerimos que se faça uma introdução com, em média, de dois a três períodos:

- Período 1 (P1): Período de cunho geral/afirmação genérica sobre o tema, definição.
- Período 2 (P2): Tese, ponto de vista que você vai defender dentro do tema (presença de modalizador).
- Período 3 (P3): Apresentação dos tópicos frasais (opcional).

Observação

Quando se opta por apresentar os tópicos frasais na introdução, há a redução do número de linhas disponíveis para o desenvolvimento. Vale lembrar: os tópicos frasais são os argumentos que você escolheu para sustentar a sua tese.

Para iniciar o primeiro período da introdução, sugerimos utilizar um adjunto adverbial que indique o recorte que você vai desenvolver dentro do tema. Por exemplo: "Na sociedade contemporânea,"; "No Brasil,"; "No mundo globalizado,", "Em diversas culturas," etc. Caso ainda assim haja dificuldade, há também algumas expressões que podem ser utilizadas, como "Sabe-se que", "Entende-se que", "É notório que" etc. Neste caso, atenção para que o período construído seja, além de genérico, um fato de conhecimento geral. De todo modo, o candidato deve entender que essas expressões são indicadas em caso de dificuldade para iniciar o texto. Isso porque elas vêm sendo utilizadas com frequência ao longo dos anos e já estão "marcadas" pelos examinadores. Diante do exposto, sugerimos a introdução com as seguintes máscaras possíveis:

No mundo globalizado,/ Nas grandes cidades brasileiras,/ [Sabe-se que/ Entende-
-se que]_____(período de cunho geral)_____(**P1**). Sem dúvida,/ de certa
forma, _____(tese)_____(**P2**).

OU

No mundo globalizado,/ Nas grandes cidades brasileiras,/ [Sabe-se que/ Entende-se
que] _____(período de cunho geral)_____ (**P1**). Sem dúvida,/ de certa
forma, _____(tese)_____(**P2**). Isso ocorre porque/ Dentre as razões,
destacam-se/ Isso gera _____(tópico frasal 1 + tópico frasal 2)_____ (**P3**).

Desenvolvimento – segundo e terceiro parágrafos

O desenvolvimento, no modelo de máscara que trabalhamos, será feito preferi-
velmente com dois parágrafos. Não é que seja proibido fazer o desenvolvimento com
três parágrafos, mas, com apenas dois, é possível fundamentar o tópico frasal de forma
consistente, sem que a argumentação fique rasa.

Segundo parágrafo – de 3 a 5 períodos.

Apresentação do **primeiro argumento** – tópico frasal 1: causa(s), consequência(s),
desdobramento do tema.

P1: tópico frasal.

P2: fundamentação: explicação/ causa/ exemplo/ consequência/ testemunho de
autoridade.

P3: fundamentação: explicação/ causa/ exemplo/ consequência/ testemunho de
autoridade.

P4: fundamentação: explicação/ causa/ exemplo/ consequência/ testemunho de
autoridade.

P5: fundamentação: consequência/ exemplo (são as duas melhores formas de
fundamentação para fechar um parágrafo).

Assim, a máscara do primeiro parágrafo de desenvolvimento pode ter a seguinte forma:
Observa-se que _____(1º tópico frasal)_____ (**P1**). *De fato,/Realmente,*
(explicação do 1º tópico frasal)_____ (**P2**). *Exemplo disso é* _____(exemplo
do 1º tópico frasal)_____ (**P3**). *Como consequência,* _____(consequência do
1º tópico frasal ou do exemplo anteriormente apresentado)_____ (**P4**).

Terceiro parágrafo – de 3 a 5 períodos.

Apresentação do **segundo argumento** – tópico frasal 2: causa(s), consequência(s),
desdobramento do tema.

P1: tópico frasal.

P2: fundamentação: explicação/ causa/ exemplo/ consequência/ testemunho de autoridade.

P3: fundamentação: explicação/ causa/ exemplo/ consequência/ testemunho de autoridade.

P4: fundamentação: explicação/ causa/ exemplo/ consequência/ testemunho de autoridade.

P5: fundamentação: consequência/exemplo (são as duas melhores formas de fundamentação para fechar um parágrafo).

Assim, a máscara do segundo parágrafo de desenvolvimento pode ter a seguinte forma:

Além disso,/Outro fato que contribui para _____(retomada da tese)_____ *é* (2º tópico frasal)_____ (**P1**). *Com efeito,* _____(explicação do 2º argumento)_____ (**P2**). *Basta observar/É o que se vê em* _____(exemplo do 2º tópico frasal)_____ (**P3**). *Tudo isso gera/acarreta* _____(consequência do 2º tópico frasal ou do exemplo anteriormente apresentado)_____ (**P4**). *Um exemplo é* (exemplo da consequência do 2º tópico frasal)_____(**P5**).

Atenção

Na máscara apresentada, o parágrafo de desenvolvimento foi escrito com cinco períodos. Não é necessário, porém, que ele seja escrito com esse número de períodos. Na nossa proposta, um parágrafo de desenvolvimento consistente e organizado pode ter de três a cinco períodos.

Conclusão – quarto parágrafo

A conclusão é o último parágrafo. Sugerimos que ela seja escrita em dois períodos.

P1: conector conclusivo + retomada da tese.

P2: Apresentação de uma solução viável/explicitação de uma opinião. Diante do exposto, sugerimos a conclusão com a seguinte máscara:

Dessa forma/ Sendo assim _____(retomada da tese)_____ (**P1**).

Espera-se que/ uma possível solução é _____(sugestão de solução)_____ (**P2**).

Observação

Sempre que iniciar um novo período, convém utilizar um conector. Se o período for um exemplo, então devem-se utilizar conectores de exemplificação, se o período for uma

> consequência, o conector deve ser de consequência, e assim por diante. Para isso, selecionamos conectores que podem ser utilizados em uma tabela apresentada no item 2.7.2.2.

A seguir, a máscara de uma dissertação argumentativa completa:

No Brasil, / Na sociedade contemporânea, / Nas escolas públicas do país, / [É notório que/] _____(contextualização, afirmação de cunho geral)_____. *Não há dúvida de que* _____(TESE – posicionamento do aluno em relação ao tema)_____.

Observa-se que _____(1º tópico frasal)_____. *De fato, / Realmente, / Isso sugere* (explicação do 1º tópico frasal)_____. *Um exemplo é* _____(exemplo do 1º tópico frasal)_____. *Como consequência, / Isso implica* _____(consequência do 1º tópico frasal ou do exemplo anteriormente apresentado)_____.

Além disso, / Outro fato que contribui para _____(retomada da tese)_____ *é* _____(2º tópico frasal)_____. *Com efeito,* _____(explicação do 2º argumento)_____. *Basta observar/ É o que se vê em/ Como exemplo, pode-se citar/ Um exemplo é* _____(exemplo do tópico frasal)_____. *Tudo isso gera/ acarreta* _____(consequência do tópico frasal ou do exemplo anteriormente apresentado)_____.

Diante disso, / Por todos esses aspectos, / Desse modo, / Dessa forma, _____(retomada da tese)_____. *Sendo assim, é preciso que* _____(solução do problema)_____.

Técnica: Máscaras de textos polêmicos

Os textos polêmicos são dissertações argumentativas cujo tema se apresenta em forma de polêmica. Então, por que apresentar uma máscara especial, o estudante pode se perguntar. Porque, apesar de ser possível produzir uma redação da mesma forma que uma dissertação argumentativa tradicional, vamos mostrar outro modo que julgamos ser bastante produtivo.

Introdução

A diferença já começa na introdução. O primeiro parágrafo também será feito em dois períodos. Neste caso, porém, a tese será preferencialmente construída por meio de raciocínio concessivo, em que se começa por uma afirmação contrária à opinião que será defendida e, em seguida, apresenta-se o ponto de vista a ser defendido. Veja o esquema a seguir.

P1: Período de cunho geral, definição. Inicie, de preferência, por um adjunto adverbial de tempo/lugar. Caso esteja com dificuldade para começar a introdução, utilize expressões como "Sabe-se que", "Entende-se que". Neste caso, é preciso que o período seja constituído por um fato, uma afirmação de conhecimento geral. P2: Tese por raciocínio concessivo.

Diante do exposto, sugerimos a introdução com a seguinte máscara:

Sabe-se que/ Entende-se que _____(afirmação de cunho geral)_____ (**P1**).
Embora/ Apesar de ____(apresentação da ideia contrária à que você vai defender)____,
_____(apresentação da ideia que você vai defender)_____ (**P2**).

Desenvolvimento

O desenvolvimento da dissertação argumentativa polêmica também apresenta singularidades em relação ao texto argumentativo tradicional. Isso porque, nesta máscara que sugerimos, o primeiro parágrafo de desenvolvimento é dedicado à contra-argumentação, ou seja, o candidato deve utilizá-lo para mostrar argumentos que defendam a ideia contrária à dele. É preciso que fique claro que a argumentação do primeiro parágrafo não é a defendida pelo autor no texto.

Segundo parágrafo – parágrafo que apresenta as ideias contrárias a que o candidato vai defender na redação: contra-argumentação – em média, 5 períodos.

P1: Tópico frasal: apresentação da ideia contrária à defendida na tese.

P2: Apresentação da primeira razão contrária à tese.

P3: Fundamentação da primeira razão (exemplo, explicação, causa, consequência, dados, testemunho de autoridade etc.)

P4: Apresentação da segunda razão contrária à sua tese.

P5: Fundamentação da segunda razão (exemplo, explicação, causa, consequência, dados, testemunho de autoridade etc.).

Dessa forma, o primeiro parágrafo de desenvolvimento deve ter a seguinte máscara:

Alguns argumentam que/ Para muitos/ Muitos sabem/ Comenta-se com frequência (apresentação da ideia contrária à que você defende)_____(**P1**). *Para eles, uma razão é* (apresentação da primeira razão contra a sua tese)_____(**P2**). *Um exemplo é/ Isso acontece porque* _____(apresentação de exemplo, explicação, causa, consequência, dados)_____ (**P3**). *Além disso, / Soma-se a isso* _____(apresentação da segunda razão)_____ (**P4**). *De acordo com/ É o que que ocorre* _____(apresentação de exemplo, explicação, causa, consequência, dados)_____ (**P5**).

O terceiro parágrafo é o segundo – e último – de desenvolvimento. Será nele que o candidato deve apresentar argumentos a favor da tese que está defendendo dentro da polêmica proposta pelo tema. Como o argumento deste parágrafo se opõe ao do anterior, sugerimos iniciá-lo por meio de um conector que indique essa oposição (ver tabela de conectores no item 2.7.2.2).

Terceiro parágrafo – parágrafo que apresenta as ideias que serão defendidas pelo autor – argumentação – em média, 5 períodos.

P1: Reafirmação do ponto de vista do autor.

P2: Apresentação da primeira razão a favor do ponto de vista apresentado.

P3: Fundamentação da primeira razão (exemplo, explicação, causa, consequência, dados, testemunho de autoridade etc.).

P4: Apresentação da segunda razão a favor do ponto de vista defendido pelo autor.

P5: Fundamentação da segunda razão (exemplo, explicação, causa, consequência, dados, testemunho de autoridade etc.).

Dessa forma, o segundo parágrafo de desenvolvimento deve ter a seguinte máscara:

Em contrapartida (conector de oposição), _____(apresentação do seu ponto de vista, presença de modalizador)_____ (**P1**). *Uma razão é* _____(apresentação da primeira razão a favor)_____ (**P2**). *Um exemplo é/ Isso acontece porque* (apresentação de exemplo, explicação, causa, consequência, dados)_____ (**P3**). *Além disso,/ Soma-se a isso* _____(apresentação da segunda razão a favor)_____ (**P4**). *De acordo com/ É o que ocorre* _____(apresentação de exemplo, explicação, causa, consequência, dados)_____ (**P5**).

Conclusão – quarto parágrafo

A conclusão do texto polêmico pode ser feita de duas maneiras. O primeiro modelo de conclusão é o mesmo do texto argumentativo tradicional, em que o primeiro período é a retomada da tese e o segundo apresenta uma opinião em tom de fechamento ou uma sugestão de solução. A segunda maneira, também escrita com dois períodos, é por meio de uma oposição de ideias. Porém, em vez de utilizar uma conjunção concessiva, como a escrita da tese na introdução, opta-se por uma conjunção adversativa. Observe o esquema a seguir:

A conclusão será feita em dois períodos:

P1: conector conclusivo + retomada da tese: se na introdução foi utilizada uma conjunção concessiva, aqui será utilizada uma conjunção adversativa. Dessa forma, evita-se repetir a mesma estrutura.

A introdução foi escrita da seguinte forma: *Embora X, Y.*

Já a conclusão terá o formato a seguir: *X, porém Y.*

P2: Apresentação de uma solução viável/comentário de fechamento de texto.

Vejamos como fica a máscara da conclusão de texto polêmico:

Diante disso (conector conclusivo),_____(apresentação da ideia contrária)_____, *porém* (conjunção adversativa) _____(apresentação da ideia que você defende)_____ (**P1**). *Espera-se que/ Uma possível solução é* _____(sugestão de solução/intervenção)_____ (**P2**).

A seguir, um modelo de máscara de uma redação polêmica completa:

Muito se discute/ Comenta-se, com frequência/ Muito se discute a importância do _____ (TEMA – generalização)_____. *Embora muitos acreditem que* _____ (ponto de vista que você não defende)_____, *o que se nota/ se percebe é que* _____ (ponto de vista que você defende – TESE)_____.

Alguns argumentam que _____ (reescritura do ponto de vista que você não defende)_____. *Para eles,* _____ (argumento 1)_____. *De fato, / Com efeito, / Realmente,* _____ (explicação/esclarecimento)_____ *ou Basta observar/ Como exemplo, observa-se/ Exemplo disso é* _____ (exemplo do argumento 1)_____.*Além disso, / Pode-se mencionar também/ Cabe ressaltar, também,* _____ (argumento 2)_____. *De fato, / Com efeito, / Realmente, / Nesse sentido,* _____ (explicação/esclarecimento)_____ *ou Basta observar/ Como exemplo, observa-se/ Exemplo disso é* _____ (exemplo de argumento)_____.

No entanto, / Porém, / Por outro lado, / Em contrapartida, o que se observa é que _____ (reafirmação do ponto de vista que você defende)_____. *Uma razão para isso é* _____ (apresentação do primeiro argumento a favor do ponto de vista que você defende)_____. *De fato, / Com efeito, / Realmente,* _____ (explicação/ esclarecimento)_____ *ou Basta observar/ Como exemplo, observa-se/ Exemplo disso é* _____ (exemplo do argumento 1)_____.*Além disso, / Outro ponto relevante/ Vale ressaltar, também,* _____ (apresentação do argumento 2)_____. *De fato, / Com efeito, / Realmente,* _____ (explicação/esclarecimento)_____ *ou Basta observar/ Como exemplo, observa-se/ Exemplo disso é* _____ (exemplo do argumento 2)_____.

Assim, _____ (ponto de vista que você não defende)_____, *mas/ porém/ todavia/ entretanto* _____ (ponto de vista que você defende - TESE)_____. *Sendo assim, / Dessa forma, / Em função disso, cabe* _____ (solução do problema/ opinião em tom de fechamento)_____.

PASSO 6

Efetuar autocorreção

O rascunho está pronto, mas ainda não é o texto final. Para isso, é preciso que o candidato leia a redação duas vezes antes de passar o rascunho para a folha de prova. Essas duas leituras devem ser realizadas com olhar de corretor da sua redação. É fundamental ter em mente como suas competências serão avaliadas.

Na primeira leitura, pense na organização (macroestrutura), verificando, principalmente, se:

88

- a tese apresenta modalizador;
- os parágrafos de desenvolvimento são proporcionais entre si;
- o tópico frasal foi apresentado de forma objetiva no início de cada parágrafo de desenvolvimento;
- há conectores de coesão no início do terceiro, do quarto e do quinto parágrafos (caso haja três parágrafos de desenvolvimento); e
- a conclusão possui em média dois períodos: o primeiro com retomada da tese e o segundo com uma sugestão de solução ou com a apresentação de uma ideia que feche o texto.

Na segunda leitura, pense nos aspectos gramaticais (microestrutura), atentando principalmente para erros frequentes, como:

- concordância verbal (para cada verbo, procure um sujeito e verifique se foi feita a devida concordância);
- uso de vírgulas (atenção aos deslocamentos e às vírgulas após os conectores que iniciam os períodos);
- uso excessivo de pronomes demonstrativos (isso, isto, esse etc.);
- repetição de vocábulos no mesmo parágrafo; e
- uso do tempo verbal, que deve estar preferencialmente no presente do indicativo.

PASSO 7

Gerar texto final

Este é o passo final. Hora de caprichar! O momento de passar a limpo a redação. Atenção total à legibilidade, ao respeito às margens e à indicação dos parágrafos. Respeite o número de linhas que a banca disponibiliza: em uma redação de até 30 linhas, procure redigir no mínimo 26 linhas. Qualquer linha escrita além do limite estipulado não será levada em consideração pelo corretor.

Acabamos de apresentar um processo em 7 passos de produção de redação que vai transformar o estudante, permitindo-lhe produzir uma redação de alto impacto, obedecendo as competências observadas pelas bancas. Ao desenvolver nele determinadas competências, tais como interpretação, poder de síntese, argumentação sólida, mecanismos de lógica e de encadeamento textual, este método permite ao candidato produzir qualquer tipo de dissertação nas mais variadas situações profissionais.

Parte III

Como fazer uma redação perfeita em 90 minutos

Usando métodos visuais, temas comentados e abordagens poderosas para preparação prévia, leitura direcionada e construção de um portfólio de argumentos antes da prova

Parte II

Como fazer uma redação
perfeita em 90 minutos

CAPÍTULO

5 COMO PESQUISAR CONTEÚDOS PARA TEMAS DE ATUALIDADES

O texto dissertativo tem, ao menos, duas grandes partes: a estrutura e o conteúdo. Até aqui, falamos bastante de como estruturar a redação, apresentando, inclusive, um método diferenciado, que vai desde a interpretação do tema até o texto final, passando pela geração e seleção de ideias. Agora, vamos mostrar como se deve estudar para que se possa organizar e absorver conteúdos úteis no desenvolvimento de temas. Sugerimos que o processo de pesquisa que descortinaremos neste capítulo seja aplicado imediatamente, pois é a melhor maneira de absorver ao máximo os temas comentados pelo professor Rodolfo Gracioli no Capítulo 7. Mais uma vez, utilizaremos o Método Redação com Lógica®. Neste capítulo, o processo em 7 passos do portfólio de argumentos, porém, deve ser levado para além dos conteúdos disponíveis neste livro. É um método que vai ajudar em todo e qualquer tipo de estudo bibliográfico.

É muito importante mantermos o foco no resultado final que esperamos que o estudante alcance. Uma redação nota 10, produzida em 90 minutos no máximo. Isso será muito difícil de ocorrer se contarmos com memória e inspiração no dia da prova. Nossa proposta é a de maximizar as chances do candidato por meio de um método direcionado de pesquisa. Qual o propósito disso? Fazer um portfólio de argumentos que ajude a trazer tópicos interessantes e uma fundamentação de impacto, por meio da qual se produzirá uma redação verdadeiramente diferenciada.

Este método de pesquisa vai transformar o modo que você usa seu tempo e escolhe o que vai ler, tornando-o mais produtivo e organizado. Uma transformação que ocorre quando você compreende que vai desenvolver as seguintes competências: direcionar leitura e interpretação de artigos, desenvolver senso crítico próprio e aumentar o poder de síntese.

5.1 MÉTODO REDAÇÃO COM LÓGICA® – 7 PASSOS DO PORTFÓLIO DE ARGUMENTOS

Antes de escrever sobre qualquer tema, é preciso, primeiro, dominar o assunto. E a melhor forma é por meio de pesquisa. O processo que vamos apresentar está dividido em três etapas: estruturar, pesquisar e interpretar. Cada uma delas se subdivide em dois passos, conforme se pode observar na figura a seguir.

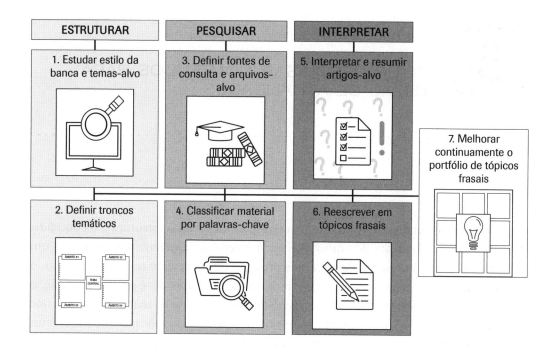

5.1.1 Estruturar

> **PASSO 1**
> Estudar estilo da banca e temas-alvo

O primeiro momento é conhecer um pouco a banca responsável pelo certame. No item 1.4, apresentamos, de forma geral, as características das principais bancas. Além disso, recomendamos que o candidato pesquise editais passados. Consultar professores especializados em concursos também é de grande valia. O importante é o estudante entender a linha de pensamento da banca, se ela prefere temas de atualidades ou específicos, se costuma trabalhar com assuntos polêmicos ou prefere outros que não gerem debates calorosos, se determinados pensadores aparecem mais do que outros em seus textos norteadores etc.

Mapear os temas dos últimos concursos e listá-los também é importante, porque deixa mais claro o foco da banca. Fazer um levantamento estatístico simples para verificar se há concentração em alguns assuntos pode ser um exercício útil para identificar possíveis tendências. Identificado o perfil da banca, é possível especular sobre possíveis futuros temas de redações. Chegou o momento, então, de fechar um pouco o escopo da pesquisa em torno de um grupo de temas sobre o qual se deve aprofundar.

PASSO 2
Definir troncos temáticos

○ Como se sabe, um tema pode ter vários troncos temáticos (econômico, político, social, religioso, comportamental etc.), de modo que pode ser abordado de diferentes maneiras. Cada tronco temático vai conter um conjunto de tópicos frasais. Por exemplo, um determinado tema central poderá ter três troncos temáticos: econômico, social e político. Nesse caso, é importante uma coleção de tópicos em cada uma desses troncos temáticos. Isso porque, em geral, a banca solicita, sob o formato de texto norteador, tópicos ou comando, mais de um tronco temático, de maneira a verificar a capacidade de o candidato correlacioná-los e desenvolvê-los consistentemente.

Além disso, este passo ainda tem outro objetivo: o de orientar a pesquisa. Se um determinado tema possui três troncos temáticos, mas somente dois deles possuem tópicos frasais de impacto, o estudante deve retomar a pesquisa de modo a conseguir extrair tópicos frasais para o tronco temático que se mostra com menos força.

A seguir, apresentamos um diagrama que foi desenhado para permitir a visão do todo e para facilitar este passo do processo de pesquisa. Dessa maneira, pode-se, ao definir um tema central, identificar quais os troncos temáticos mais importantes para o tema em questão e colecionar tópicos frasais de uma maneira organizada e simples.

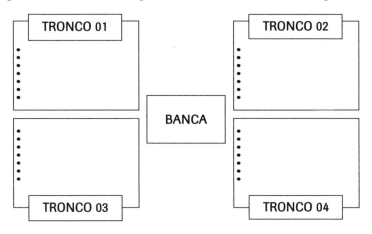

5.1.2 Pesquisar

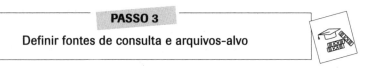

PASSO 3
Definir fontes de consulta e arquivos-alvo

○ Neste terceiro passo, o estudante deve definir as fontes, ou seja, em quais livros, *sites*, revistas, jornais, blogues, colunas etc. vai pesquisar. A escolha deve ser feita baseada no grupo de temas escolhido e na linha de pensamento da banca do concurso. É importante que as fontes escolhidas tenham credibilidade. *Sites*, colunas e blogues ligados aos grandes meios de comunicação ainda são as fontes jornalísticas mais confiáveis, sobretudo com o avanço das *fake news*. Textos que apresentam, ao fim, uma bibliografia de referência também costumam ter credibilidade. Caso o estudante queira se aprofundar no assunto, ele pode ir diretamente aos textos que constam na referência bibliográfica.

Não se pode esquecer, também, *sites* de órgãos e institutos de pesquisa, como o do Instituto Brasileiro de Geografia e Estatística (IBGE), do Banco Nacional de Desenvolvimento Econômico e Social (BNDES), das agências reguladoras, entre outros, que produzem pesquisa e disponibilizam dados oficiais relacionados a economia, setores produtivos e sociais do Brasil. Há, também, as páginas de instituições multilaterais, como as da Organização das Nações Unidas (ONU), da Organização Internacional do Trabalho (OIT), da Organização Mundial do Comércio (OMC), entre tantas outras.

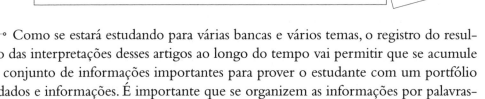

PASSO 4
Classificar material por palavras-chave

○ Como se estará estudando para várias bancas e vários temas, o registro do resultado das interpretações desses artigos ao longo do tempo vai permitir que se acumule um conjunto de informações importantes para prover o estudante com um portfólio de dados e informações. É importante que se organizem as informações por palavras-chave, de modo a facilitar possíveis consultas no futuro. Cada tema pode ser classificado com mais de uma palavra-chave, já que eles costumam ter troncos temáticos distintos. Procure classificar o material com, em média, três palavras-chave.

5.1.3 Interpretar

PASSO 5
Interpretar e resumir artigos-alvo

○ Com artigos e reportagens em mãos, o estudante vai colecionar um conjunto de textos sobre um determinado tema. Cada um dos textos deve ser lido com foco no que se quer retirar deles. Assim como em sua redação, o primeiro parágrafo costuma trazer uma espécie de resumo do que o texto vai tratar. Identifique no primeiro parágrafo os principais aspectos dos textos, grifando a ideia central (tese) e as palavras-chave. Perceba que o procedimento é bastante semelhante ao que deve ser feito em relação aos textos norteadores e ao tema das redações dados pela prova.

O passo seguinte é ler o texto como um todo, grifando os principais argumentos. Destaque o tópico frasal de cada um dos parágrafos. Dessa forma, você conseguirá perceber a ideia central do texto e os principais argumentos utilizados pelo autor. Diante disso, já é possível fazer um breve resumo com os pontos mais relevantes do texto em estudo.

O artigo ou a reportagem, a essa altura, já está resumido. O momento, então, é o de tentar extrair do texto informações que possam ser úteis para serem utilizadas como argumento ou fundamentação em uma redação durante uma prova. Retire do texto causas, consequências, exemplos, testemunhos de autoridade, comparações, dados estatísticos etc.

Faça esse percurso para cada um dos textos que você separou para estudar.

PASSO 6
Reescrever em tópicos frasais

Resumo pronto, informações principais separadas, vamos para o sexto passo, que é transformar essas informações em tópicos frasais. Isso quer dizer que, em vez de guardar tópicos nominais (sem verbo), as informações devem ser transformadas em frases curtas verbais, de modo a construir um sentido para palavras que, até então, estavam isoladas e fora de contexto. Ao reescrevê-las sob a forma de tópicos frasais, o estudante já está preparando a informação dentro de uma lógica narrativa que facilitará a compreensão sempre que o arquivo for acessado. Ademais, esse processo é um exercício tanto de interpretação de texto quanto da própria escrita.

PASSO 7
Melhorar continuamente o portfólio de tópicos frasais

O estudante deve manter em meios digitais um portfólio de tópicos frasais estruturado, atual e de impacto. À medida que os estudos forem avançando, o candidato naturalmente refinará o processo de seleção de argumentos que vai ajudá-lo a produzir redações de alto impacto.

CAPÍTULO

6

COMO DESENVOLVER A VISÃO CRÍTICA E CORRELACIONÁ-LA A TEMAS DA ATUALIDADE

Para um melhor aproveitamento deste capítulo, procure lê-lo em diálogo com o que ensinamos no Capítulo 5. Afinal, a efetiva preparação para as provas de redação no âmbito do conteúdo passa por um treinamento específico. Diante de tantos acontecimentos, fatos, notícias replicadas simultaneamente e todo **bombardeio informacional** acessado pela sociedade, digerir tudo se torna tarefa árdua e complexa. Além disso, os diferentes entendimentos com relação a cada tema e as múltiplas possibilidades crítico--reflexivas sugerem uma dispersão pouco proveitosa para uma produção de texto. Enfim, é preciso encadear as ideias, apresentando uma fundamentação argumentativa de impacto.

Um olhar específico para as propostas de redação sugere ainda um mapeamento prático dos principais conteúdos, ou seja, apesar de toda visão multidimensional de amplas possibilidades temáticas, é possível sistematizar os troncos temáticos de maior evidência:

- **Questões sociais e comportamentais**
- **Ciência**
- **Saúde**
- **Cultura**
- **Meio ambiente**
- **Tecnologia**
- **Economia**
- **Geopolítica**
- **Direitos humanos**

Outro elemento importante na preparação para o conteúdo das produções de texto é a necessidade de incorporar, ao longo da argumentação, dados estatísticos, exemplos, causas, consequências, citações etc., de forma que exista coerência na apresentação e, acima de tudo, que a fundamentação esteja alinhada com os seguintes elementos:

- Real impacto com o que se pretende analisar;
- Amarração crítica, para que o subtópico não fique deslocado;

- Utilização de elementos atualizados, para que o candidato demonstre contato com o tema.

A ansiedade com relação ao tema acaba sendo algo espontâneo diante de tantas possibilidades. Entretanto, o candidato bem preparado é aquele que apresenta uma **versatilidade crítica** (sabendo discutir sobre os mais variados assuntos), objetividade e clareza na hora de fundamentar seu texto. É bastante comum realizar a leitura de informações ao longo da rotina – as próprias redes sociais aproximaram as pessoas de notícias (ainda que o algoritmo leve o indivíduo a acessar "um mesmo conteúdo"). No limite, os acontecimentos são narrados e comentados simultaneamente, seja por uma transmissão ao vivo ou um amplo compartilhamento.

Por isso, é ilusório pensar na possibilidade de domínio completo de tudo que se passa ao redor do mundo. Seria utópico desenvolver uma visão crítica generalizada no nível global, já que o contato com o conteúdo de qualidade passa por **pesquisa, retomada, observação e problematização. Apesar disso, é possível encaminhar um processo analítico de impacto, estabelecendo premissas objetivas, delimitando o olhar de modo objetivo e, acima de tudo, transcendendo o senso comum.**

O texto de excelência não apresenta inovações conceituais, nem elementos críticos inéditos. Pelo contrário, a produção de texto bem observada nasce de propósitos pensados por especialistas, analisados pela própria sociedade civil e sistematizados de diferentes formas ao longo da história. Uma produção de texto eficiente consegue demonstrar ao examinador os elementos escolhidos para sustentação crítica, criando um cenário de linearidade do pensamento e aplicabilidade do raciocínio crítico.

Erra ainda quem imagina que a produção de texto "solucionará" tal problemática apresentada. Quando um tema é exposto, é certo que a sociedade já se ocupa de tal discussão. Dessa forma, almejar uma solução mágica para a questão é recorrer ao equívoco da solidificação crítica. Por isso, é preciso retomar questões existentes enquanto debate, propondo o aperfeiçoamento, aprofundamento e a retomada de questões básicas. Simplificando a questão, **não é prudente adotar um caminho totalmente aleatório para tratar uma questão** (existe até o risco de tangenciamento do tema).

Outro ponto importante da preparação para o conteúdo diz respeito ao perfil das principais bancas examinadoras. Ao falar de um tema da atualidade, tratamos de uma questão comum a todas as bancas. De fato, os acontecimentos não sofrem variações de uma banca para outra, o que muda é a abordagem com relação aos fatos:

✓ **Abordagem de tom objetivo/conteudista:** uma banca de caráter mais conteudista tende a apresentar tal questão numa ótica do conteúdo, da especificidade dos acontecimentos e da ampliação da exigência para questões consideradas "técnicas", ou seja, que tenham como primazia a lógica teórico-conceitual. Assim sendo, costumam aparecer discussões de ampla relevância, sem muita divagação. Exemplo: Os desafios para alcançar o efetivo desenvolvimento sustentável.

✓ **Abordagem subjetiva/abstrata:** uma banca de caráter subjetivo se ocupa de questões comportamentais/atitudinais, ou seja, temas que permeiam a existência dos seres humanos, mas acabam se projetando de modo complexo, sem a devida importância assistida. No geral, são selecionadas questões existenciais, de magnitude filosófica e que acabam por gerar maior incômodo. É normal que esse tipo de tema aborde questões substancialmente "sentimentais" da sociedade – individualismo, solidariedade, midiatização da tragédia etc.

Em outros momentos, as propostas de redação acabam por demonstrar o acirramento de temas contemporâneos, elencando **discussões consideradas polêmicas**. Para esses temas, o domínio do conteúdo é de extrema importância, já que a argumentação por um dos caminhos possíveis passa pela assimilação (e devida persuasão) do sentido inverso, ou seja, ao defender um posicionamento sobre a problemática do aborto, é importante que se conheça a visão oposta, a fim de sustentar com critérios aquilo que se apresenta.

Um problema evidente da preparação do conteúdo é exatamente a absorção do que realmente se apresenta com construtividade e o que tende a ser descartado para uma produção de texto. Para isso, o Método Redação com Lógica® – 7 Passos do Portfólio de Argumentos, que apresentamos no capítulo anterior, é bastante útil.

Há na contemporaneidade um desafio de lidar com as informações. Ao receber tudo pronto, de modo estático, consumindo o elemento mais raso e superficial da notícia/editorial, o indivíduo abdica do esforço maior de permissão reflexiva. Muitas vezes, pelo próprio dinamismo da vida é possível assistir **compartilhamentos em série sem a devida preocupação com o teor crítico autônomo**. De modo prático, pode-se dizer que há uma incorporação de posicionamentos de modo acrítico (já não é mais aquele tempo dedicado à leitura e pesquisa de algo). Tal comportamento da sociedade é visto como elemento nocivo, já que em alguns instantes o manuseio da informação torna-se um problema.

Com isso, nota-se a relevância de uma preparação adequada que leve em consideração diretrizes de impacto para cada discussão (os temas são inesgotáveis e é possível encontrar discussões ciclicamente "sem fim"). Em alguns instantes, o desprendimento pessoal com relação ao que se acreditava ser relevante com relação ao tema ou até mesmos com relação aos tabus de determinadas discussões engrandece o processo crítico, expandindo a condição de entendimento do tema. Assim, para uma produção de texto de impacto, é preciso levar em consideração uma baliza de clareza e objetividade, assim como de discernimento e criticidade, competências que são desenvolvidas ao se aplicar os 7 Passos do Portfólio de Argumentos. A sistematização textual nada mais é do que a devida **apresentação de tópicos e subtópicos de um diálogo bem fundamentado** (obviamente que fazendo uso das regras de estrutura do gênero textual em questão).

O processo de assimilação de conteúdo é doloroso e tomado por obstáculos constantes. Algumas temáticas são mais próximas da realidade do indivíduo, porém, outras se distanciam de modo abismal. Apesar disso, o pensamento conectado em uma dualidade (parte-todo) revela uma **estratégia importante para melhor aproveitamento dos debates da sociedade**. Os temas de redação sugerem discussões que envolvem a ação do indivíduo (parte) perante o contexto coletivo (todo). Nessa linha de raciocínio, as discussões parametrizam questões de tensão, problemas, desafios, ações, ligadas exclusivamente ao contexto de interação social. Por isso, por mais distante que pareça, certamente a questão sugerida por uma proposta de redação tem impactos diretos ou indiretos na vida de todos os cidadãos.

Não obstante, nota-se uma maior exigência por parte das bancas examinadoras com relação ao domínio de conteúdo (em alguns momentos, tal característica tem seu reflexo no aspecto quantitativo do texto, com maior parte para o conteúdo). Isso porque o grande diferencial dos exames (concursos públicos e vestibulares) tende a ser a **aresta dissertativa dos mesmos**, ou seja, o instante em que o indivíduo aplica sua metodologia crítica para sustentar determinado posicionamento. Para isso, a seletividade adota critérios rigorosos e, por sua vez, as bancas examinadoras passam a selecionar temas cada vez mais trabalhosos.

No momento da preparação com relação aos conteúdos, algumas outras ações podem otimizar o processo de estudo:

- ✓ **Promova uma organização do pensamento**, antes mesmo de partir para a devida fundamentação. Toda discussão apresenta o que pode ser chamado de "linha evolutiva do debate". Em algumas bancas, há até mesmo os tópicos a serem desenvolvidos que sustentam tal fala. Quando não, seguir um caminho para o raciocínio pode auxiliar: contextualização, disposição de dados, argumentos, causas, consequências, citações, intervenção, alusão histórica, abordagem jurídica etc.

- ✓ **Esteja atento para os acontecimentos e suas devidas implicações:** a todo instante os noticiários apresentam um leque grande de fatos. Acompanhar o desenrolar dos acontecimentos garante um amadurecimento pelos propósitos críticos, além de fazer da estratégia reflexiva algo automático (quando menos esperar, estará refletindo ativamente sobre os recortes mais importantes). Além disso, é importante reforçar que alguns temas apresentam desdobramentos constantes, por isso, manter-se atualizado tende a favorecer o processo de problematização das temáticas em alta.

- ✓ **Distancie-se de visões engessadas e estáticas:** o acompanhamento de fatos deve acontecer de modo que sejam privilegiadas diferentes óticas. Tal mecanismo de manuseio com os temas tende a provocar uma reação constante de autoconhecimento com relação às propostas. Assim, análises que perpassam aspectos muito limítrofes ou meramente enviesados, sem uma via propositiva de debate do tema, acabam sendo pouco úteis.

- ✓ **Selecione dados principais sobre os temas:** o próprio material já se ocupa da seleção de ampla relevância de cada tema. Para isso, tenha destacado aquilo que mais se conecta com a proposta da banca examinadora e, acima de tudo, com o caminho crítico assumido pelo tema. Tal constatação auxilia para que **dados estatísticos (ou até mesmo outras formas de fundamentação) não sejam "desperdiçados".** Exemplo: ao discutir a questão do envelhecimento da população, é importante salientar o número de pessoas com 60 anos ou mais, segundo dados do Instituto Brasileiro de Geografia e Estatística (IBGE) – são mais de 32 milhões. Ao destacar o dado estatístico atualizado e a fonte, o texto ganha credibilidade de fundamentação.

- ✓ **Relação de causa-efeito:** pensar de um modo objetivo na relação entre causa e efeito auxilia no contato inicial com o tema e ajuda no processo de geração de ideias. Tal instrumentalização pode ser obtida por meio de duas questões:

  - • **O que causa isso?** (Levantamento de variadas causas para o problema, levando em considerações questões históricas, sociais, culturais, comportamentais, econômicas etc.).

  - • **O que isso causa?** (Levantamento dos desdobramentos do problema central, ou seja, das consequências oriundas de tal prática).

  Um dos aspectos marcantes da análise causa-consequência reside na progressão temática, ou seja, ao se apresentar a relação em questão, é possível compreender o tema em sua totalidade, sem negligenciar partes importantes do processo analítico.

- ✓ **Destaque sempre a criticidade da produção textual:** no caso do gênero dissertativo-argumentativo é preciso exacerbar o potencial crítico do texto. Muitas vezes, há uma mera deposição de informações sobre o tema (tornando o texto informativo). O gênero dissertativo-argumentativo precisa de uma via crítica que transcenda o senso comum, ou seja, não se pode analisar a partir de uma visão superficial. Por isso, em alguns momentos, a explicação de um tópico é uma primeira estratégia de fundamentação de excelência (principalmente quando há uma temática subjetiva/abstrata). Quanto maior o nível de detalhamento da análise, melhor o desempenho do texto. É importante trabalhar com a habilidade de descrição, sem prolixidade. Um texto que fique apenas na "citação" de elementos tende a reproduzir abordagens não suficientes.

- ✓ **Evite clichês e busque a inteligibilidade:** muitas vezes, as discussões são tratadas dentro da sociedade de modo completamente raso. Nessa perspectiva, chavões e clichês aparecem como mensagens emblemáticas. Na verdade, para uma prova de redação deve-se evitar ao extremo o uso de chavões ou clichês, já que há um processo de padronização do tema por meio de elementos não fundantes. A profundidade crítica é garantida com o distanciamento de visões simplistas e reducionistas. Por isso, analisar um tema por diferentes óticas é importante. Ademais, uma linguagem clara e direta também contribui com tal perspectiva crítica (para isso, é imprescindível destacar que um examinador que não conhece o candidato fará a leitura do texto).

- **Exemplo:** ao tratar de uma questão do **campo educacional**, pode ser feita uma análise das variáveis econômicas, sociais, culturais ou até mesmo políticas. Se o candidato tem a capacidade de estabelecer essa visão pluralista de um tema ele consegue melhor aproveitamento na hora de argumentar. Citar ações do Ministério da Educação (MEC), da Avaliação Internacional de Estudantes (PISA) ou qualquer outra segmentação da área contribui para fortalecer a abordagem.

✓ **A fundamentação do conteúdo tem diversos caminhos:** é certo que existem questões de maior impacto para cada tema, ou seja, aspectos que ao serem tratados no texto sustentam maior dimensão crítica. Ainda assim, a riqueza dos temas é tamanha que não se pode projetar "gabaritos" na prova de redação. Algumas bancas examinadoras até apresentam (em alguns certames) o modelo de resposta a ser seguido. Mas, como o próprio nome já diz, trata-se de um mero modelo que tem múltiplas possibilidades expansivas. Com relação ao conteúdo descrito, inclusive, as bancas têm deixado cada vez mais claro a ampla permissão de possibilidades, atentando-se aos aspectos de relação de partes abordadas, nível de detalhamento da informação etc. Via de regra, a maneira como se projeta um texto pode fazer com que boas ideias (as melhores para o tema) sejam vistas de modo deslocado e incoerente, assim como o inverso pode acontecer quando há o **estreitamento do conteúdo com a questão estrutural do texto** (por isso, de nada adianta dominar todas as informações "técnicas" de um tema se a sistematização não for eficiente).

✓ **Interpretação dos textos motivadores/mobilizadores:** um dos pontos mais importantes para a produção textual é a análise pontual dos textos motivadores (em alguns instantes, poesias, letras de músicas, tabelas, gráficos, tirinhas ou charges). A análise interpretativa bem como a capacidade de inferir sobre o tema **auxiliam no processo de entendimento da proposta** e, mais do que isso, naquilo que o examinador apresenta como questão central da discussão. Algumas provas não apresentam o comando da redação, sendo que o candidato deve escrever a partir da inferência do texto, expondo seu posicionamento. Dessa forma, há uma preocupação tamanha com o trato dado à Língua Portuguesa no sentido de fomentar a prática interpretativa (ainda mais nos dias de hoje, onde se nota um descuido com esse aspecto, sendo difícil fazer a utilização de ironia, sarcasmos e demais recursos linguísticos). Vale destacar que, em temáticas subjetivas e abstratas, as bancas examinadoras costumam recorrer a **textos com recortes filosóficos** (ou ainda de outras áreas do conhecimento tomadas pela especificidade). Já é possível afirmar um novo comportamento em alguns exames: uso de ideias filosóficas próximas de algum debate contemporâneo para que o candidato produza o texto.

✓ **Seleção dos melhores aspectos:** antes de iniciar uma proposta de redação é necessário que o candidato faça um levantamento de ideias/informações sobre o tema ("tempestade de ideias"), a fim de selecionar aquilo que se apresenta de modo mais coeso. Algumas temáticas tendem a gerar uma série de elementos que podem ser utilizados, caberá ao autor do texto fazer o melhor encadeamento e, para isso, uma boa seleção dos aspectos acaba sendo essencial. Dessa forma, dar início à produção textual a partir dos elementos de maior domínio tende a demonstrar maior segurança com relação ao tema.

✓ **Simetria de conteúdo:** um erro bastante visível nas produções textuais com relação ao conteúdo é o aspecto assimétrico dos parágrafos do desenvolvimento. Uma produção textual de qualidade acaba por **"equilibrar" os aspectos críticos de determinado tema**, ou seja, garantindo parágrafos do desenvolvimento similares na dimensão reflexiva. De nada adianta produzir um parágrafo tomado por boas ideias e ótima abordagem, se o(s) outro(s) terá (terão) elementos meramente superficiais do debate. **Por isso, a prática da produção de texto é tão importante,** pois garante um exercício constante da organização das ideias na dimensão prática (produção do texto em si).

✓ **Posicionamentos críticos:** uma das formas mais expansivas de lidar com a questão do conteúdo é analisar um tema por diferentes óticas. No caso das questões polêmicas e que engendram aspectos mais agudos, a ação de conhecer o outro lado é ainda mais importante (inclusive para o estabelecimento de um raciocínio concessivo ao longo da produção de texto).

  • **Exemplo:** um tema que fale sobre o *homeschooling* ou educação domiciliar. É um tema que apresenta análises variadas a depender do contexto. Assim sendo, um texto de eficiência certamente será redigido por um candidato que conheça as "arestas" do tema, nas mais variadas possibilidades (de argumentos favoráveis ou desfavoráveis).

✓ **Alusões históricas:** um dos recursos mais utilizados pelos candidatos é a referência histórica, sugerida geralmente no caráter introdutório do texto. Trata-se de um recurso bastante eficiente, principalmente quando a discussão traça determinada possibilidade de comparação cronológica. Entretanto, é preciso fugir da visão engessada da produção textual e, mais do que isso, entender que determinadas generalizações podem ser entendidas como abordagem superficial, carecendo de maior aprofundamento. Ademais, abordar o processo de globalização, os impactos da Revolução Industrial para a economia e relações laborais ou da Revolução Francesa para o campo das ideias tende a ampliar o repertório em questão.

- **Exemplo:** um tema que fale sobre a crise humanitária de refugiados permite uma análise sobre o processo histórico da globalização, apontando para a transitoriedade de mercadorias, bens e pessoas. Para isso, é preciso alocar o conceito de globalização de um modo específico, garantindo a ideia de que a referência ao mesmo sugere **um olhar para o trânsito de culturas (nessa noção de aldeia global), o que agrava questões de relacionamento, ampliando casos de intolerância e xenofobia. A análise pode ser combinada com dados do Alto Comissariado da ONU para Refugiados (Acnur), divulgados em junho de 2024, que revelam cerca de 120 milhões de deslocados de modo forçado (no comparativo com 2014, o número mais que dobrou).**

✓ **Citações/testemunhos de autoridade:** uma das estratégias de argumentação é a utilização de referências teóricas, com citações/testemunhos de autoridade. De certa forma, quando alocadas de modo coeso, há uma exaltação da linha de fundamentação apresentada. Entretanto, é preciso tratar de referências históricas (grandes pensadores, cientistas e personalidades), a fim de que não pareça que a citação se desencontra com a proposta central do tema em questão.

- **Exemplo:** "O homem é aquilo que a educação faz dele" (Immanuel Kant). Essa é uma frase bastante utilizada em diferentes propostas de redação. Para que ela tenha sentido ao longo de uma produção textual, a referência ao pensador em questão (Immanuel Kant) deve ser precedida de outras estratégias de fundamentação (a explicação do tópico apresentado). Caso contrário, a mera disposição de uma referência reduz o pensamento, a vasta teoria de um pensador e o próprio sentido do texto. Além disso, existem autores com concepções teóricas versáteis, para vários temas. Exemplo: Sócrates, Platão e Aristóteles – clássicos da Sociologia. Os contratualistas, Thomas Hobbes, John Locke e Jean Jacques Rousseau.

✓ **Atenção aos debates de ampla divulgação:** um dos recursos das bancas examinadoras com relação à escolha de um tema diz respeito ao cotidiano da sociedade. É comum que pesquisas, debates e levantamentos variados se voltem para os grandes desafios da contemporaneidade. Dessa forma, as pautas se multiplicam criando forte relevância para uma prova de redação. Existem eixos temáticos atemporais, assim como temas momentâneos.

- **Exemplo:** no Brasil, a questão do racismo tem amplo destaque nos últimos anos, seja na questão individual, estrutural, institucional, recreativa ou ambiental. Em um país com 55,5% da população autodeclarada negra, pretos e pardos, segundo o Instituto Brasileiro de Geografia e Estatística (IBGE), é importante discutir questões como o combate ao racismo na via repressiva e preventiva. Considerando ainda outros fatos, o tema se amplifica: a inclusão, de modo voluntário por parte do Brasil, de um 18º Objetivo do Desenvolvimento Sustentável – Igualdade Étnico-racial que envolve o olhar para a população negra e indígena. Outro exemplo interessante diz respeito ao mundo do trabalho. O eixo temático "trabalho" é um dos mais recorrentes em provas de redação. Várias são as discussões relativas ao mundo do trabalho de ampla relevância para a sociedade. Além disso, o trabalho acaba sendo uma aresta comum a grande parte da população. Assim como trabalho análogo à escravidão, desemprego e tecnologia ou a problemática do trabalho infantil já foram temas de ampla repercussão, na atualidade poderíamos destacar como prováveis apostas a questão da inteligência artificial na revolução laboral ou mesmo o debate sobre a redução da semana de trabalho pensando em questões como produtividade e saúde do trabalhador. É como se as propostas de redação acompanhassem o que é destaque nos veículos de comunicação, nos debates acadêmicos, nas discussões jurídica etc.

✓ **Debates sociais permeados por aspectos políticos:** é certo que debate político no Brasil se apresenta bastante deturpado em alguns instantes. O vazio de ideias, a pulverização intelectual, a polarização/dicotomização são aspectos assistidos de modo cada vez mais intenso. Ainda assim, é preciso estabelecer uma **análise racional, desprendida de elementos pessoais, com relação ao que pode ser proposto como tema.** As temáticas de redação não envolvem uma apresentação partidária do recorte em si, ou seja, pode ser feita até uma abordagem sobre um projeto ou decisão recente, mas dificilmente a banca terá um posicionamento específico delimitado pelo texto motivador ou pelo comando de redação. Por isso, é importante olhar para a dimensão descritiva dos acontecimentos debatidos no campo político.

- **Exemplo:** discussões de forte apelo social como a questão das "saidinhas" dos presos acabam ganhando destaque por parte das propostas de redação. Geralmente, esse tipo de tema explora a versão argumentativa polêmica, já que existem dualidades a serem tratadas e problematizadas.

✓ **Conceitos, terminologias, expressões e vocábulos específicos:** um dos recursos de maior proveito para quem se prepara para redação com tema da atualidade é a absorção dos chamados **"conceitos coringas"**. Algumas palavras, termos, expressões, conceitos e vocábulos ganham ampla dimensão em variados temas. Dessa forma, quando há o domínio desse tipo de recurso, pode-se dizer que o candidato amplifica seu repertório e passa a entender a aplicação dessas palavras e expressões em múltiplos cenários temáticos.

- **Exemplo:** o conceito de **alteridade** (capacidade de se entender pertencente ao contexto coletivo, colocando-se na situação do "outro") pode ser aplicado em um tema que trate sobre violência, preconceito racial, homofobia ou intolerância religiosa. Trata-se de um conceito específico da área das Ciências Humanas com amplo alcance. O conceito de **nomofobia**, *no mobile* + fobia, ou seja, o "medo de ficar sem o celular" já apareceu em prova de redação exatamente pelo debate estabelecido sobre a dependência tecnológica de grande parte da população.

Para efeito de aplicação dos conteúdos abordados anteriormente, ainda que numa visão macro, consideram-se temas que estariam em alta para as próximas provas:

1. A busca pelo acesso à justiça para toda a população
2. Dilemas éticos do uso de inteligência artificial
3. Desafios para a garantia do desenvolvimento sustentável
4. Qual o principal problema social na contemporaneidade?
5. Como ampliar o debate sobre saúde mental no diferentes contextos?
6. Insegurança alimentar: uma problemática histórica que assola o mundo
7. A persistência do racismo na sociedade brasileira
8. LGBTQIAPN+fobia: intolerância desmedida
9. Era da condominização: efeitos da segregação socioespacial
10. Déficit habitacional e a problemática do racismo ambiental
11. A corrupção em pauta: como enfrentar tal mazela social?
12. A valorização da cultura em respeito à memória e à identidade
13. A importância da cultura dos povos indígenas para a brasilidade
14. A invisibilidade social da população em situação de rua
15. Xenofobia em questão: como garantir um mundo de pontes e não muros?
16. Desafios da saúde pública no Brasil
17. Educação para a ciência: seria a solução para os problemas no país?
18. ASG em pauta: utopia ou realidade?
19. Proibição do uso de celular nas escolas: benefício ou prejuízo?
20. Era do imediatismo: como construir projetos de vida em longo prazo?

Importante notar que as principais bancas examinadoras trabalham com diferentes modelos de proposta, seja com temas explicitamente interrogativos, seja com propostas de caráter implícito. Outro ponto a considerar é a seleção dos textos motivadores: encontramos desde propostas bem construídas com textos selecionados, até as mais diretas e com simples recortes textuais.

Para efeito de comparação, seguem alguns temas que seriam tomados por mais especificidade:

1. Pets devem ser tratados como filhos?
2. Como desenvolver as *soft skills* no contexto educacional?
3. Medidas para garantir a economia circular e a responsabilidade compartilhada
4. *Brainrot*: como o consumo de conteúdos fúteis está afetando o desenvolvimento de crianças e adolescentes?
5. Importância da doação de órgãos para a medicina
6. O protagonismo do Brasil na questão climática global
7. Como aproximar a juventude do mercado de trabalho
8. Os efeitos do capacitismo para a sociedade brasileira
9. Busca pela padronização estética no contexto da "ditadura da beleza"
10. Quais os limites da liberdade de expressão em tempos de ódio?
11. A criminalização do *bullying* erradicou tal comportamento?
12. A inteligência artificial deve ser regulamentada?
13. A problemática da obesidade no contexto brasileiro
14. Problemática do uso de *deepfake* para a sociedade brasileira
15. Quem são os ídolos da atual geração? Existe idolatria?
16. Fragilização emocional e os efeitos da positividade tóxica
17. Redução da semana laboral: possibilidade ou utopia?
18. Gameficação como estratégia educacional
19. Aporofobia e arquitetura hostil: como humanizar o debate
20. O reconhecimento dos povos quilombolas para o país

CAPÍTULO 7

TEMAS COMENTADOS

A sugestão das propostas evidenciadas nesta obra parte de um mapeamento das principais bancas examinadoras. Assim sendo, é possível estabelecer uma sistematização alicerçada em troncos temáticos de maior problematização (tecnologia; cultura; relações sociais; comportamento; comunicação, meio ambiente etc.), o que sugere o aprofundamento em determinadas discussões. Vale lembrar que os temas da atualidade se caracterizam exatamente pelo **dinamismo nos aspectos quantitativos e qualitativos**. Dados estatísticos, por exemplo, podem sofrer alteração com o passar do tempo. Entretanto, a argumentação com relação a determinada situação-problema tende a permanecer coesa ao longo de um período mais vasto.

Outra preocupação assumida pela obra é de estabelecer uma visão objetiva para os principais recortes temáticos. Para isso, em cada tema, a seleção da base de fundamentação priorizou elementos de representatividade da discussão, o que provoca a transcendência do senso comum e fortalece a análise crítico-reflexiva com o aprofundamento necessário. Isso se dá pelo aspecto amplificado de alguns temas, ou seja, existem várias linhas permissivas para cada assunto tratado, sendo que o objetivo da obra é oferecer aquele raciocínio de impacto.

Os temas permeiam a existência humana (tratam de questões do cotidiano, das mais simples até as mais complexas), ainda que em determinados instantes alguns deles se apresentem mais complexos ou simplesmente de impacto indireto para a realidade de grande parte da população. Ainda assim, os debates apresentados possibilitam uma expansão introspectiva para o comportamento social e as relações desafiadoras estabelecidas. Destaque sempre para o **pensar "coletivo – individual"/"todo – parte"** das propostas de redação, pois a essência de um bom texto transita por um olhar holístico da proposta, afastando-se de argumentação limitada. Não à toa termos como cidadania, democracia, pluralidade, diversidade, isonomia, justiça social, equidade e dignidade da pessoa humana acabam sendo conceitos que maximizam o potencial crítico do texto.

Por se tratar de uma busca pelo exercício reflexivo do candidato, geralmente, as temáticas de redação se arquitetam a partir de **problemas da sociedade** (em alguns momentos são elencados aspectos positivos). No limite, os comandos de redação costumam se apropriar de terminologias que possibilitam um olhar mais pontual para o problema sugerido, a fim de que a referência argumentativa seja possível. Assim sendo, os termos frequentes são:

- ✓ **Efeitos**
- ✓ **Medidas**
- ✓ **Causas**
- ✓ **Impactos**
- ✓ **Ações**
- ✓ **Consequências**
- ✓ **Importância**
- ✓ **Resultados**

É de fundamental importância compreender ainda que os problemas sociais revelam atritos específicos para determinados segmentos da sociedade. Dessa forma, as problematizações sugeridas pelas bancas examinadoras costumam apontar para problemas que envolvem minorias sociais (grupos minoritários), tais como:

- ✓ **Mulheres**
- ✓ **Negros**
- ✓ **Comunidade LGBTQIAPN+**
- ✓ **Indígenas**
- ✓ **Pessoas com deficiência**
- ✓ **Quilombolas**
- ✓ **Pessoas em situação de rua**
- ✓ **Crianças e adolescentes**
- ✓ **Ribeirinhos**
- ✓ **Pessoas idosas**

Vale ressaltar que o conceito de minoria social não tem relação com a questão quantitativa, mas sim com o **processo de marginalização, exclusão e vulnerabilidade** dos grupos citados acima. Por isso, a violência cometida contra as minorias sociais costuma ser pauta tão recorrente nas provas de redação (trata-se de um tema inesgotável, cíclico e com novas possibilidades de análise com o passar do tempo). Dessa forma, a análise histórica de determinados debates é tão proveitosa e rica para o entendimento (além de ser uma estratégia de fundamentação de relevância extrema para um bom texto).

Essas considerações com relação ao que se espera de uma proposta de redação com tema da atualidade possibilita uma **otimização nos estudos**, oferecendo um olhar diferenciado para os temas sensíveis e prováveis para uma prova, além de fundamentar o padrão assistido pelas bancas examinadoras.

Outra informação relevante com relação ao comportamento recente das temáticas de redação diz respeito ao aspecto **abstrato, subjetivo e filosófico**. Em diferentes momentos, os temas perpassam questões que não se apontam explícitas para a nossa realidade, em outros, é possível notar a utilização de conceitos específicos da Filosofia para orientar a análise da situação-problema. Tal comportamento por parte das bancas examinadoras revela a complexidade das propostas para seleção dos candidatos mais bem preparados, além de demonstrar a necessidade de desnaturalizar e desconstruir a visão de temas tomados pela **"objetividade e conteudismo"**.

Em alguns momentos, as propostas sugeridas exigem de modo vertiginoso a capacidade de estabelecer pensamento metalinguístico, reconhecendo metáforas e alcançando a interpretação de situações de tensão social. Sendo assim, não existe uma boa produção textual sem que haja uma capacidade interpretativa.

Por fim, é notória a **incidência de temas cada vez mais complexos e desafiadores**. Nessa perspectiva, questões internacionais ganham força, remontando a necessidade de emergência de uma reflexão também local (no âmbito nacional, por exemplo), a fim de reconhecer as especificidades do tema. Exemplo:

– Um tema que trate a questão do deslocamento de pessoas ou da crise de imigração pode solicitar uma abordagem mais genérica/global (apontando o problema como uma máxima de diferentes nações). Entretanto, pode ser também mais específico, falando sobre a entrada de venezuelanos no Brasil ou o debate sobre o muro na fronteira do México com os EUA.

– Um tema pode abordar a questão da ampliação dos casos de depressão no contexto global, tendo como referência dados da Organização Mundial da Saúde. Em outra possibilidade, pode ser que a banca examinadora se volte para o contexto brasileiro, sugerindo uma discussão similar.

A seguir, desenvolvemos temas com características multidisciplinares e que transitam por troncos temáticos distintos, podendo ser desdobrado a outros temas correlatos. A partir deste momento, procure colocar em prática o Método Redação com Lógica® – 7 Passos do Portfólio de Argumentos. É preciso estudar de forma inteligente e objetiva!

7.1 ASPECTOS POSITIVOS E NEGATIVOS DO AVANÇO DA TECNOLOGIA

Contextualização

"Tecnologia" é um dos troncos temáticos de maior destaque nos últimos anos para as provas de redação. Os debates sobre o uso, a evolução tecnológica, os problemas oriundos da internet e os benefícios para a sociedade já mobilizaram uma série de propostas de redação e estão longe de terminarem. Trata-se de uma faceta bastante flexível, já que o dinamismo da tecnologia acaba por suscitar desafios diários. Nesse eixo temático, as discussões tratadas elucidam a relação direta do indivíduo com a tecnologia e os desdobramentos do uso das ferramentas tecnológicas.

Além disso, é importante ressaltar que o debate sobre avanços da tecnologia se torna extremamente abrangente, permitindo que seja realizada uma reflexão sobre arte no contexto tecnológico ou ainda sobre os impactos das redes sociais na dimensão política. Por isso, examinar a proposta que tenha na essência um debate sobre avanço tecnológico exige um olhar tomado por especificidade da intencionalidade da banca examinadora. Isso porque é fácil se perder em um tema como esse (seja fugindo tangencialmente ou totalmente).

A evolução tecnológica permite debates paradoxais. **Qual o futuro da arte na dimensão tecnológica?** De que forma aspectos tradicionais serão revitalizados em detrimento de um esgotamento arbitrário oriundo da atividade tecnológica? Museus, por exemplo, existirão no futuro? Serão espaços obsoletos? As indagações podem ser apresentadas de modo explícito em uma proposta.

Além disso, se fosse elaborada uma linha do tempo sobre os avanços tecnológicos e suas implicações poderíamos levantar como possibilidades:

- Inclusão e exclusão digital
- Acesso à internet
- Anonimato digital
- *Fake news*
- Cidadania digital
- Democracia digital
- Problemática dos dados pessoais
- Crimes cibernéticos e engenharia social
- Inteligência artificial

Note que a cada instante da história um episódio de avanço tecnológico acaba por resultar em desafios comportamentais. Assim sendo, torna-se necessário o debate sobre questões como:

- Uso de câmeras em uniformes policiais
- Eficiência dos sistemas de câmeras de reconhecimento facial
- Relacionamentos interpessoais na era dos aplicativos
- Positividade tóxica das redes sociais

- Dilemas éticos sobre o uso de inteligência artificial
- Como a inteligência artificial irá afetar o mercado de trabalho?
- Superexposição da privacidade no contexto do ciberespaço
- Efeitos da *deepfake* para a política
- Era da infodemia: como lidar com tantas informações?
- "FoMO": *Fear of Missing Out:* quais os impactos de não acompanhar tudo que acontece no mundo?
- *Brainrot*: a podridão cerebral resultante do consumo de conteúdos fúteis

Um exemplo dos impactos do avanços tecnológicos é o concurso de Miss IA que aconteceu em 2024, reunindo mais de 1,5 mil programadores e suas respectivas criações. As modelos, os discursos e tudo que permeou o evento teve contribuição direta do uso de inteligência artificial. O tema abriu debate para a questão dos prováveis estereótipos de beleza construídos, bem como os limites de tal concurso para a sociedade. A vencedora, por exemplo, uma modelo marroquina, contava com mais de 200 mil seguidores em uma rede social – o que revela a visibilidade de tal pauta.

O grande tema do eixo temático "tecnologia" envolve os impactos da inteligência artificial. Na saúde, no esporte, na ciência, na política, na educação ou no meio ambiente, as revoluções diárias exigem grandes adaptações por parte dos seres humanos.

Em tempos de não desconexão, o cibridismo tornou-se um grande desafio, já que as pessoas estão constantemente conectadas. O cibridismo é a fusão entre o mundo *on-line* e *off-line*, que começou a acontecer com a disseminação das tecnologias digitais. A escritora Martha Gabriel define o cibridismo como o fim da separação entre o *on-line* e o *off-line*, que criou um hibridismo entre os corpos biológicos e o ciberespaço. Note que o tema afeta a questão laboral, quando se discute os limites da utilização no contexto do trabalho, e o educacional, ao se tratar a proibição do uso do celular em escolas. Alguns dados do IBGE amplificam a importância do tema:

- Em 2023, **87,6% das pessoas com 10 anos de idade ou mais já tinham um telefone celular para uso pessoal.**
- Em 2023, **72,5 milhões de domicílios brasileiros tinham acesso à internet, isso equivale a mais de 92% das residências do país.**

Outro debate importante sobre tecnologia envolve o crescimento das estratégias de *marketing* digital, já que a mercantilização dos dados pessoais permite levar conteúdos direcionados para determinadas bolhas, o que impulsiona a leitura de vieses e estimula determinados padrões de consumo. Não à toa o mercado de *marketing* digital tem sofrido uma expansão tão rápida, com investimentos em grandes infraestruturas que se aproveitam das ferramentas mais modernas possíveis.

Aspectos favoráveis da internet

Dentre os efeitos positivos da internet, destaque para:

✓ **Amplo acesso à informação:** a internet permite o contato com diferentes fontes de pesquisa, sobre os mais variados temas. É possível realizar buscas em portais de notícia do mundo todo, fazendo o uso de ferramentas que aceleram a coleta de dados e o mapeamento mais diversificado sobre as múltiplas questões. Além da quantidade de informações que transitam pela internet, a facilidade em sistematizar as mesmas é um fator positivo. Por sua vez, importante compreender que no método comparativo, em momentos anteriores, era mais difícil acessar informações simultâneas de diferentes partes do globo.

✓ **Facilidade na comunicação:** um dos pontos de maior evolução do aparato informacional foi a superação de barreiras geográficas e o redimensionamento da noção de tempo. Assim, a comunicação deixou de ter na distância ou no contexto temporal empecilhos gritantes. Atualmente, várias são as plataformas que permitem a comunicação em tempo real, com transmissão de vídeo e demais funcionalidades. Além disso, cabe reforçar que os aplicativos de relacionamento, por exemplo, passaram a atender públicos específicos – por orientações sexual, vieses políticos, gostos etc.

✓ **Possibilidade de realização de compras, transações bancárias e demais ações:** com a internet, ações do dia a dia tornaram-se facilitadas. Dessa forma, comprar algum produto ou realizar uma transação bancária se tornaram possíveis graças ao desenvolvimento tecnológico. Assim, as pessoas criam maior autonomia para o desenvolvimento de suas ações cotidianas, simplificando uma série de atividades. Cabe reforçar que esse fluxo econômico tem sofrido forte expansão com novos incrementos bancários, como a facilidade criada pelo Pix, por exemplo.

✓ **Meio variado de entretenimento e lazer:** a internet facilitou o acesso a atividades de lazer e entretenimento, democratizando esse tipo de situação, justamente pela possibilidade de recorrer aos espaços gratuitos. Jogos, filmes e séries tornaram-se populares graças ao contexto cibernético. Além disso, o ciberespaço permite que o indivíduo personalize suas ações e tenha uma própria autonomia perante o regramento estabelecido por demais canais de comunicação em massa (caso da televisão, por exemplo, que cumpre uma grade previamente estabelecida e com horários engessados).

✓ **Ensino a distância:** um dos setores de maior expansão da internet foi o setor educacional. Também com a justificativa de que a questão do tempo e dos gastos tem impacto satisfatório, o ensino a distância expandiu consideravelmente – tanto em cursos ofertados como em alunos matriculados (aumento maior do que em cursos presenciais). A possibilidade de o aluno reduzir gastos com mensalidade, despesas de viagem e deslocamento, além da adequação de horário, permite que o indivíduo produza de modo mais autônomo sua rotina.

✓ **Capacidade de articulação/mobilização:** atualmente a internet possibilitou uma expansão da cidadania. Fala-se em cidadania digital/democracia digital por conta da possibilidade do indivíduo se colocar no contexto virtual de modo ativo, permitindo o debate, a problematização, a construção de ideias e ações transformadoras. Dessa forma, a democracia passou a assistir um novo ambiente de intersecção de ideias, onde as barreiras geográficas se anulam e o encontro fortalece diferentes articulações. No contexto da democracia digital, fica evidente a relevância das redes sociais para campanhas variadas (vaquinhas virtuais/campanhas de arrecadação; monitoramento de campanhas; gestão transparente; petições *on-line* e demais mobilizações). Além de permitir a convergência de entendimento sobre um tema, o espaço virtual fomenta uma otimização para a tomada de decisões. Tal aspecto pode ser evidenciado pelo movimento histórico conhecido como **Primavera Árabe**, no qual uma onda de protestos contra os regimes ditatoriais no Oriente Médio e norte da África resultou na queda de regimes, quando não na instabilidade política de determinados países. As mobilizações foram possíveis graças aos dispositivos comunicacionais e informacionais sustentados pela dimensão virtual (redes sociais, *sites* etc.). A Primavera Árabe teve início em 2011, na Tunísia, com protestos acentuados por conta da condição econômica das nações, além das violações democráticas. Enquanto na Tunísia e no Egito não existiu resistência por parte dos ditadores (realizando inclusive eleições para transição do poder), na Líbia, Muammar Kadafi foi morto durante rebelião. Iêmen e Bahrein foram locais que também assistiram mobilizações da população. Na Síria, uma situação peculiar: Bashar Al Assad conseguiu se manter no poder apesar de total instabilidade e avanço da organização terrorista Estado Islâmico, além dos grupos rebeldes – o que se perpetua até o fechamento da edição.

Tais aspectos elencados com relação ao contexto tecnológico demonstram a real importância de preservação dos elementos positivos que a tecnologia permitiu ao contexto social. **Inferiorizar os avanços tecnológicos é negar a própria evolução humana**, acompanhada por elementos variados da dimensão científica que retroalimentam um ciclo de aperfeiçoamento flexível e dinâmico.

Além disso, há uma necessidade de refletir sobre o comportamento dos usuários e não necessariamente da internet/tecnologia em si. Isso por conta da ideia de que as evoluções técnico-científicas almejam, majoritariamente, a facilitação de situações cotidianas para a população (ainda que em determinados momentos tal elemento possa ser refutável – exemplo: produção armamentista). Sendo assim, o **bônus que a internet trouxe para a vida coletiva não pode ser desfigurado por situações** esporádicas e pontuais, mas deve-se usar, metalinguisticamente, a própria tecnologia para cercear e reprimir qualquer ação que viole preceitos básicos de uma democracia.

Aspectos desfavoráveis da internet

Por outro lado, apesar de todos os avanços da internet, muitos problemas surgiram e, em alguns casos, se agravaram (e continuam se agravando), criando momentos de tensão aguda na realidade social. **Compartilhamento de informações falsas ("Era das *fake news*"), superexposição da privacidade e o narcisismo exacerbado, mercantilização da privacidade, disseminação de crimes virtuais, vício tecnológico, *deepfakes*, fobias sociais e isolamento social** são alguns dos problemas que a internet evidenciou na contemporaneidade.

Refletir sobre o uso compulsivo da internet é, por exemplo, falar dos desdobramentos de uma utilização não consciente. Tratar o comportamento dos indivíduos que nascem inseridos na dimensão tecnológica é necessário, já que tais tensões virtuais nascem de comportamentos repetidos que têm sido naturalizados e transformados em hábitos, ou seja, o surgimento da internet parece coincidir com o surgimento da animosidade e do ódio arbitrário (quando não, a internet apenas potencializou tal comportamento agressivo).

É de fundamental importância refletir sobre a maneira como a sociedade tem banalizado as discussões sobre o uso da internet. A noção de que a internet garante uma autossuficiência é o passo inicial para naturalizar o isolamento social. É fato que os fatores para o real entendimento são múltiplos – pensar na dependência tecnológica é pensar na maneira como crianças e adolescentes manuseiam os aparelhos desde cedo, muitas vezes por conta de uma violência exacerbada na rua que faz com que os responsáveis entendam ser saudável o uso da virtualidade como lazer e entretenimento (sem regras e dosagem monitorada, tais aspectos podem se tornar problemáticos). Ainda assim, o tema não pode ser tratado como um tabu, é preciso dividir responsabilidades para analisar o real impacto de tal situação na vida das crianças e jovens.

Tal aspecto não sugere um afastamento ou o ato de negligenciar a interação tecnológica. Pelo contrário, o que se propõe é que o uso seja sempre orientado e monitorado, a fim de garantir um processo de evolução real para aqueles que a utilizam. As ferramentas de interação comunicacional da internet não podem substituir o contato entre os indivíduos. É preciso fazer da internet e de todas suas funcionalidades ótimas ferramentas, para que não se tornem armas destrutivas.

Para isso, muito se discute processos como:

- Letramento digital
- Educação midiática
- Cidadania digital

Esses seriam caminhos possíveis para a instrução da população sobre a extensão da vida real na dimensão virtual.

Além disso, **outros problemas** chamam a atenção no contexto cibernético:

Discursos de ódio: a internet tem mostrado uma faceta tenebrosa nos últimos tempos. As pessoas utilizam os espaços virtuais para a disseminação de discursos de ódio, tentando justificar os comportamentos agressivos como sendo a concretude da "liberdade de expressão". Entretanto, é preciso entender que existem limitações para a externalização de falas, independentemente do posicionamento. Qualquer postulado radical e extremista deve ser combatido de modo efetivo em busca de uma harmonia social.

O ambiente de instabilidade política que o Brasil viveu nos últimos tempos acirrou a animosidade dos indivíduos que, dentro de uma dimensão polarizada, utilizaram os meios virtuais para deflagrar o ódio. Situações de constante inferiorização, perseguição e violência simbólica se tornaram episódios frequentes nos espaços virtuais.

A própria Organização das Nações Unidas (ONU) tem chamado a atenção para a violação de direitos humanos na internet. Para a ONU, o combate aos comportamentos odiosos passa por dois pilares que devem ser garantidos no mundo virtual: **segurança e a privacidade**.

Geralmente, os crimes de ódio são manifestações que incitam o comportamento agressivo por conta da raça, etnia, orientação sexual, religiosa ou origem. O compromisso de combater os comportamentos de ódio no ambiente virtual foi estabelecido com grandes empresas – Twitter, Facebook, Microsoft e YouTube –, que, desde 2016, assinaram um código de conduta com a União Europeia, a fim de erradicar esse tipo de postagem. As estratégias para combater são múltiplas: inteligência artificial, vigilantes humanos ou as denúncias de usuários. A importância de legislar, regulamentar ou regular tais espaços virtuais se torna relevante, desde que os princípios democráticos sejam garantidos e que exista segurança jurídica.

Para se ter uma ideia, em 2024, a prática do *cyberbullying* foi criminalizada no Brasil, com a pena podendo chegar ao período de 2 a 4 anos de reclusão, além de multa. O termo inclui a **intimidação sistemática feita em redes sociais, aplicativos, jogos *on-line* ou "qualquer meio ou ambiente digital".** Tal criminalização se demonstra necessária diante dos repetidos episódios de violência – muitos até ligados a ataques contra escolas.

Ao se discutir os crimes virtuais, um debate paralelo envolve qual a parcela de responsabilidade das redes sociais no processo. O filósofo italiano Umberto Eco, ao tratar a questão das redes sociais e os discursos de ódio, aponta: *"As redes sociais deram o direito à palavra a legiões de imbecis que, antes, só falavam nos bares, após um copo de vinho e não causavam nenhum mal para a coletividade"*.

Outro ponto de importância no debate é a mobilidade que o celular garantiu para a população. Você pode se deslocar para qualquer lugar portando o objeto.

Os aparelhos celulares são a "porta de entrada" para uma série de delitos que estão aumentando o poder das organizações criminosas no Brasil. A constatação está presente no Anuário de Segurança Pública de 2024, divulgado em julho do mesmo ano pelo Fórum Brasileiro de Segurança Pública. Segundo o documento, o aumento de estelionatos virtuais e furtos de celulares ganharam tração em 2023, enquanto os registros de roubos a bancos e estabelecimentos comerciais caíram 30% e 18,8%, respectivamente. Trata-se de uma reconfiguração da dinâmica do crime patrimonial iniciada durante o isolamento social imposto pela pandemia de Covid-19.

Ainda sobre os dados do Anuário Brasileiro de Segurança Pública, quase dois celulares são roubados ou furtados por minuto. Quase um milhão de ocorrências foram registradas em delegacias de todo o país em 2023.

A marca mais visada pelos criminosos foi a Samsung, com 37,4% dos casos, seguida pela Apple, com 25%, e pela Motorola, com 23,1%. Embora respondam por apenas 10% do mercado nacional, os iPhones representam uma em cada quatro subtrações de aparelhos.

Segundo a publicação, em 78% das ocorrências, os criminosos optaram por vias públicas. Os casos são mais frequentes em dias de semana, em especial entre segundas e sextas-feiras, com prevalência entre 5h e 7h da manhã e o período entre 18h e 22h – horários em que, geralmente, a população está em deslocamento nas grandes metrópoles, indo ao trabalho ou voltando para casa.

Nesse universo de problemáticas, ganha destaque a questão da proteção de dados pessoais. A maior parte dos usuários de internet acabam expondo de modo excessivo dados sensíveis. Na evolução do Direito Digital, surge então a **Lei Geral de Proteção de Dados Pessoais**, com o objetivo de estabelecer a proteção de tais dados. Em 2022, após Proposta de Emenda à Constituição, a proteção de dados pessoais (no mundo real ou virtual) passou a ser tratada como direito fundamental, o que amplifica a proteção por se tratar de cláusula pétrea que não pode sofrer retrocesso.

Assim, é preciso desenvolver nos usuários da rede mundial de computadores a consciência de que a vida virtual é uma extensão da realidade, responsabilizando os indivíduos por cada comportamento assumido (independentemente da ação – curtir, comentar ou compartilhar um conteúdo). Além disso, garantir maior monitoramento e fiscalização tende a criar um ambiente mais favorável e seguro.

Superexposição da privacidade: outro comportamento bastante questionado na contemporaneidade é a constante exposição dos indivíduos nas redes sociais. Tal aspecto revela um mecanismo narcisista de aceitação, na sociedade onde os *"likes"* dão sentido a nossa existência. Ademais, a visibilidade do indivíduo parece ganhar simbologia no instante em que ele se relaciona no âmbito virtual, ainda que sua articulação no aspecto real seja nula. Estar distante do que circula na virtualidade (seja as *"fake news"* ou o "memes") é o mesmo que deixar de ser atuante no contexto social. O vazio da exposição revela uma sociedade tomada pelo egocentrismo exacerbado, além de um grande vácuo de valores e princípios. Reduzimos as pessoas ao que elas compartilham ou acessam nos espaços de interação virtual. A cibercultura apresentou a possibilidade de julgamentos limítrofes serem utilizados como aspectos majoritários de um debate, ou seja, somente com o que é exposto e fechados ao diálogo, os indivíduos passam a acessar os mesmos conteúdos sempre, tornando o espaço pouco aberto ao debate construtivo (afinal de contas, a superexposição da privacidade deve privilegiar o "eu" virtual). Além disso, há uma configuração ilusória naquilo que se vê nas redes sociais – problemas são mascarados, sentimentos negativos manipulados –; o objetivo maior é a demonstração da satisfação e da leveza. Outro ponto importante é a vulnerabilidade concretizada no mundo virtual com a constante exposição de dados (seja para o uso por parte de criminosos, ou por setores de marketing digital na esfera do algoritmo).

Compartilhamento de informações falsas: um dos maiores problemas da atualidade é a disseminação de notícias falsas (para muitos, não podem ser identificadas como notícias). Em algumas situações, o amplo compartilhamento pode gerar ações irreversíveis – pessoas que foram linchadas até a morte por conta de boatos que se espalharam (principalmente pelas redes sociais). É fato que há no entendimento desse recorte a necessidade de pensar sobre a responsabilidade dos leitores no processo de compartilhamento das *fake news*, assim como a instrução sobre a responsabilidade no âmbito legal em adotar esse comportamento arbitrário de não checar fontes. Algumas nações já têm formatado legislações específicas para lidar com tal situação. É o caso da Malásia, onde o infrator pode ser preso por até seis anos. As legislações tendem a acompanhar as problemáticas sociais em questão. Ainda assim, existem lacunas para validar a proteção das pessoas de notícias falsas, visto que a engenharia social profissionaliza a produção de conteúdos falsos – basta observar o impacto das *deepfakes* para a discussão. Em 2024, o Tribunal Superior Eleitoral (TSE) barrou o uso de *deepfakes* no contexto eleitoral.

Patologias oriundas do excesso de contato com a internet: atualmente, a ampla dependência dos indivíduos aos aparatos tecnológicos provoca uma série de doenças. A própria área da saúde tem se debruçado de modo mais específico para lidar com tais questões, já que são problemas recentes oriundos de comportamentos que se intensificaram nos últimos anos – exceto em países como Japão, China e Coreia do Sul, que já tratam esses transtornos de modo mais formal e aprofundado. Apesar do conforto oferecido pela dimensão tecnológica, é preciso retomar os desafios apresentados pela mesma, tais como: **nomofobia** (medo de ficar sem celular); **síndrome do toque fantasma** (impressão de que o celular está tocando ou vibrando; **cibercondria** (pesquisa de sintomas que a pessoa apresenta, nos fóruns e demais *sites*); efeito Google (falta de capacidade de armazenamento por conta da facilidade de pesquisa); Whatappite (inflação nos pulsos causadas pelo uso de troca de mensagens no aplicativo Whatsapp), dentre outras. São problemas cada vez mais analisados por especialistas da saúde, já que a falta de desconexão tende a alterar os padrões comportamentais da sociedade.

Solidão e isolamento social: outro aspecto relevante para o entendimento dos prejuízos da interação tecnológica se dá na dimensão do isolamento social. A tecnologia estabeleceu uma autonomia relevante para a realização de serviços variados. Ao mesmo tempo, tal autonomia criou um cenário de isolamento social e afastamento do convívio na dimensão física, o que agrava o aperfeiçoamento de habilidades básicas de socialização. Para efeito de definição, cabe destacar:

✓ **Isolamento social:** definido como pouco ou nenhum contato com outros indivíduos.

✓ **Solidão:** marcada pela falta de conexão emocional com os demais.

Não obstante, cabe lembrar que a constante variedade comunicacional proposta pela internet apresenta desafios de ordem emocional ao afastar os indivíduos, ou seja, paradoxalmente a era da intercomunicação é também a era da solidão (ao mesmo tempo em que o indivíduo se encontra hiperconectado com uma série de amigos virtuais e interagindo com o que acontece ao redor do mundo, sofre com o isolamento social que acaba por fadigar sua condição emocional). Sem o real equilíbrio emocional e distante de uma percepção dos prejuízos que tal ação resulta, combater a problemática se torna algo desafiador. Para efeito de exemplificação, o **Reino Unido já investe em projetos que possibilitem a superação da solidão em diferentes faixas etárias**. Associado ao isolamento social oriundo da intensa atividade virtual está o processo de comparação de vidas. As redes sociais apresentam grandes ilusões com relação ao que os outros fazem e como eles se projetam para as demais pessoas. Assim sendo, a **vida "instagrâmica" ou "facebookiana" é repleta de modelos exacerbadamente idealizados** (melhores amigos, melhores locais frequentados, melhor família etc.), afastando-se da realidade em seu aspecto espontâneo. Dessa forma, pesquisas científicas já caminham na constatação de uma vertente racionalmente concreta: passar menos tempo nas redes sociais tende a diminuir a sensação de solidão. Essa foi a conclusão de um estudo da Universidade da Pensilvânia, publicado no *Journal of Social and Clinical Psychology*. É possível tratar a solidão como algo "epidêmico" na contemporaneidade – justamente pelo modelo de vida assistido por grande parte da população.

Outro estudo americano, dessa vez realizado por uma empresa de seguros – Cigna – constatou uma incidência maior da condição de solidão entre os mais jovens (o que ratifica a necessidade de olhar com urgência para os hábitos dessa parcela populacional). Os indivíduos da Geração Z (18 a 22 anos) apresentaram a maior incidência, seguidos pela geração *Millennials* (nascidos entre 1980 e 1990) e *baby boomers* (geração dos nascidos no pós-guerra).

Visando promover maior aprofundamento reflexivo entre jovens universitários, diferentes centros universitários, universidades e faculdades passaram a oferecer a disciplina de "felicidade" ou correlatas. Tal formalização do debate via aspecto curricular permite um trabalho direcionado para ações que mobilizem os alunos a, de modo introspectivo, aferirem as noções básicas do tema em cada contexto. Em seguida, por meio de atividades orientadas os mesmos socializam tais impressões com o intuito de garantir uma problematização abrangente. **A UnB (Universidade de Brasília) foi a primeira universidade pública a oferecer a disciplina sobre felicidade** (tendo início em 2018). Outros polos educacionais passaram a oferecer projetos similares, como é o caso da Universidade Positivo, Universidade Federal de Santa Maria, no Rio Grande do Sul, Universidade Federal do Piauí, no Piauí, Universidade Federal de São João Del-Rei, em Minas Gerais, Universidade Federal do Pernambuco, em Recife, Univali, *campus* de Florianópolis. Em Harvard e Yale, nos EUA, a formalização do debate sobre felicidade já é realidade há alguns anos, sendo uma das disciplinas mais procuradas pelos alunos.

Tal debate se faz muito válido já que a redes sociais se transformaram na grande baliza de sucesso e visibilidade. Assim, as pessoas são convidadas a se frustrarem com uma postagem de menor aceitação por parte de seus seguidores. É como se a sociedade dos *likes* balizasse a grande métrica de visibilidade. O ponto é que esse comportamento é cada vez mais estimulado e desde cedo, basta observar como os criadores de conteúdo ganham espaço entre as crianças e a idolatria se volta para influenciadores digitais. Em uma perspectiva formal, é notório que esse comportamento virtual acaba por modelar situações como cursos que promovem o treinamento para que uma pessoa possa engajar conteúdos (até graduação para influenciador já permite esse tipo de aparato instrucional).

Propostas de intervenção

A proposta de intervenção de uma produção textual sugere a apresentação de **algumas prováveis soluções para o problema central** tratado ao longo do texto.

Apesar de se esperar algo concreto, a proposta não deve ser "mágica" ou surreal, pelo contrário, deve fazer prevalecer seu caráter exequível e ser coerente com a realidade em que se estabelece o olhar crítico da temática.

Dessa forma, é preciso alcançar uma especificidade dos seguintes questionamentos que direcionam sua intervenção:

- **O que será feito?**
- **Quem será o responsável por realizar tal ação? (Entidades, sociedade, governo, demais instituições sociais etc.)?**
- **Como será efetuada tal ação? Importante fazer o detalhamento da ação.**

Respondidas as três perguntas, a intervenção tende a apresentar seu caráter convincente e persuasivo, sem extrapolar para considerações dispersas. Outros elementos ganham destaque como mecanismo de propulsão de ideias:

✓ **Existem legislações relacionadas ao tema?** Em caso negativo, pensar em algum específico talvez seja útil. Em caso positivo, aperfeiçoar ou garantir a aplicação pode ser visto como medida cabível.

✓ Há a necessidade de **tratar a modificação cultural/comportamental?** No limite, esse tipo de evolução passa diretamente pelo campo instrucional (oferecer o debate, conhecimento sobre o tema, esclarecimentos plausíveis).

✓ **Quais entidades do governo lidam diretamente com o tema?** Pensar nos campos específicos otimiza a resolução das problemáticas.

✓ **Existem outros países que superaram problemas similares?** Em caso positivo, buscar o intercâmbio informacional é bastante útil por demonstrar uma visão holística, ou seja, para o todo.

O grande destaque de uma conclusão é o quanto exequível ela é. Não deve ser apresentada uma solução mágica e descolada da realidade, por mais eloquente que pareça. É preciso pensar em curto, médio ou longo prazo e entender que as instituições sociais representam uma grande engrenagem para as problemáticas em questão, sendo que, a depender do tema, será possível utilizar o Estado, as organizações não governamentais, as escolas etc.

No caso da dimensão tecnológica, é possível apontar:

✓ **Legislações específicas** que adotem um combate efetivo aos comportamentos agressivos – no caso de uma temática que aborde os crimes de ódio.

✓ Monitoramento e fiscalização por parte de entidades responsáveis pelo ciberespaço – ampliando, ainda, o controle de regulação do que se compartilha.

✓ **Comprometimento efetivo/legal das empresas** do setor de tecnologia com medidas cabíveis que combatam comportamentos agressivos – a responsabilidade passa pelas Big Techs, detentoras de processos técnicos que podem contribuir para que o ciberespaço se torne um espaço saudável.

✓ **Instrução desde os primeiros anos da trajetória escolar** (responsabilidade do Ministério da Educação) sobre a vida no ambiente virtual (aspectos positivos e negativos) – letramento digital ou educação midiática – essa via educacional para tratar o tema garante maior viabilidade protetiva para os usuários da internet.

✓ **Campanhas pontuais realizadas pelo governo** que tratem de questões mais sensíveis com relação ao tema, abarcando diferentes públicos. Nesse caso, utilizar os próprios influenciadores digitais que alcançam milhões de pessoas pode facilitar a via comunicacional.

Em virtude dos aspectos mencionados, observando o real impacto que a tecnologia e, principalmente, a internet, apresentou para a sociedade, é urgente a reflexão sobre os desdobramentos do uso, a fim de possibilitar amadurecimento, responsabilidade e entendimento dos limites da ação na perspectiva da virtualidade. Caso não ocorra, os problemas tendem a se agravar de modo íngreme, criando tensões conflituosas para o comportamento social. Autoridades competentes, organizações não governamentais e demais setores da sociedade civil organizada têm papel central nessa transformação de abordagem sobre o uso da internet. Exatamente nessa ótica é que o tema permite intervenções para enfrentar:

- Disseminação de notícias falsas e os impactos para a sociedade
- Uso das *deepfakes* como estratégia política de manipulação
- Crimes de ódio que excedem a liberdade de expressão
- Dependência tecnológica e os riscos para a saúde
- Positividade tóxica e o agravamento da saúde mental

Para o candidato que busca uma referência teórica, citar a ideia do "vigiar e punir" de Michel Foucault, com amplo controle do que se estabelece como usuário das redes sociais; tratar o conceito de sociedade do cansaço do filósofo sul-coreano Byung-Chul Han, já que somos multitarefas e muitas vezes tal característica gera uma fadiga; analisar a ideia de modernidade líquida do sociólogo polonês Zygmunt Bauman para discutir como as relações sociais são superficiais e efêmeras por conta do contexto tecnológico; apresentar uma análise sobre o conceito de sociedade em redes de Manuel Castells são algumas das fundamentações de destaque para tratar a questão tecnológica. Lembrando que tais abordagens podem ser combinadas com outros autores, a depender do propósito.

7.2 SEGURANÇA PÚBLICA EM PAUTA: PROBLEMÁTICA DA VIOLÊNCIA URBANA – CONTEXTUALIZAÇÃO

Um dos maiores problemas sociais do Brasil é a violência urbana. De fato, os desdobramentos da violência sugerem uma análise sobre a internalização da condição de medo, assim como das demais consequências causadas pelas variadas manifestações violentas na sociedade. Por isso, refletir sobre o problema é, acima de tudo, retomar questões do cotidiano que passa por um processo de naturalização: aceitar a situação de violência e tratá-la como algo natural impede que as raízes do problema sejam alcançadas.

No limite, as responsabilidades sobre o atual estágio de escalada da violência são variadas e exigem uma análise conjuntural. Qualquer limitação de propósito impede uma real compreensão e, consequentemente, sugestão de intervenções viáveis e coerentes. Além disso, é preciso promover uma **varredura no contexto histórico brasileiro e observar que a violência esteve presente em diferentes contextos históricos**, apresentando variadas caracterizações e ocorrendo com intensidade distinta. Outro viés importante do debate diz respeito aos impactos da violência no contexto social: impactos humanos/sociais, econômicos, políticos, ambientais e culturais. O espaço se vê afetado pela ampliação da condição de violência, no instante em que pode ser observada a busca por uma segregação sócioespacial. A **"camarotização" ou "condominização" da**

sociedade são elementos que reforçam tal aspecto de isolamento em espaços reduzidos que proporcionem maior segurança. Por isso, a alteração do espaço geográfico também é fruto dos desvios sociais propiciados pela violência, o que acaba conectando questões como mobilidade urbana, favelização, macrocefalia urbana (crescimento desordenado) etc. Além do comportamento social, nota-se uma profunda alteração na disposição geográfica.

Um elemento marcante para compreender as profundas alterações ao longo da história com relação ao ambiente de **maximização da violência é a arquitetura**. Atualmente, a construção de prédios e casas se dá a partir da ótica panóptica apresentada pelo teórico francês Michel Foucault. A todo instante, em diferentes instituições sociais, há uma relação de monitoramento (o ato de vigiar) e, na teoria foucaultiana, a punição. Nos propósitos do tema, evidencia-se a noção de uma sociedade vigiada a todo instante (o que tende a alterar o próprio comportamento dos indivíduos). Dessa forma, a arquitetura projeta-se a partir da violência: circuitos de câmera, grades, cercas, muros altos, arames, cadeados e tudo que for possível para "aprisionar" o indivíduo no local onde, até pouco tempo atrás, sinalizaria a mais espontânea libertação: sua própria casa ou seu emprego.

Enfim, os elementos que se conectam com a questão da segurança pública e a visão analítica da violência revelam um cenário de enormes lacunas, desafios e alta complexidade para um processo crítico-reflexivo. É preciso destacar a necessidade de solidificar uma análise sobre o tema com **adequada fundamentação estatística** (já que o próprio tronco temático é permissivo nesse sentido). As variáveis quantitativas sobre situações que envolvam diferentes tipificações de violência são múltiplas (e flexíveis, com constantes atualizações). O método comparativo também se demonstra efetivo para a compreensão da abordagem da violência em diferentes contextos: onde há evolução com relação ao tema, assim como as localidades de agravamento da temática. Ainda assim, a menos que o texto se projete de modo exclusivamente informativo, em uma produção dissertativo-argumentativa, é necessário que os dados, exemplos, causas e consequências com relação ao cenário de violência generalizada sirvam para sustentar fundamentações críticas, tomadas por **poder reflexivo que transcenda o senso comum e se distancie de visões mecânicas e superficiais que enfraqueçam e reduzam a complexidade do tema.**

A violência em números

Os levantamentos estatísticos com relação à violência são variados. Com isso, é importante atentar-se para as compilações oriundas de entidades, instituições e agentes sociais de referência no debate. Além disso, fontes oficiais devem ser comparadas com demais segmentos, já que em alguns instantes pode acontecer um desequilíbrio na instrumentalização da pesquisa em si, oferecendo uma visão distorcida da situação de violência apresentada (amenizando ou agravando tal contexto).

O Atlas da Violência 2024 (com dados referentes ao ano de 2022) apresentou números que elevam a preocupação com relação à escalada da violência pelo contexto brasileiro. O estudo é realizado pelo Instituto de Pesquisa Econômica Aplicada (Ipea) em parceria com o Fórum Brasileiro de Segurança Pública (FBSP).

O Brasil teve 46.409 casos de homicídios registrados em 2022. Isso equivale a um assassinato a cada 11 minutos e meio. O material aponta uma subnotificação nos números relacionados às mortes violentas no país. Isso ocorre porque parte dos óbitos é classificada como Morte Violenta por Causa Indeterminada (MCVI). Por esse motivo, o número estimado de homicídios ocorridos no Brasil em 2022 é de 52.391 – o equivalente a um caso a cada dez minutos. Ainda sobre os dados da violência, destacam-se:

- ✓ A taxa de homicídios registrados no país em 2022 é de 21,7 por 100 mil habitantes. O índice registrou queda pelo segundo ano consecutivo, já que havia sido de 23,6 em 2020 e de 22,5 em 2021.

- ✓ Os estados com as maiores taxas de homicídio são Bahia (45,1), Amazonas (42,5) e Amapá (40,5). Em contrapartida, as menores taxas foram registradas em São Paulo (6,8), Santa Catarina (9,1) e Distrito Federal (11,4).

- ✓ Do total de assassinatos no Brasil, 76,5% envolvem pessoas negras (pretos e pardos), o que reforça um recorte racial importante para ser analisado. Para cada pessoa não negra morta por homicídio, três negros morrem por assassinato. Ainda segundo o Atlas da Violência, a taxa de mortes intencionais para população negra é de 29,7 a cada 100 mil habitantes do grupo – frente a 10,8 de taxa para pessoas de outros recortes raciais. A Bahia tem a maior taxa de homicídios de negros do Brasil. Foram 6.259 pessoas negras mortas no estado em 2022.

- ✓ A cada dia, 62 jovens são assassinados no Brasil, em dinâmica que desafia as autoridades para tentar evitar a cooptação de novas gerações pelo crime organizado e a consequente vitimização de grupos mais novos. Em 2022, praticamente metade (49,2%) dos 46,4 mil homicídios registrados no País teve como vítimas pessoas entre 15 e 29 anos. O documento indica que, em 2022, de cada cem mortes de jovens no Brasil, um terço (34) se deu por homicídio – e grande parte deles por arma de fogo. Quando se considera a série histórica dos últimos 11 anos (de 2012 a 2022), foram 321,4 mil vítimas entre 15 e 29 anos de violência letal no País. A maioria das vítimas são homens negros.

- ✓ Dados do Atlas da Violência 2024 indicam que no Brasil foram registrados 3.806 assassinatos de mulheres em 2022.

✓ Cerca de **48.200 mulheres foram assassinadas no Brasil em 10 anos**. É o que mostrou o Atlas da Violência 2024.

✓ Ainda segundo o Atlas da Violência 2024, em 2022, cerca de 221 mil mulheres e meninas sofreram algum tipo de agressão, sendo 144 mil por violência doméstica. Dessas, 12 mil sofreram algum tipo de abuso sexual. O número equivale, na média, a uma vítima de estupro do sexo feminino a cada 46 minutos. As **agressões sexuais foram o tipo de violência mais comum contra meninas de 10 a 14 anos no Brasil**. Em 2022, foram o equivalente a 49,6% dos casos nessa faixa etária.

✓ Ainda sobre o problema da violência contra a mulher, apesar de legislações específicas para proteção das mulheres, como a Lei Maria da Penha (desde 2006, para combate da violência doméstica), Lei do Feminicídio (desde 2015, tratando com maior rigor os crimes de ódio contra mulheres) ou a Lei de Importunação Sexual (desde 2018, que pune atos libidinosos), a população feminina enfrenta problemas com a onda de violência. Trata-se de uma problemática que envolve não só legislações eficientes, mas também uma justiça célere para investigar situações de violência e mudança de comportamento da sociedade para entender os limites de um relacionamento (é muito comum encontrar relacionamentos extremamente possessivos em que as mulheres são objetificadas, o que resulta de um processo de machismo estrutural que precisa ser combatido todos os dias). A ampliação da representatividade feminina é uma das vias para garantir que as pautas de urgência das mulheres sejam atendidas.

Principais grupos atingidos pela violência

É certo que a violência abrange uma grande quantidade de pessoas no contexto brasileiro. Ainda assim, algumas parcelas da sociedade são mais vulneráveis. Dessa forma, é possível destacar minorias sociais que necessitam de **políticas públicas específicas** para o enfrentamento de tal problemática, assim como a necessidade de se aperfeiçoar a legislação vigente para enfrentar com coerência os problemas que permeiam a violência.

A violência contra a mulher é um dos principais problemas do Brasil. Revelando um problema histórico do contexto brasileiro, a violência contra a mulher tem sido pauta em diferentes segmentos sociais nos últimos anos. Por isso, a legislação evoluiu no sentido de trazer maior proteção para as mulheres:

✓ **Lei Maria da Penha:** sancionada em 2006 protege a mulher vítima de violência doméstica.

✓ **Lei do Feminicídio:** em vigor desde 2015, torna agravante a motivação da morte de uma mulher "pelo fato de ser mulher", ou seja, resultante de um processo de violência, inferiorização ou qualquer elemento de ódio impregnado.

✓ **Lei da Importunação Sexual:** sancionada em 2018, a lei busca coibir atos libidinosos não consensuais, como é o caso de assédios cometidos dentro de transportes coletivos.

Além disso, existem outras legislações com o propósito de proteger a mulher: lei do *stalking*; lei de combate à violência política contra mulheres; lei que concede pagamento de pensão para órfãos de vítimas de feminicídio; lei que garante auxílio-aluguel para vítimas de violência doméstica; decreto que obriga o funcionamento 24 horas por dia das delegacias especializadas da mulher (lembrando que cerca de 10% dos municípios do país contam com esse tipo de delegacia).

Outro aspecto relevante do debate é o entendimento de que a legislação isoladamente não oferece respostas completa para a sociedade, ou seja, apesar de demonstrar avanço com relação ao tema (e as legislações citadas são referenciadas no contexto internacional), é preciso garantir a aplicação, o monitoramento e, mais do que isso, uma transformação comportamental da sociedade brasileira. Em alguns instantes, a inferiorização da mulher é elemento naturalizado, o que agrava a violência simbólica, podendo resultar em aspectos da violência dura.

Outros dados evidenciados pelo Fórum Brasileiro de Segurança Pública chamam a atenção:

✓ O crime de importunação sexual cresceu 48,7% em um ano, com 41.371 ocorrências, enquanto o crime de assédio sexual aumentou 28,5%, totalizando 8.135 casos.

✓ O número estimado de casos de estupro no Brasil é de 822 mil por ano, o equivalente a dois por minuto, segundo uma pesquisa do Ipea de 2023. No entanto, apenas 8,5% chegam ao conhecimento da polícia e 4,2% são identificados pelo sistema de saúde.

Vale lembrar que existe ainda o problema da subnotificação, já que muitas mulheres acabam não realizando a denúncia e os dados ficam dispersos, impossibilitando um combate ainda mais efetivo. Além disso, muitas mulheres passam pela revitimização ao realizar denúncias sobre violência, o que também dificulta a superação de tal problemática persistente no cotidiano nacional.

Nesse contexto, garantir maior participação feminina nos diferentes espaços é encabeçar a luta por uma sociedade mais justa e igualitária. É certo que a transformação não acontecerá de modo abrupto ou imediato, seria utopia idealizar tal situação. Entretanto, se os esforços não forem direcionados para tal contexto, partindo das reais demandas da sociedade feminina no Brasil (e consequentemente no mundo), alargaremos a distância entre homens e mulheres no contexto social.

Ademais, reforçar a atuação feminina na dimensão política, econômica, científica, cultural e social é lutar contra formas de preconceito que acabam velando situações de intolerância e ódio. Instrumentalizar a mulher reconhecendo seus direitos e fortalecendo sua atuação em qualquer espaço que seja passa por uma revolução comportamental possibilitada por articulação entre legislação, educação (caminho instrucional), cultura, dentre outros aspectos.

Internacionalmente, o tema não só é destacado como é acordado entre as nações que estabeleceram os 17 Objetivos do Desenvolvimento Sustentável. O ODS 5 dispõe sobre a implementação de iniciativas para alcançar a igualdade de gênero e empoderar todas as mulheres e meninas. Dentro desse contexto, a igualdade incluiria acabar com todas as formas de discriminação, eliminar qualquer tipo de violência em todas as esferas (públicas e privadas), garantir a participação plena e efetiva, igualdade de oportunidades para liderança em todos os níveis, acesso universal à saúde sexual e reprodutiva e fortalecer políticas sólidas para promoção da equidade de gênero. Para atingir os objetivos de equidade e empoderamento do ODS 5 até 2030, data estabelecida pelas Nações Unidas, seria necessário um investimento adicional de pelo menos 360 bilhões de dólares por ano. O **Panorama de Gênero de 2023** alerta que, se as tendências atuais se mantiverem, mais de 340 milhões de mulheres – cerca de 8% da população feminina mundial – viverão em pobreza extrema até 2030, e uma em cada quatro sofrerá de pobreza moderada ou grave e insegurança alimentar. A falta de equidade nas posições de liderança e poder permanecem estagnadas. Ao ritmo atual de progresso, a próxima geração de mulheres ainda gastará, em média, mais de duas a três horas por dia em cuidados não remunerados e trabalho doméstico do que os homens – a invisibilidade do trabalho de cuidado chegou a ser temática explorada pelo Exame Nacional do Ensino Médio e por concursos públicos. O relatório de 2023 incluiu pela primeira vez dados sobre as intersecções de gênero à luz das alterações climáticas, e prevê que até meados do século, no pior cenário climático, poderão atingir mais 158,3 milhões de mulheres e deixá-las em condições de extrema pobreza (16 milhões a mais do que o número total de homens), isso porque as alterações climáticas promovem a insegurança alimentar e consequentemente afetam mais as mulheres por não terem condições econômicas de sobreviverem e/ou serem autossuficientes para sua família.

Apesar da violência contra a mulher ser um dos pontos de maior preocupação na contemporaneidade, não é o único. A **comunidade LGBTQIAPN+ também enfrenta problemas como a perseguição, discriminação, preconceito e formas de violência** dura. A homofobia e a transfobia são assuntos comuns nos noticiários, apresentando um cenário desafiador para tal parcela populacional. Não à toa, as estatísticas alarmam para a questão:

✓ A Associação Nacional de Travestis e Transexuais (Antra) divulgou em janeiro de 2024 um levantamento que mostrou que o Brasil assassinou 145 pessoas trans em 2023, configurando um aumento de 10% em relação a 2022, com 131 casos. Segundo dados da ONG Transgender Europe, o Brasil ocupa o 1º lugar no *ranking* de países que mais assassinam pessoas trans há 15 anos. A Antra é responsável por reunir anualmente os dados de violência transfóbica no país.

✓ O perfil das vítimas se manteve o mesmo, conforme o dossiê da Antra: travestis e mulheres trans representam a maioria dos casos (94%). A incidência foi maior em pessoas até 29 anos. No recorte de raça, 74% das vítimas eram negras (pretas e pardas). O dossiê destaca que, entre as vítimas, "a maioria é negra, empobrecida, reivindica ou expressa publicamente o gênero feminino". O dossiê também revela que São Paulo é o Estado que mais mata pessoas trans, com 19 casos. Em 2º lugar está o Rio de Janeiro (16), seguido do Ceará e do Paraná, ambos com 12 vítimas.

✓ Em 2019, um entendimento do Supremo Tribunal Federal (STF) passou a considerar a homotransfobia como crime de racismo. Ainda assim, o desafio é garantir, na prática, o enfrentamento.

✓ Levantamento do Todos pela Educação tem revelado um cenário alarmante: as escolas têm tratado cada vez menos temas como machismo e homofobia. Enquanto espaço de socialização marcado pela diversidade, a escola cumpre um papel fundamental no estabelecimento de um debate aberto, voltado para a questão científica, acadêmica e da legalidade. Assim sendo, a escola torna-se um espaço importante para discussões sobre orientação sexual e identidade de gênero.

Pensar no tema é refletir ainda sobre questões internacionais. Enquanto a Grécia se tornou o primeiro país ortodoxo a legalizar o casamento gay em 2024, o Iraque aprovou legislação que prevê punição de até 15 anos de prisão para pessoas que se relacionarem com outra do mesmo sexo (lembrando que a intenção iraquiana era aplicar a pena de morte, mas acabaram cedendo após pressão da comunidade internacional). Na mesma esteira, a Tailândia se tornou o primeiro país do Sudeste Asiático a legalizar o casamento entre pessoas do mesmo sexo, enquanto o governo russo passou a caracterizar o movimento LGBTQIAPN+ como "extremista".

A questão passa ainda por entender conceitos básicos e distinguir as múltiplas esferas do debate. Orientação sexual, sexo biológico e identidade de gênero são elementos basilares para a compreensão da proposta – validando a perspectiva jurídica, acadêmica e científica. Ainda como fins de sustentação jurídica, em 2006, em Yogyakarta, Indonésia, ocorreu uma conferência com a participação de 29 países, entre eles o Brasil, coordenada pela Comissão Internacional de Juristas e pelo Serviço Internacional de Direitos Humanos. Essa conferência deu origem aos Princípios de Yogyakarta, que abordam a aplicação da legislação internacional de direitos humanos em relação à orientação sexual e à identidade de gênero. Entre os direitos a serem garantidos está o direito à igualdade e à não discriminação.

A homossexualidade foi retirada da relação de doenças pelo Conselho Federal de Medicina, em 1985, e o Conselho Federal de Psicologia, por sua vez, determinou, em 1999, que nenhum profissional pode exercer "ação que favoreça a patologização de comportamentos ou práticas homoeróticas". Em 2019, a Organização Mundial de Saúde (OMS) removeu a transexualidade da classificação de doenças (CID-11), o que foi celebrado por especialistas da área da saúde pública e de Direitos Humanos. O termo "homossexualismo" também não é adequado: esse foi o termo usado, até 1985, para designar um comportamento de minoria como doença.

Conceitos básicos:

Identidade de gênero: diz respeito a vivência interna e individual sobre como a pessoa se reconhece em relação ao gênero, podendo ser no padrão binário (masculino e feminino), não binário ou de gênero fluido. As expressões de gênero são construções sociais e se manifestam de diferentes formas de acordo com cada cultura. Elas envolvem padrões de vestimenta, acessórios, papéis socioeconômicos, entre outros aspectos.

Cisgênero: pessoa que se identifica, em todos os aspectos, com o gênero atribuído no nascimento.

Não binária: pessoa que não se identifica com o gênero masculino ou feminino.

Transgênero: termo genérico que vale para qualquer pessoa que se identifique com um gênero diferente ao do sexo de nascimento. Por exemplo, transexuais, travestis e não binárias.

Transexuais: pessoas que nascem com o sexo biológico diferente do gênero com que se reconhecem. Essas pessoas desejam ser reconhecidas pelo gênero com o qual se identificam, sendo que o que determina se a pessoa é transexual é sua identidade, e não qualquer processo cirúrgico. Existem tanto homens trans quanto mulheres trans.

Intersexo: pessoas que apresentam qualquer variação de caracteres sexuais incluindo cromossomos, gônadas e/ou órgãos genitais que dificultam a determinação do indivíduo como totalmente feminino ou masculino. Essa variação pode envolver ambiguidades genitais, ou não, além da combinação de fatores genéticos, hormonais e variações cromossômicas diferentes de 46,XX e 46,XY.

Mulher trans: toda pessoa que reivindica o reconhecimento como mulher. É a pessoa do gênero feminino, embora tenha sido designada como pertencente ao sexo/gênero masculino ao nascer. Muitas fazem uso de hormonioterapias, aplicações de silicone e/ou cirurgias plásticas, porém, vale ressaltar que isso não é regra para todas.

Homem trans/transexual: toda pessoa que reivindica o reconhecimento como homem. É a pessoa do gênero masculino, embora tenha sido designada como

132

pertencente ao sexo/gênero feminino ao nascer. Muitos fazem uso de hormonioterapias, aplicações de silicone e/ou cirurgias plásticas, porém, vale ressaltar que isso não é regra para todos.

Travestis: uma construção de gênero feminino oposta ao sexo designado no nascimento, seguido de uma construção física, que se identifica na vida social, familiar, cultural e interpessoal, através dessa identidade. Muitas modificam seus corpos por meio de hormonioterapias, aplicações de silicone e/ou cirurgias plásticas, porém, vale ressaltar que isso não é regra para todas. Pessoas que nasceram com o sexo masculino e que se identificam com o gênero feminino, exercendo seu papel de gênero feminino. Isso quer dizer que a forma de tratamento com travestis é sempre no feminino. Atenção: o termo correto é "a travesti".

Orientação sexual: esse termo diz respeito à forma como nos sentimos em relação à afetividade e à sexualidade. Os conceitos de bissexualidade, heterossexualidade, homossexualidade e assexualidade são os tipos de orientação sexual. Esse conceito também é conhecido como orientação afetivo-sexual, uma vez que não diz respeito apenas a sexo. Cabe destacar que não é adequado o uso dos termos "preferência sexual" ou "opção sexual".

Heterossexuais: pessoas que têm sentimentos afetivos e atração sexual por outras com identidade de gênero diferente. Ou seja, alguém de identidade de gênero feminina que se relacione com outra pessoa de identidade de gênero masculina.

Homossexuais: pessoas que nutrem sentimentos afetivos e atração sexual por pessoas com a mesma identidade de gênero. Ou seja, alguém de identidade de gênero feminina que se relacione com uma pessoa de identidade de gênero feminina, ou uma pessoa de identidade de gênero masculina que se relacione com outra de identidade de gênero masculina. Note que tanto faz se a pessoa é trans ou não, o que importa para esse conceito é a identidade de gênero, e não o sexo biológico. O que, obviamente, não impede que a pessoa se sinta atraída exclusivamente por pessoas cisgêneras.

Assexual: a assexualidade é a falta total, parcial ou condicional de atração sexual por outra pessoa. Contudo, mesmo pessoas assexuais que não sintam atração sexual podem se relacionar romanticamente, independentemente do gênero.

Bissexuais: pessoas que se sentem atraídas afetiva e sexualmente tanto por pessoas com a mesma identidade de gênero quanto por pessoas de identidade de gênero diferente.

LGBTQIAPN+fobia: é o preconceito em virtude da identidade de gênero ou da orientação sexual. É todo e qualquer tipo de intolerância e violência direcionada às pessoas LGBTQIAPN+ em razão de sua orientação sexual e/ou identidade de gênero. Ela vai além da homofobia: algumas práticas preconceituosas acontecem de forma diferente para as pessoas LGBTQIAPN+, que passam a ter denominação específica quando ocorrem.

Resumo

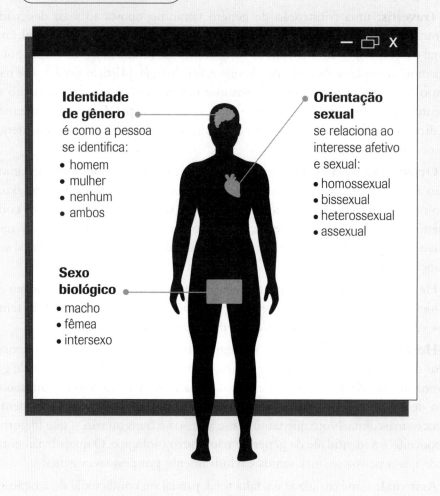

Fonte: Dicas para atender bem turistas LGBTQIA+. Disponível em: https://www.gov.br/mdh/pt-br/navegue-por-temas/lgbt/publicacoes/dicasparaatenderbemturistaslgbtqia.pdf. Acesso em: 15 set. 2024.

✓ Em 2024, ao mesmo tempo em que Grécia – primeiro país ortodoxo – e Tailândia – primeiro país do Sudeste Asiático – legalizaram o casamento gay, o Iraque passou a condenar relações homoafetivas a até 15 anos de prisão e a Rússia enquadrou o movimento LGBTQIAPN+ como "extremista".

✓ Em cerca de 64 países, a relação entre pessoas do mesmo sexo é punida com base nos respectivos códigos penais. Segundo um levantamento da Human Trust Dignity, 64 países-membros ou observadores da ONU criminalizam relações sexuais de pessoas do mesmo sexo. Entre eles, 31 estão na África e 22 na Ásia. Na América do Sul, a homossexualidade é proibida apenas na Guiana, ainda que a lei não seja aplicada. A criminalização, na maioria desses países, costuma basear-se em preceitos religiosos – sobretudo em países de maioria muçulmana – ou na herança de leis coloniais britânicas.

Consequências da violência na dimensão comportamental

Um dos efeitos imediatos da violência generalizada é a condição de medo interiorizada pela população de modo automático. Viver o clima de tensão que a violência provoca, somado ao contexto performático da **exibição da violência pelos espaços midiáticos, potencializa a condição de medo e cria uma série de fobias sociais.**

As transformações oriundas do medo vão do reajuste da infraestrutura (questões básicas da arquitetura), onde os indivíduos passam a buscar maior proteção, até as questões comportamentais, quando a sensação de segregação sócio-espacial torna-se a única saída para enfrentar o problema "de frente".

Dessa forma, é possível notar um vertiginoso isolamento dos indivíduos em busca de segurança. Na concepção proposta pelo sociólogo polonês Zygmunt Bauman, há uma dualidade: **se a busca é por maior segurança, o indivíduo deve abrir mão da liberdade. O mesmo acontece quando a busca é por maior liberdade: deve-se abrir mão da segurança.** Vale destacar que a visão espetacularizada e performática da violência escancarada por um viés "publicitário" por parte dos veículos de comunicação exacerba toda a condição de medo.

Assim sendo, o comportamento pode ser elucidado pelas seguintes expressões:

- ✓ **Camarotização/condominização**: a busca pelo afastamento dos espaços coletivos/compartilhados com a massa. A ideia de camarote remete ao contexto do "isolamento" em busca de benefício e para usufruto de privilégios. Na lógica do condomínio, a questão é a mesma (ainda que alguns episódios recentes venham mostrando que o condomínio já não é mais o local tão seguro). O conceito foi cunhado pelo filósofo político americano Michael Sandel e traduzido do inglês *skyboxification*. Para o próprio filósofo, a ruptura com essa lógica fortalece os preceitos democráticos, ao passo que a interação entre os indivíduos permite o intercâmbio, a evolução e o diálogo para superação de desafios cotidianos.

Em um país de acentuada desigualdade econômico-social, o comportamento de segregação socioespacial torna-se ainda mais evidente. Quando levando em consideração o aspecto mais subjetivo da discussão, nota-se a prevalência de um sentimento contrário à diferença, ou seja, esses problemas revelam **cada vez mais dificuldade no estabelecimento do contato com partes variadas**, limitando o indivíduo à existência em uma dimensão reduzida.

Em um olhar ainda mais apurado, a diferença que resulta no processo de isolamento dos indivíduos em condomínios ou camarotes marca um retrato problemático para o conceito de diversidade. A mesma tem sido tratada como algo negativo e prejudicial ao contexto comportamental. No lugar da evolução, aparece o perigo. A possibilidade de expansão informacional e de autoconhecimento com a diversidade dá lugar à tensão e provável conflito. Por isso, limitar o "alcance físico" parece ser algo instrumentalizado de modo efetivo pelos indivíduos que retroalimentam tal ação.

A condição de violência constante remete ainda ao **estabelecimento de visões preconceituosas**. Os julgamentos tornam-se evidentes em uma sociedade que arquiteta diferentes estereótipos com relação ao perfil palpável do indivíduo que pratica um ato violento. Além de deturpar o processo de interação social, essa sensação de medo constante cria uma série de impeditivos de evolução pessoal, bem como de toda a sociedade.

Ademais, discutir a violência é desdobrar-se por diferentes óticas analíticas. É ainda possibilitar um olhar para o **caráter conjuntural do tema**, refletindo sobre questões cotidianas que envolvam a sociedade civil, assim como as autoridades competentes e todas as ações que permeiam o contexto social (políticas públicas, por exemplo, são estratégias fundantes para superação coesa das estatísticas associadas à violência).

Intervenções

Sem dúvidas, a temática violência permeia uma das discussões mais complexas no que diz respeito aos dispositivos que garantam a solução. Dessa forma, a intervenção deve prezar por mecanismos coerentes e bem identificados que garantam um olhar exequível para o que se estabelece. Exemplos:

- ✓ A tecnologia tem sido uma aliada das frentes de segurança: setor específico de inteligência das polícias ou a própria sociedade organizada. Atualmente, é possível encontrar de **aplicativos que mapeiam áreas de tiroteio até *start-ups* que lidam com informações sobre áreas mais perigosas para a mulher**. Na era de uma acentuada relação com os dispositivos tecnológicos, emerge como uma tendência a utilização das tecnologias de informação e comunicação para amplificação da segurança.

- ✓ **Políticas públicas eficientes que articulem os poderes** e promovam um olhar coletivo, mas ao mesmo tempo para as especificidades (atacando cada público-alvo).

- ✓ **Campanhas que sensibilizem a população para a temática**. É preciso desconstruir a noção de que a violência é normal e que, enquanto brasileiros, devemos apreender a viver a partir da violência. A violência deve ser vista como elemento patológico do convívio social (guerras, conflitos, atuação do crime organizado e demais ações se naturalizaram em nosso contexto atual, mas não podem ser tratadas como decorrência da normalidade). Pelo contrário, é preciso valorizar essas discussões para que as medidas efetivas sejam possibilidades.

✓ **Investimentos** específicos (infraestrutura, capital humano), utilização de estratégias bem-sucedidas e constante encontro entre atores sociais que lidam com a questão podem fazer surgir planos eficientes para superação dos problemas.

✓ **Redução da desigualdade social, diminuição da pobreza, estabelecimento de melhores condições de vida, qualificação e geração de empregos** são arestas vertiginosamente essenciais para a evolução de qualquer sociedade.

Entretanto, para isso, a atuação de um corpo responsável (gestão) deve atender a critérios técnicos e constante atualização.

7.3 DESVALORIZAÇÃO DA CULTURA E DA ARTE NO BRASIL

Contextualização

A discussão com relação à desvalorização da cultura e da arte no Brasil exige um olhar multidimensional para o tema. Inicialmente, cabe destacar que as propostas de redação podem se ocupar de algo mais abrangente e genérico, exigindo que o candidato escreva sobre a arte como um todo, ou ainda existe a **possibilidade de uma temática de redação que afunile seu direcionamento questionador**. Exemplo:

✓ O papel da literatura na contemporaneidade

✓ Papel da música na dimensão contemporânea

✓ Exposições artísticas contemporâneas: existem limites para a arte?

✓ Museu: um local obsoleto ou de nova roupagem?

✓ Os propósitos da produção cinematográfica da atualidade

✓ Biblioteca e livrarias: como resistir ao aglutinamento tecnológico

Para tanto, olhar de modo abrangente auxilia na compreensão do tema em si, possibilitando o devido grau de especificidade quando necessário. É fato que a arte passa por um processo de intenso questionamento (em todos os aspectos). Se levarmos em consideração que a arte tem a possibilidade de expressar, representar, mobilizar, criticar, articular, resistir, potencializar, sensibilizar, modificar, transformar, provocar, inibir, agradar, transcender, refutar, confirmar, contemplar ou qualquer outra ação que pareça coerente, olhar para a arte na contemporaneidade é promover algumas reflexões:

✓ **Que tipo de arte se tornou vendável?**

✓ **Há um compromisso da arte com a transformação social?**

✓ **Arte tem permissões para aprofundamento crítico sobre um contexto?**

A área de intersecção entre as respostas sinalizadas permite concluir que o processo de desvalorização da arte passa por vários aspectos. Dentro da lógica de uma produção artística banalizada, homogeneizada, padronizada, estereotipada, superficial, efêmera, vendável, vazia e simplista, há um pressuposto que assume a dianteira: vender torna-se a tarefa básica. A arte acaba por perder seu compromisso maior com a realidade, o engajamento ou a mobilização.

Trata-se ainda de uma reflexão histórica, visto que o próprio olhar crítico para elementos artísticos tem se perdido. Interpretar uma obra de arte como "Os retirantes" (Cândido Portinari) ou "Abaporu" (Tarsila do Amaral) parece tarefa árdua, o que gera um efeito cíclico de afastamento dos indivíduos com o tema.

É certo ainda que vivenciamos uma era de questionamentos cada vez mais enfáticos na perspectiva da objetividade. Ignorantismo, como tem sido chamado esse momento de negação de premissas historicamente construídas, revela uma dificuldade ainda maior de lidar com a produção artística histórica, bem como reconhecer os contextos específicos e os objetivos almejados. Tal dimensão exige outra reflexão importante: qual seria o limite da arte? É possível mensurar tal questão?

O viés qualitativo do tema pode deixar déficits importantes para compreensão da discussão, ou seja, qual seria a baliza que dimensionaria o que é arte e o que tende a ser descartado? Por isso, se faz importante **adentrar ao contexto de cada produção**, bem como a própria intencionalidade do autor na problematização de um tema. Respeitado os limites do bom senso, equilibrada a dosagem de criticidade com respeito às diferenças e sustentado pelo viés jurídico-constitucional, não há a possibilidade de um desvio de conduta e agressividade (caso alguém se sinta lesado, os mesmos dispositivos constitucionais podem ser utilizados).

Assim sendo, o debate sobre a questão cultural/artística no Brasil pode acontecer a partir de diferentes perspectivas. O tema de redação pode se ocupar especificamente de uma das arestas ou transgredir por uma análise mais genérica (o que lhe dará mais flexibilidade na fundamentação crítica). Em qualquer uma das situações, a proposta deve se debruçar sobre as seguintes linhas de raciocínio:

- ✓ **Valorização da cultura no contexto da mercantilização da arte**
- ✓ **Impactos da produção artística na contemporaneidade**
- ✓ **Papel da arte na sociedade do espetáculo**
- ✓ **Limites da arte: alcance das produções culturais**

Criatividade e criticidade na arte

Um dos aspectos mais cobrados com relação ao debate sobre a arte é o processo de produção da arte. Isso se dá por conta da falta de estímulos aos mecanismos artísticos que tendem a impulsionar a produção de cultura em determinada localidade. Que por sua vez se dá por falhas no aspecto da gestão pública, assim como em segmentos sociais que lidam com a arte, transformando a mesma em mero entretenimento, sem um compromisso com a profundidade crítico-reflexiva (veículos de comunicação em massa, por exemplo).

Nesse segmento, pensar sobre o incentivo à arte exige voltar no processo educacional brasileiro. Muitas vezes, a própria lógica tradicionalista da educação acaba por fadigar os indivíduos, de tal forma que os mesmos perdem a capacidade de produzir **artisticamente**. Além do que a arte acaba tendo pouco espaço em um modelo que tem outras premissas como sendo majoritários (sucesso, empreendedorismo, originalidade etc.). Chama a atenção ainda a questão paradoxal que surge:

- ✓ **Hipervalorização da criatividade:** ao mesmo tempo em que as estruturas sociais cerceiam a possibilidade de o indivíduo agir de modo espontâneo e autônomo, não valorizando habilidades artísticas específicas (interpretação, produção, ação), o mercado acaba por optar por aqueles que detêm criatividade (inovação é uma das máximas na dimensão corporativa). Como esperar que a sociedade produza culturalmente/artisticamente se não existem mecanismos que sustentem e incentivem essas práticas?

- ✓ **Arte como elemento secundário:** o que se nota na dimensão artística é que a arte assume um papel secundário de representatividade, ou seja, não somos "treinados" a desenvolver um olhar para os elementos artísticos que nos cercam. Sem a prioridade necessária para a produção artística, o tema ganha um caráter banal e complementar, sendo que a própria população é que perde essa perpetuação pouco representativa (para não dizer nula) da dimensão da arte.

- ✓ **Arte na perspectiva estética:** se for levada em consideração a relação estética que a arte provoca, o debate ganharia uma tonalidade ainda mais filosófica. Isso se dá por conta de um processo de estetização artística, onde os elementos apresentados precisam seguir um padrão estético aceitável/favorável para determinado contexto. Muitas vezes, a ideia original de elementos históricos se perde na busca pela assimilação estética. Ainda assim, o pensar artístico é propício para a reflexão sobre padrões de beleza (feio e belo), quebra de paradigmas, dentre outros elementos.

- ✓ **Arte onipresente:** a arte é um elemento presente, direta ou indiretamente, em todo o contexto social. Dessa forma, o olhar crítico para os elementos artísticos que tomam conta de uma sociedade permite uma autoavaliação, assim como um entendimento sobre questões sociais. Exemplo: uma música que inove em romper com o padrão "viral" e estabeleça uma crítica política, ambiental, social ou cultural tende a provocar uma reação no indivíduo (ainda que mínima, foi oportunizada uma reflexão, diferente de quando a arte se torna uma mera reprodução sem sentido e com mínima simbologia).

- ✓ **Arte e cidadania:** a arte revela uma relação com o conceito de cidadania. A partir do instante em que se provoca uma reação por meio de uma forma de representação artística, nota-se o alcance que determinada situação pode ter (por mais polêmica que ela possa parecer, vide o caso de 2017, quando a exposição sobre diversidade sexual na história, *"Queermuseu"*, ganhou os debates em todo o país).

- ✓ **Arte e repertório cultural:** a assimilação de conteúdos artísticos pode remeter o indivíduo para a relação com o contexto histórico e as relações subjacentes. Dessa forma, conhecer obras, músicas, livros, filmes, peças de teatro, danças e demais representações é promover uma somatória com o processo de ampliação do capital cultural (conceito que retoma os conhecimentos adquiridos ao longo da vida nas variadas instituições sociais – família, escola, trabalho).

- ✓ **Arte e as peculiaridades:** a reflexão contemporânea sugere a produção de uma arte padronizada, principalmente quando há o objetivo de atender a um mercado consumidor (lembrando a lógica capitalista, consumir é sobreviver e, sendo assim, muitos artistas se vendem para a lógica do mercado). Entretanto, a **produção artística torna-se permissiva a partir do instante em que a liberdade é garantida para a expressão** (do fato mais simples e concreto ao mais complexo e subjetivo). É possível olhar para a especificidade de traços artísticos que relevam uma peculiaridade. Suavizando ou ampliando a tragédia, o verdadeiro artista imprime em sua obra o olhar que julga mais adequado naquele instante (o que faz da produção artística algo "ímpar").

Arte e indústria cultural

As propostas de redação tendem a se ocupar de questões "negativas" que o tema sugere, ou seja, os grandes desafios de cada aspecto evidente na atualidade. No caso da arte, a atual produção artística revela, além de um processo de desvalorização, uma banalização de conteúdos e o estímulo cíclico de elementos vazios que pouco contribuem para a realidade social.

Em uma comparação com a produção artística de outros momentos da história, certamente a diferença se projeta de modo abismal, já que os atuais conteúdos em determinados momentos, **além de vazios e padronizados, caracterizam-se pela presença de conteúdos apelativos e repetitivos. De modo sintético, trata-se da produção de mais do mesmo.**

No caso de músicas, há a construção de letras "monossilábicas", sem efeito concreto no enredo ou até mesmo na melodia. As **músicas, em sua maioria, perderam a possibilidade de apresentação caricatural ou hiperbólica de variados contextos.** Não existem narrativas de problemas sociais ou desafios cotidianos (no limite, há um apelo sentimental para letras que narram problemas amorosos e demais situações simplistas).

As grandes **bilheterias do cinema revelam uma fuga da realidade** por parte dos espectadores: filmes de super-heróis e ficções científicas ganharam espaço nos últimos anos. A receita? Algo que leve o espectador a uma anestesia mental com os sofisticados recursos tecnológicos, criem a expectativa de um "retorno", "parte II", para alimentar o fluxo artístico pautado na dimensão exclusivamente econômica.

A **literatura revela carências emocionais da sociedade contemporânea**. As obras que aparecem com grande destaque tracejam de modo bastante evidente a que passo anda a valorização artística no Brasil. Entre os livros mais vendidos dos últimos anos aparecem:

- ✓ Livros de autoajuda
- ✓ Livros de líderes religiosos
- ✓ Livros de *youtubers*
- ✓ Narrativas sequenciais

O contexto de produção artística revela um instante maximizado do que fora pensado por **Theodor Adorno e Max Horkheimer** e ganhou a denominação de **indústria cultural**. Na Escola de Frankfurt, Alemanha, os pensadores analisaram os efeitos da publicidade (olhando para o nazismo de modo mais efetivo) para cunhar o conceito que permite uma sólida aplicação no modelo contemporâneo.

A reflexão ponderada pelos teóricos de uma escola com influência marxista (mas que em determinados instantes criticou a própria esquerda) sinalizava a **produção artística da época voltada para finalidade industrial** (fazendo da arte mercadoria, retirando o significado e distanciando os indivíduos da possibilidade crítica). Dessa forma, os teóricos propuseram uma importante contribuição sobre os mecanismos que nivelam a subjetividade do indivíduo, criando uma falsa ideia de liberdade. O conceito aparece pela primeira vez em 1947, na obra *Dialética do esclarecimento*.

Se aplicadas as reflexões dos teóricos frankfurtianos nos dias de hoje, nota-se uma **exacerbação do modelo industrial de cultura**. Uma obra de arte tem o seu sentido esvaziado, mas, por outro lado, é utilizada para estampar caneca, caneta, camiseta, capa de caderno etc. Tal elemento revela como é extraída a fundamentação crítica da arte e os indivíduos perdem a possibilidade de alcançarem uma reflexão mais aprofundada.

Alguns exemplos de produtos da indústria cultural evidenciam o caráter reducionista dos elementos destacados:

- ✓ A música característica de algumas cidades utilizada pelos caminhões que vendem gás ("música do gás") é uma composição de **Ludwig van Beethoven** (17701827) que teria feito para uma de suas paixões (a história divide musicólogos sobre exatamente para quem a música seria endereçada). Ainda assim, a composição *Für Elise*, que significa em língua portuguesa "Para Elisa", teve o seu sentido reduzido quando passou a ser utilizada em contextos variados (venda de gás ou som de espera padrão em serviços de telecomunicação).

✓ A **arte produzida por Romero Britto** (pintor brasileiro radicado nos EUA) demonstra bem outra boa exemplificação dessa produção atendendo ao viés econômico do sistema. As obras de arte de Romero Britto são criticadas por inúmeros especialistas da arte por conta da massificação oferecida apenas para fins comerciais, evidenciando de modo preciso o conceito de cultura de massas. É como se a arte perdesse o seu potencial de criticidade, mobilização, contemplação, tornando-se mero instrumento mercadológico.

Dessa forma, nota-se que o viés capitalista imprime total influência na relação dos indivíduos com a produção cultural. A lógica do sistema baseada na dimensão aquisitiva cria impositivos nos artistas que necessitam vender. Dessa forma, a arte acaba "nascendo" de modo artificial e atendendo aos dispositivos mecânicos para massificação. O que se vê é uma enorme dispersão do real conteúdo artístico-cultural para a nossa realidade. Quando olhamos especificamente para o contexto nacional, a desvalorização se projeta de modo ainda mais maximizado. Existe uma **forte tendência a inferiorizar as produções do país, deslegitimando toda a essência de nossa identidade enquanto nação brasileira.** A importação de elementos culturais tornou-se algo destacável nos últimos anos, o que sufoca cada vez mais as boas experiências de arte nacionais.

Revitalizar os traços artísticos se faz não só necessário, mas urgente. Retomar a valorização da arte é repensar o modelo de ensino e a articulação artística na educação formal, assim como na dimensão informal. Acessar a arte é ampliar o repertório cultural. O contato com a diversidade artística possibilita o crescimento, além da potencial transformação do indivíduo para com o contexto em que vive.

Uma grande contradição reside no fato de que a educação básica oferece poucos estímulos à expressão artística (com exceção de linhas alternativas de pedagogias que valorizam tal prática, *vide* a pedagogia Waldorf), mas no mercado de trabalho se espera que os profissionais sejam criativos para determinadas resoluções de problemas e tomada de decisão. A criatividade é uma habilidade bastante aflorada com as práticas artísticas.

Algumas frases atribuídas a importantes artistas e pensadores impulsionam a retomada do olhar artístico:

"Não desprezes a pintura, pois estarás a desprezar a contemplação apurada e filosófica do universo." (Leonardo da Vinci)

"O homem pinta com o cérebro e não com as mãos." (Michelangelo)

"Todos discutem minha arte e fingem compreender, como se fosse necessário compreendê-la, quando é simplesmente necessário amar." (Claude Monet)

"Toda a arte e toda a filosofia podem ser consideradas como remédios da vida, ajudantes do seu crescimento ou bálsamo dos combates: postulam sempre sofrimento e sofredores." (Friedrich Nietzsche)

Desdobramentos do debate sobre arte

Como dito no início da abordagem do tema, a proposta de redação que se ocupa do tronco temático "Arte e cultura" pode solicitar uma reflexão mais genérica ou de total especificidade. Dessa forma, é preciso atenção para alguns elementos que se ramificam desse debate:

- ✓ **Questão do patrimônio cultural material e imaterial:** atualmente, a questão da valorização dos patrimônios culturais tem grande destaque. Os patrimônios culturais quando preservados permitem que a história seja contada para as futuras gerações. Entretanto, a valorização dos patrimônios (espaços ou objetos) culturais materiais é mais facilitada na perspectiva da questão prática do que os patrimônios imateriais (músicas, tradições, crenças). Antes de qualquer coisa, é preciso entender que um **patrimônio cultural revela um traço identitário de determinada localidade**. Por isso, sendo ele material ou imaterial, a relevância é tamanha para o contexto, já que ele acaba por narrar um trecho da história. Garantir sua preservação é promover a perpetuação da cultura viva. Em 2018, por exemplo, o *reggae* jamaicano tornou--se patrimônio cultural imaterial da Unesco (entidade da ONU que lida com a Ciência, Cultura e a Educação). Tal tomada de decisão fortalece o elemento cultural, trazendo a possibilidade de fomentos a projetos. No Brasil, em 2018, a literatura de cordel transformou-se em patrimônio cultural imaterial do país. Da mesma forma, existe a possibilidade de estímulos ao contexto cultural em que o cordel se projeta. Em 2024, o Choro foi declarado patrimônio cultural imaterial brasileiro pelo Instituto do Patrimônio Histórico e Artístico Nacional (Iphan) – o gênero musical brasileiro, que teve início por volta de 1870 com o lançamento da canção "Flor Amorosa", de Joaquim Callado, no Rio de Janeiro, se consagrou com outros nomes como Chiquinha Gonzaga e Pixinguinha. Também em 2024, a Unesco (entidade da ONU que atua na ciência, cultura e educação) reconheceu os Lençóis Maranhenses como patrimônio natural (note que se trata de outra categoria de reconhecimento, não menos importante).

- ✓ **Espaços produtores de arte:** diante do tronco temático é inevitável pensar em espaços que fomentam a questão artística no Brasil e no mundo. Dois desses espaços aparecem com elevado grau de questionamento nos últimos anos: os **museus e as bibliotecas**. Com a constante revolução tecnológica e toda a transformação espacial propiciada, os hábitos da população foram redefinidos e determinadas localidades passaram a ser vistas como ambientes arcaicos, obsoletos e distantes de ofertar aquilo que a população espera. Dessa forma, bibliotecas e museus passaram a incorporar a tecnologia de modo a promover essa readaptação ao contexto informacional. Em alguns locais, nasceram museus exclusivamente tecnológicos. Em 2018, o Japão inaugurou um museu digital. Nos Estados Unidos da América, desde 2014, uma biblioteca totalmente digital permite aos visitantes a interação com diferentes obras, sem contato com nenhum livro físico. Na Carolina do Norte, EUA, uma biblioteca informatizada não tem bibliotecários humanos, mas robôs. Após uma pesquisa rápida, o exemplar solicitado é entregue ao solicitante. Cabe destacar que a falta de estímulos à leitura obstaculiza o desenvolvimento intelectual. A leitura é imprescindível para aspectos como entendimento da realidade, estímulo à criatividade, ampliação de repertório etc.

Para uma prova de redação é inevitável que esse questionamento se torne propício: esses espaços **entrarão em extinção ou com a adaptação para aspectos tecnológicos será possível novamente resgatá-los?** A dúvida permanecerá, entretanto, o que se sabe é que grandes esforços têm sido empreendidos para que os ambientes de fomento à cultura se fortaleçam. Ainda assim, faltam estímulos maiores (principalmente de setores públicos diretamente ligados ao contexto cultural). Em um país onde a desvalorização cultural é realidade, esse baixo investimento floresce como causa do problema (assim como uma consequência cíclica).

- ✓ **Dados do Censo Escolar divulgados em 2024:** em 2023, só 39% da rede municipal – que concentra a maior parte dos alunos – tinha um cômodo destinado à leitura. Somando todas as redes de ensino, apenas 52% das escolas brasileiras têm biblioteca ou sala de leitura. Nas zonas rurais, onde estão localizadas quase um terço das escolas, o número cai para 26%. O problema é mais agudo na Região Norte.

Intervenções

A apresentação de prováveis soluções para o debate que permeie o tronco temático "Arte e cultura" tem relação direta com o afunilamento dos tópicos observados ao longo do texto. Dessa forma, destaque para algumas situações:

- ✓ **Valorização da arte:** é preciso resgatar a importância da mesma no modelo educacional (educação formal), assim como fomentar o tema nos variados segmentos sociais (escola, Estado, trabalho etc.). Assim, será possível resgatar o olhar de importância para essa ampla área do conhecimento, superando limitações interpretativas e contribuindo para o entendimento de nossa realidade.

✓ **Estímulos para a prática artística:** a desenvoltura de projetos específicos que impulsionem o tema por parte de autoridades competentes ou organizações não governamentais também caracteriza uma evolução para o tema (benefícios fiscais para empresas que articularem projetos culturais assim como para pessoas físicas que de alguma forma contribuírem para o fomento à arte).

✓ **Legislações específicas:** é preciso pensar na questão local ao se tratar a dimensão artística. Dessa forma, estimular a arte local por meio de projetos financiados pelo aparato estatal, promovendo uma valorização significativa para a população local. Em determinados locais do Brasil, o turismo pode ser estimulado com a maximização de danças, festas tradicionais, tradições etc.

✓ **Investimento em infraestrutura:** além de formalizar a importância da arte no processo educacional e estimular novos projetos, é preciso que espaços adequados estejam acessíveis ao público. No caso, bibliotecas e museus que possam se tornar mecanismo de encontro com a população, apresentando acervos relevantes para a criticidade com relação à elementos sociais.

✓ **Papel da arte:** é preciso revisitar esse tema a todo instante. Seja na orientação de conteúdos culturais de maior qualidade ou na questão mais introspectiva. Entender de que modo a arte pode sensibilizar, promover um desabafo, uma crítica, um movimento de resistência ou mera contemplação vem da possibilidade de contato com o tema. Essa revitalização passa por uma modificação comportamental, o que exige amplo esforço por parte do coletivo.

✓ **Arte e liberdade de expressão:** com relação ao uso da arte para enfrentamento de determinada realidade social, é preciso estabelecer um viés de responsabilização para conteúdos produzidos e os locais onde os mesmos são adequados. Para isso, retoma-se a importância de entender as divergências, assim como realizar uma análise aprofundada de contextos em que a arte se projeta. Por outro lado, é notória ainda a necessidade de fortalecer a arte crítica, não a sufocando ou impedindo-a de mobilizar os espectadores para determinada questão. Por fim, quando acionada, apesar de se tratar de aspectos mais subjetivos, a Justiça deve balizar de modo equacionado e coerente o que seria violação aos direitos e liberdades individuais e o que seria liberdade de expressão, afastando-se de questões ideológicas, político-partidárias ou simplesmente romantizadas do debate social.

7.4 SOCIEDADE CONTEMPORÂNEA E A DISPARADA DOS TRANSTORNOS EMOCIONAIS

Contextualização

Uma das principais tensões da sociedade contemporânea está ligada ao aspecto emocional. As variadas causas para os diferentes transtornos emocionais têm preocupado especialistas do mundo todo, fazendo do tema uma discussão de caráter global. Isso não quer dizer que os problemas emocionais são recentes ou foram descobertos em pesquisas da contemporaneidade. O que mais assusta são os índices que causam inquietação por conta da tamanha velocidade de ampliação.

Além disso, espantosa é a maneira como **grande parte dos países lida com as questões emocionais na dimensão da própria saúde pública**, ou seja, há um processo de desatenção constante com relação ao tema, que não é tratado como prioridade e, na maior parte dos países, é completamente encarado como tabu.

Cabe ressaltar que a proposta de redação com temática da atualidade sobre questões emocionais tende a apresentar uma disposição para a relação comportamental da sociedade e a ampliação dos casos, afastando-se de leituras específicas da área da fisiologia. Por isso, a reflexão bem fundamentada deve assumir o compromisso de analisar de modo enfático o processo conjuntural que provoca a fragilização emocional das pessoas, apresentando justificativas plausíveis para tal fenômeno.

Ademais, demonstrar que a questão preocupa pessoas em diferentes localidades do globo é reforçar o caráter abrangente do tema. Tal aspecto permite ainda que seja feita uma comparação efetiva na dimensão quantitativa de casos. Exemplo: segundo a Organização Mundial da Saúde, o **Brasil é o campeão em números de transtornos de ansiedade**, o que nos coloca em uma situação emergencial para lidar com tais questões.

Além da negligência por parte de autoridades competentes que demonstram as lacunas na dimensão de políticas públicas da área da saúde, o tema é tomado como uma banalização e, ao mesmo tempo, grande naturalização (como se fosse algo meramente "normal" e que não exige olhar específico). Isso quer dizer que **falar de questões emocionais ainda é algo bastante delicado**, já que muitos indivíduos não ofertam a relevância do debate e a conexão com demais questões cotidianas (por exemplo, acarretamento de sintomas psicossomáticos). Dessa forma, há uma **banalização que retira a real dimensão da fragmentação emocional**, afastando ainda mais o debate e impedindo a tomada de decisões que fortaleçam a condição do indivíduo afetado.

Os tabus não estão apenas no convívio familiar ou na dimensão da saúde pública. Dentro da dimensão laboral nota-se uma grande resistência em debater a questão, o que acaba por prejudicar todas as partes. Basta observar dados do INSS que destacam, em 2023, mais de 288 mil afastamentos para tratamento de questões emocionais. Apesar do grau de ceticismo que é analisar o peso econômico do tema, essa dimensão se faz necessária, pois costuma ser enfatizada quando a questão emocional ganha força no debate laboral, já que, ao se afastar do trabalho para tratamento, há um efeito dominó no que diz respeito aos prejuízos estabelecidos.

Acrescenta-se ao debate sobre o atual estágio emocional da sociedade outro aspecto relevante: ao tratar da depressão, a análise ganha espaço em **variados contextos socioeconômicos** (é certo que com incidência maior em determinadas localidades), em **diferentes faixas etárias e com diferentes causalidades e origens**. Isso faz do tema uma discussão de caráter amplo, criando exigências mais criteriosas para uma produção textual.

Exemplificações recentes não faltam para concretizar a abrangência do tema: **jogadores de futebol bem-sucedidos, empresários, artistas, *youtubers*** e demais personalidades têm escancarado momentos de enfrentamento de doenças emocionais variadas. De certa forma, tal postura oriunda de personalidades com grande alcance na sociedade mobiliza (ainda que em caráter reduzido) a discussão do tema.

Muitas vezes, o assunto acaba sendo tratado em caráter esporádico, como no "Janeiro Branco", mês em que se discute a saúde mental, ou o "Setembro Amarelo", mês de valorização da vida e prevenção ao suicídio. A gravidade do assunto exige um debate contínuo, que articule diferentes grupos e promova um olhar atento para as mazelas sociais que agravam as condições emocionais da sociedade.

O modelo de vida aceleracionista, marcado pelo imediatismo, agrava a maneira como as pessoas lidam com a frustração. A velocidade das informações e as relações superficiais e líquidas (para não dizer rarefeitas) criam gatilhos para que os indivíduos adoeçam. A vida de aparências das redes sociais, a busca pelo corpo perfeito, a padronização estética agressiva ou as demandas criadas constantemente aniquilam a capacidade da sociedade de se fortalecer emocionalmente.

Levando para a ótica do trabalho, a síndrome do esgotamento profissional – *Burnout* – representa uma das arestas do tema laboral. A busca pela desconexão do trabalho e os esforços para tornar a prática saudável são tentativas que colaboram com o equilíbrio emocional dos indivíduos, em um país marcado por desigualdade e problemas históricos.

Para fins de análise estatística, o Sistema Único de Saúde (SUS) registrou, ao longo de 2023, 11.502 internações relacionadas a lesões em que houve intenção deliberada de infligir dano a si mesmo, o que dá uma média diária de 31 casos. O total representa um aumento de mais de 25% em relação aos 9.173 casos registrados quase dez anos antes, em 2014. Os dados foram divulgados pela Associação Brasileira de Medicina de Emergência (Abramede). De acordo com a Associação, o perfil de pacientes internados por lesões autoprovocadas revela uma diferença significativa entre os sexos. Entre 2014 e 2023, o número de internações de mulheres aumentou de 3.390 para 5.854. Já entre os homens, o total de internações caiu, ao passar de 5.783 em 2014 para 5.648 em 2023.

Em relação à faixa etária, o grupo de 20 a 29 anos foi o mais afetado em 2023, com 2.954 internações, seguido pelo grupo de 15 a 19 anos, que registrou 1.310 casos. "Os números ressaltam a vulnerabilidade dos jovens adultos e adolescentes, que, juntos, representam uma parcela significativa das tentativas de suicídio", avaliou a entidade.

Já as internações por lesões autoprovocadas entre pessoas com 60 anos ou mais somaram 963 casos em 2023. Outro dado relevante é o aumento das internações entre crianças e adolescentes de 10 a 14 anos – em 2023, foram 601 registros, quase o dobro do observado em 2011 (315 internações).

Depressão em números

O tema é bastante sugestivo para o desenvolvimento de uma produção de caráter informativo. Por isso, em um texto que se aproprie do caráter dissertativo-argumentativo, é preciso saber utilizar tais informações. Isso se dá por conta da **ampliação dos casos nas últimas décadas que acabou elucidando uma série de levantamentos científicos**. Não obstante, os dados apresentam ainda um caráter dinâmico, já que os casos que se multiplicam tendem a entrar em estatísticas futuras. É importante destacar ainda a estigmatização do tema, o que dificulta o enfrentamento real.

A partir dos levantamentos mais recentes, temos alguns dados relevantes:

✓ Dados da Organização Mundial de Saúde (OMS) apontam que o Brasil é o país com o maior número de pessoas ansiosas: 9,3% da população. Para as mulheres, a preocupação é ainda maior. Uma pesquisa da Think Olga, uma organização não governamental de inovação social, revelou que 7 em cada 10 diagnósticos de ansiedade e depressão eram de mulheres. Entre os motivos apontados para o alto índice desses diagnósticos está a sobrecarga de demandas em casa e no trabalho, além de outras questões. Basta observar como o trabalho de cuidado é direcionado às mulheres.

✓ Dentre os 17 Objetivos para o Desenvolvimento Sustentável há uma preocupação evidente com a saúde mental. O Objetivo 3 trata da questão da saúde, evidenciando a questão mental.

✓ Dados da Organização Mundial da Saúde (OMS) revelam que o Brasil é o país mais estressado e depressivo da América do Sul **(o Brasil tem uma taxa de 5,8%)**.

✓ Dados da Organização Mundial da Saúde (OMS) mostram que, na última década, no nível global, o aumento de casos de depressão superou a casa dos 18%, afetando cerca de 322 milhões de pessoas (4,4% do total de habitantes do planeta).

✓ Dados da Organização Mundial da Saúde (OMS) revelam que **9,3% da população brasileira sofre de ansiedade**. Para feito de comparação, na cidade de São Paulo o índice chega a 19,9%, sendo que entre as mulheres ultrapassa a casa dos 26%. Os países que aparecem logo atrás do Brasil no *ranking* são: Paraguai (7,6%), Noruega (7,4%), Chile (6,5%), Uruguai (6,4%), Holanda (6,4%), EUA (6,3%), França (6,2%) e Cuba (6,1%).

✓ Uma questão que se relaciona com a dimensão emocional (apesar de apresentar diferentes causalidades) é o aumento dos casos de suicídio. Cabe destacar que não é todo depressivo que irá tirar sua vida. É certo que as alternativas de tratamento são múltiplas. Entretanto, em 90% dos casos, o indivíduo que comete o suicídio passar por alguma fragilização emocional ou ainda problemas com drogas ou álcool.

✓ O Brasil teve mais de 147 mil suicídios entre 2011 e 2022, apontou um estudo feito por pesquisadores da Escola de Medicina de Harvard (EUA) e do Centro de Integração de Dados e Conhecimentos para Saúde da Fundação Oswaldo Cruz da Bahia (Cidacs/Fiocruz Bahia). Entre 2011 e 2022, o Brasil teve alta de 3,7% de suicídios (foram 147.698, no total) e 21,13% de autolesões (104.458 casos, no total). As informações são de três bancos de dados: Sistema de Informação de Agravos de Notificação (Sinan); internações por automutilação do Sistema de Informações Hospitalares (SIH); e dados de suicídio do Sistema de Informações sobre Mortalidade (SIM). Outros dados do estudo revelam desdobramentos do tema:

- Suicídio é maior entre indígenas. A população lidera os índices de suicídio e autolesões, mas tem menos hospitalizações. Isso revela um vazio assistencial no socorro e no suporte em saúde mental.

- Aumento entre jovens. Notificações de automutilação e hospitalizações foram maiores entre pessoas mais jovens (faixa etária de 10 a 24 anos), enquanto as taxas de suicídio foram maiores entre pessoas idosas e adultos. Mas esse último índice tem crescido entre jovens, acompanhando as taxas globais.

- Brasil na contramão dos dados mundiais. A taxa global de suicídio caiu, enquanto subiu nas Américas, com foco especialmente no Brasil – uma tendência já apontada pela Organização Mundial da Saúde (OMS).

- Diferenças por gênero. Mulheres lideram as taxas de autolesão, e os homens as de suicídio, também seguindo as taxas mundiais – o suicídio foi quase quatro vezes mais frequente em homens, e as autolesões duas vezes mais frequentes em mulheres.

Segundo dados da Organização Mundial da Saúde (OMS), por ano, cerca de 700 mil pessoas cometem suicídio – o que faz da temática uma preocupação de caráter global. A entidade ligada à ONU destaca a necessidade de campanhas de prevenção para que os índices sofram redução, considerando as várias possibilidades da saúde no enfrentamento. Além disso, a OMS destaca que reduzir a taxa global de suicídio em pelo menos um terço até 2030 é uma das metas dos chamados Objetivos de Desenvolvimento Sustentável, definidos pela ONU.

Para efeito comparativo, no Brasil, dados do Anuário Brasileiro de Segurança Pública mostram um total de 16,2 mil suicídios em 2022 (dado mais recente até o fechamento da edição), um total de cerca de 44 casos por dia. Vale reforçar a quantidade de pessoas afetadas por um caso de suicídio – desde familiares, amigos, até desconhecidos que têm contato com a notícia.

Outros dados são importantes para o debate:

✓ Segundo a Organização Mundial da Saúde (OMS), mais de 720 mil pessoas cometem suicídio por ano no mundo, sendo essa a terceira maior causa de mortes entre jovens de 15 a 29 anos. Ainda, segundo a OMS, 73% dos casos de morte ocorrem em países de baixa e média renda, como o Brasil.

✓ Uma pesquisa divulgada em janeiro de 2019 pela University College London (UCL) revelou que mídias sociais elevam depressão em meninas. Organizações que lidam com o tema pressionam o governo para que alguma legislação protetiva seja aprovada.

✓ No Brasil, 12,6% por cada 100 mil homens, em comparação com 5,4% por cada 100 mil mulheres, morrem devido ao suicídio, de acordo com os dados da Secretaria de Vigilância em Saúde, divulgados pelo Ministério da Saúde.

✓ Existem também canais de ajuda, como o Centro de Valorização da Vida (CVV), gratuito e disponível 24 horas pelo telefone 188. Além disso, o *site* mapasaudemental.com.br disponibiliza informações sobre locais que oferecem ajuda de forma gratuita e voluntária.

✓ De acordo com a Organização Mundial da Saúde (OMS), 87,5 pessoas por 100 mil habitantes tiram a própria vida todos os anos em Lesoto. Esse número é mais que o dobro do registrado pelo próximo país da lista, a Guiana, na América do Sul, onde a taxa de suicídio é de pouco mais de 40 por 100 mil habitantes. Também é quase dez vezes a média global, que é de nove suicídios para cada 100 mil pessoas.

Questões emocionais e o debate comportamental

Se o tema se projeta como algo desafiador entre especialistas, quiçá para os demais integrantes da sociedade. Ainda assim, alguns elementos críticos podem servir de base teórica para sua argumentação na produção de texto. Nessa ótica, afastando-se da lógica genética, adentramos ao entendimento da situação que degenera a condição emocional dos indivíduos:

✓ Em síntese, o **isolamento social provocado pela internet** e toda a dimensão tecnológica gera no indivíduo uma sensação de autossuficiência e não necessidade de estabelecimento de conexão pessoal com as demais partes. Dessa forma, o indivíduo acaba por adentrar a perspectiva de fragilização. Um agravante para a situação é a maneira como as relações se projetam na perspectiva virtual. A superexposição da privacidade acaba apresentando modelos de vida idealizados, próximos à percepção utópica (melhores locais frequentados, melhores amizades, os relacionamentos mais sinceros etc.). No limite, a comparação acaba se tornando inevitável e os indivíduos são conduzidos para o enfraquecimento emocional. Existem pesquisas científicas que evoluem pela **relação entre redução de tempo em redes sociais e combate a patologizações emocionais**. Por fim, sintetiza a dimensão da influência da tecnologia nessa perspectiva a ideia de que os indivíduos vivendo na era da hiperconexão se apresentam cada vez mais solitários. Algumas nações já lidam com a temática, como é o caso do Reino Unido, que já tem setores responsáveis para o desenvolvimento de projetos que possibilitem superar a realidade solitária que afeta grande parte da população. Pensando em uma era de intoxicação digital, onde as pessoas se veem cada vez mais conectadas em plataformas virtuais, *start-ups*, aplicativos etc., a sensação de isolamento e o constante adoecimento emocional tendem a ser o consequente resultado se a dimensão do problema não for tratada.

✓ **Exacerbação do modelo competitivo e individualista:** vivemos em uma sociedade que promove ampla exaltação de um modelo de vida solidificado na própria perspectiva do sistema em que vivemos: a competitividade está posta desde os anos iniciais de vida. Dessa forma, a cobrança excessiva, a coerção social e as imposições oriundas de diferentes instituições sociais assinalam um caminho: sucesso, empreendedorismo, busca pela originalidade. Quando **frustração, derrota ou obstáculo aparecem, nota-se uma larga dificuldade de superação.** O próprio comportamento já tem sido analisado por especialistas de um modo mais efetivo, na tentativa de apresentar proposições eficazes para superação.

✓ **Medicalização das emoções:** outros aspectos de impacto para a temática é o fluxo econômico movimentado por empresas do setor da medicina e farmacologia com relação aos transtornos emocionais. Atualmente, para cada situação adversa é possível encontrar um tratamento adequado. Isso não quer dizer que a ciência por detrás da dimensão farmacológica ou medicinal deva ser excluída, mas é preciso ponderar sobre aspectos realmente projetados com eficiência na resolução dos problemas, para que não se elucide uma realidade tomada por um viés prioritariamente econômico para uma temática "tão humana". **Os dados são dispersos, mas revelam aumento de antidepressivos e ansiolíticos, por exemplo.** Dados divulgados em 2017 pela Sul América revelavam um aumento de 74% no consumo de antidepressivos. Outro fato evidente é que os diagnósticos chegam cada vez mais cedo: crianças com diferentes transtornos que passam, desde cedo, a conviver com a rotina de ingestão de fármacos específicos. Estudo realizado pela **Vidalink**, plataforma de bem-estar corporativo, revelou que o **consumo de antidepressivos por trabalhadores brasileiros aumentou 12% no primeiro trimestre de 2024.** Empregados de 39 a 43 anos são os que mais fazem consumo (19,8%), seguidos da faixa de 44 a 48 anos (16,5%). A maior causa de incapacidade no trabalho são os transtornos mentais, segundo a Organização Mundial da Saúde. Esse problema é de responsabilidade dos governos e também das empresas. Muitas companhias de grande porte têm encarado esse desafio, mas são minoria no mercado.

✓ **Fatores que levam a condição estressante:** a fadiga emocional pode ser resultado de uma série de fatores do cotidiano: violência e constante sensação de medo que acaba por modificar o comportamento dos indivíduos; rotina estressante, por exemplo, no trânsito; sensação constante de instabilidade – política ou econômica. Um cruzamento de dados do Instituto Brasileiro de Geografia e Estatística, São Paulo Megacity Mental Health Survey, FGV, Instituto Igarapé e Datafolha sinaliza tais aspectos:

- **Se levarmos em consideração a variável econômica de 2014, o PIB** (Produto Interno Bruno) caiu cerca de 7%. Em contrapartida, o desemprego saltou de 6,8% para 12%. Tal análise permite concluir que a condição de desemprego coloca os indivíduos em um constante alerta, mantendo postos de trabalho onde a execução da profissão não acontece com prazer e satisfação (justamente por conta do medo do desligamento).

- **A violência como facilitador de instabilidade emocional:** a situação estressante apresentada pelo cenário de violência corrobora com a fragmentação emocional. Cerca de 42% dos brasileiros sentem medo de serem assassinados, 5 milhões já foram agredidos com armas de fogo e 16 milhões já sofreram ameaça de morte. Tal condição de violência intrínseca à existência sugere uma constante ameaça ao equilíbrio emocional.

✓ Em 2018, pela primeira vez, a USP (Universidade de São Paulo) recorreu a um **mecanismo interno de assistência psicológica.** Após casos de suicídio que despertaram o olhar para o tema na comunidade universitária, foi criado um Escritório de Saúde Mental para atender os alunos. Em 2024, o governo federal lançou o "Escuta Susp", programa de saúde mental para profissionais da área da segurança – uma das áreas mais afetadas por problemas emocionais (fácil compreender a situação, pois há uma constante relação com a realidade violenta).

✓ A intensidade com que as pessoas utilizam as redes sociais chamam a atenção para o comportamento social. Uma pesquisa britânica do Royal Society for Public Health destacou que as redes sociais podem ser mais viciantes que álcool e demais drogas. Na pesquisa datada de 2017, o Instagram apareceu como a rede social mais nociva para os jovens (vale destacar a busca pelo **modelo de vida "instagrâmica"** divulgado constantemente por celebridades) – na ocasião, a rede social mais saudável foi o YouTube. Com isso, a rede social passou a ofertar um mecanismo de ajuda para quem digitar #ansiedade ou #depressão.

✓ Outras redes sociais como o Twitter e o Facebook também lançaram, ao longo de 2018, **ferramentas para tentar combater mensagens com conteúdo relacionado ao suicídio.**

✓ Dos 36,9% dos brasileiros que passaram três horas ou mais por dia nas redes sociais, 43,5% possuem diagnóstico de ansiedade. É o que apontou o relatório *Panorama da Saúde Mental*, do Instituto Cactus e da AtlasIntel, divulgado em 2024. Além disso, o uso excessivo de redes sociais está relacionado ao aumento da prevalência de depressão e ansiedade. Recentemente, um estudo da Faculdade de Saúde da Universidade de York, no Reino Unido, mostrou que mulheres que fazem uma pausa no uso das redes sociais têm uma melhora significativa na autoestima e na imagem corporal.

✓ Outra pesquisa, realizada por cientistas da University College London (UCL), mostrou que adolescentes viciados em internet passam por alterações cerebrais que podem levar a mudanças de comportamento e ao aumento nas tendências de dependência – definida como a incapacidade de uma pessoa resistir ao impulso de utilizar a internet, impactando negativamente seu bem-estar psicológico, bem como a sua vida social, acadêmica e profissional.

✓ Em 2024, uma decisão do governo de Nova York chamou a atenção dos noticiários. A cidade de Nova York processou várias redes sociais, alegando que os *designs* das suas plataformas exploram a saúde mental dos jovens e custam à cidade US$ 100 milhões em programas e serviços de saúde relacionados todos os anos. No processo contra TikTok, Instagram, Facebook, Snapchat e YouTube, a cidade afirmou que as plataformas são responsáveis por um aumento nos problemas de saúde mental entre os jovens, incluindo depressão e transtornos suicidas. Essas questões, afirma o processo, impõem "um grande fardo às cidades, às escolas e aos sistemas hospitalares públicos que prestam serviços de saúde mental aos jovens".

Intervenção

É certo que a intervenção com relação a um tema inesgotável é tomada por múltiplas possibilidades. Dessa forma, mais uma vez, tudo depende da linha argumentativa adotada ao longo do texto. Ainda assim, algumas intervenções criam um impacto efetivo para superação do problema central.

✓ No âmbito internacional, algumas medidas são compartilhadas entre especialistas da área para a prevenção dos casos de suicídio, que sinaliza um dos maiores problemas contemporâneos. Destaque para a **restrição aos meios de suicídio** (controle de armas de fogo e de acesso a agrotóxicos), a **redução do uso prejudicial de álcool e outras drogas e a conscientização da mídia para comunicação responsável sobre o tema.**

✓ Uma das estratégias condecoradas por organizações que lidam com questões do setor é o CVV – **Centro de Valorização da Vida.** Trata-se de uma associação civil sem fins lucrativos que trata da questão. O atendimento voluntário e gratuito permite que pessoas em situação desconforto façam uma ligação ou interajam por *chat* ou *e-mail* com profissionais capacitados para ouvi--las. Cerca de **2,5 milhões de atendimentos são realizados anualmente**, o que demonstra um número considerável.

✓ Ampliar a responsabilização das plataformas virtuais no sentido de monitorar prováveis tendências que demonstrem ação contra a própria vida. Já existem estratégias avançadas de uso de algoritmos para promover esse constante acompanhamento das postagens. Ainda assim, alguns episódios fatídicos revelam as brechas oferecidas pelo próprio sistema.

✓ É preciso o estabelecimento de **campanhas em longo prazo para levar à desconstrução do tema para a população**, alcançando os diferentes segmentos da sociedade e permitindo uma leitura objetiva para sintomas, tratamento e demais aspectos relevantes. O viés de desmistificação tende a possibilitar maior instrução dos indivíduos para se autoavaliar e procurar ajuda na perspectiva profissional, evitando problemas que possam se agravar.

✓ As **escolas assumem um papel central no enfrentamento** de um problema de tamanha magnitude. É preciso que as discussões sejam regularmente oportunizadas, com a ajuda de profissionais da área da saúde, bem como toda a comunidade educacional envolvida, para que se torne possível a identificação de supostos comportamentos não adequados. Em um cenário mais idealizado, a presença de um profissional da área da saúde mental colaboraria em um espaço de tempo (emergencial) de modo ainda mais efetivo (pensando, por exemplo, na obrigatoriedade de uma lei que exija a presença de um psicólogo escolar). Além disso, a escola é importante no processo de fortalecimento das chamadas *soft skills*, ou seja, habilidades que envolvem tolerância a frustração, amabilidade, trabalho em grupo, entre outras, e que acabam por fortalecer a saúde mental, com autocuidado, reconhecimento das habilidades e das fragilidades etc.

✓ Dentre as possibilidades de superação da problemática, destaca-se ainda a necessidade, com certa urgência, de **promover investimentos no setor de saúde mental**, ampliando os repasses para a capacitação de profissionais e a captação de demais recursos. Trata-se de uma aresta evidenciada cientificamente na perspectiva custo-benefício para enfrentamento do problema.

7.5 DEMOCRACIA DIGITAL EM ALTA: POLITIZAÇÃO VIA REDES SOCIAIS

Contextualização

A questão da **inserção tecnológica dentro da realidade social se apresenta como um dos grandes avanços das últimas décadas**. Com o advento da internet, uma série de tarefas do cotidiano tornou-se mais fácil no campo da execução, exigindo pouco esforço por parte dos indivíduos. Tal fenômeno tem sua escala evolutiva garantida, pois se trata de uma área bastante versátil, com constantes "atualizações", ou seja, o setor apresenta inovações concretas diariamente.

Dessa forma, os mecanismos digitais acabaram por garantir maior engajamento da população com relação às variadas pautas, exercendo uma espécie de **amplificação da prática democrática e do pleno exercício da cidadania**. Por meio da ação no campo virtual, o ciberespaço, tornou-se possível estabelecer críticas, mobilizações, articulações, enfretamento de ideias, promover a fiscalização e o monitoramento, realizar pesquisas específicas que dialogam com questões da política, economia, saúde, educação, segurança, entre tantas outras áreas da nossa realidade.

A internet passou a assegurar um propósito positivo: a extensão da realidade. Além disso, o campo virtual **redimensionou a lógica geográfica**, superando barreiras físicas que até então se demonstraram trabalhosas, quando não intransponíveis. A dimensão da temporalidade também foi modificada com os diversos recursos ofertados pelo aparato técnico-informacional, já que a internet apresenta a possibilidade de promover ampla disseminação de conteúdos em curto espaço de tempo (trata-se de um potencial "viral" da internet).

Diante de tantas transformações efetivadas pela internet, a questão do trânsito de informações e da comunicação estabelecida entre as partes não ficaria de fora. Nessa dimensão, adentra-se a reflexão objetivamente transcrita: **participação da população no debate dos mais variados temas, tendo a total instrumentalização no ciberespaço.**

Sem qualquer tentativa de idealização do tema, é preciso pensar na situação contemporânea onde milhões de pessoas ainda são **excluídas do processo de interação digital**. Isso evidencia uma análise coerente, já que pensar na totalidade de alcance da democracia digital é oferecer uma argumentação reduzida ao extremo. Dessa forma, caso o tema se direcione para determinada análise, cabe ressaltar o processo ainda em trânsito de democratização do acesso, que parece pouco provável em um curto espaço de tempo.

Ademais, cabe reforçar que o **conceito democracia digital não se restringe ao processo do debate político-partidário**. Mesmo porque se essa fosse a centralidade da análise, talvez a tratativa devesse se ocupar de aspectos desfavoráveis (perseguição, ódio, intransigência de diálogo, compartilhamento de informações falsas, robotização de conteúdos etc.). Para além do fenômeno de polarização política na dimensão virtual (o que amplifica aquilo que já acontece na lógica real), a **democracia digital sugere a participação dos indivíduos nas mais variadas pautas de ordem coletivas** (com ênfase para questões específicas do cotidiano que se apontem como mazelas sociais).

Dessa forma, algumas discussões ganham uma formatação de exemplificação:

✓ **Campanhas de arrecadação virtual** ("vaquinhas virtuais"), cada vez mais popularizadas.

- ✓ **Petições *on-line* e abaixo-assinados**, onde os internautas se mobilizam com relação a causas específicas.

- ✓ **Criação de grupos e fóruns de discussões**, onde há a possibilidade de ampliar e aprofundar debates específicos com relação aos temas que permeiam o cotidiano.

- ✓ **Eventos que transcendam o virtual**, quando a internet é utilizada apenas como meio para a concretização de algum evento antecipadamente evidenciado.

- ✓ **Participação em enquetes e apresentação de ideias/sugestões legislativas**, quando utilizando canais específicos ligados ao governo, o indivíduo pode elucidar proposta que julgue ser coerente.

Democracia digital em números

É evidente que a fortificação dos argumentos para sustentação da importância da internet na lógica do debate sobre os mais variados temas passa pela apresentação desse panorama e, ao mesmo tempo, da maneira como ele tem se projetado para a sociedade. Dessa forma, algumas informações quantitativas reforçam o cenário da análise qualitativa que se sucede:

- ✓ Em 2023, com uma população estimada de 186,9 milhões de pessoas de 10 anos ou mais de idade no país, 88% (ou 164,5 milhões) utilizaram a internet no período de referência (últimos três meses anteriores à entrevista), ante 87,2% em 2022. Em 2016, eram 66,1%. É o que mostrou o módulo Tecnologia da Informação e Comunicação (TIC) da Pesquisa Nacional por Amostra de Domicílios (PNAD) Contínua, divulgado em agosto de 2024, pelo IBGE.

- ✓ O percentual de pessoas idosas (60 anos ou mais) que utilizam a internet subiu de 24,7% em 2016 para 66% em 2023. Entre 2019 e 2023, o grupo teve expansão de 21,2 p.p. e, ante 2022, o aumento foi de 3,9 p.p.

- ✓ Entre as grandes regiões, Centro-Oeste manteve o maior percentual de usuários da internet (91,4%); Nordeste (84,2%) e Norte (85,3%), os menores.

- ✓ Em 2023, 97,6% dos estudantes da rede privada e 89,1% dos alunos da rede pública utilizaram internet, sendo que a diferença entre esses dois grupos variou de acordo com o curso frequentado.

- ✓ O equipamento mais utilizado para acessar a internet em 2023 foi o telefone móvel celular (98,8%). Em seguida, vinha a TV (49,8%), pela qual o acesso vem aumentando continuamente desde 2016 (11,3%).

- ✓ O acesso à internet via microcomputador recuou de 63,2% em 2016 para 34,2% em 2023. O acesso por meio do *tablet* caiu de 16,4% para 7,6%.

✓ Em 2023, 94,6% dos usuários acessaram a internet para conversar por chamadas de voz ou vídeo. Outras finalidades que se destacaram foram: enviar ou receber mensagens de texto, voz ou imagens por aplicativos diferentes de *e-mail* (91,1%); assistir a vídeos, inclusive programas, séries e filmes (87,6%), e usar redes sociais (83,5%).

✓ A maioria das pessoas que não usaram internet em 2023 tinham no máximo o fundamental incompleto (75,5%) ou eram pessoas idosas (51,6%). Não saber usar é o motivo mais apontado (46,3%).

✓ Em 2023, 87,6% das pessoas de 10 anos ou mais de idade tinham telefone móvel celular para uso pessoal, crescimento de 1,1 p.p. em relação a 2022 (86,5%).

Em tempos de nomofobia, ou seja, "*no mobile* + fobia", o medo de ficar sem o celular, os *smartphones* oferecem para a população a mobilidade e a constante conexão. Dessa forma, registrar um ato preconceituoso com a câmera do celular, clicar em um *link* malicioso de um golpista ou fazer qualquer postagem são ações que podem acontecer a qualquer momento — o que amplifica o alcance da discussão.

Os dados reforçam a **quantidade de material produzido no ciberespaço, acessado e divulgado em caráter simultâneo**. É natural que os desafios com relação aos conteúdos produzidos ganhem destaque (informações falsas, conteúdos ofensivos, invasões de contas e perfis etc.). Por isso, apesar de estabelecer uma visão crítica com relação aos efeitos positivos da participação política, é preciso alinhar o raciocínio concessivo e refletir sobre os perigos da internet. Para efeito de sistematização, destaque para:

✓ **Amplo compartilhamento de informações falsas** (chamadas "*fake news*"), que criam desafios cotidianos para personalidades, autoridades, entidades, governos e a sociedade civil. Atualmente a discussão ganha o espaço da engenharia social, as estratégias bem fundamentadas e os profissionais de organizações criminosas para aplicação de golpes. Outro ponto é a confecção de *deepfakes*, vídeos falsos que preservam imagem e voz das pessoas para criar situações fictícias. Geralmente, os vídeos utilizam personalidades por conta do poder de alcance.

✓ **Compartilhamento de discursos de ódio**, escancarando intolerância, preconceito, discriminação, violência e radicalismos variados.

✓ **Vulnerabilidade do espaço virtual com escândalos de vazamento de dados**, expondo outro problema que é a **mercantilização da privacidade**, a partir do instante em que os dados pessoais dos usuários são utilizados como moeda por empresas que se beneficiam de tais informações. Tal processo redefine o debate sobre a privacidade e a intimidade no espaço virtual — cabe destacar que, em 2022, a proteção de dados pessoais (tanto na esfera real como virtual) passou a integrar os direitos fundamentais, o que representa um avanço para a proteção no ciberespaço.

✓ **Constante exposição da privacidade**: outro problema evidente é o uso indevido de imagens, assim como de informações compartilhadas. Situações criminosas tornaram-se frequentes ao ponto de ser necessária uma legislação específica para lidar com a chamada "pornografia de vingança": divulgação de cenas de sexo, nudez ou pornografia sem o consentimento da vítima. O ramo do Direito Digital vem ganhando espaço nos últimos tempos, dadas as novas situações até então "inéditas" para o aparato jurídico.

Desdobramento da dimensão tecnológica na perspectiva democrática

Diante de tal cenário construtivo para o debate, é possível alinhar diferentes possibilidades argumentativas. É evidente ainda a necessidade de estabelecer um encadeamento das ideias, principalmente quando as mesmas utilizam como subtópicos dados estatísticos com relação ao aparato tecnológico. Exemplo: ao tratar a amplificação do uso dos espaços virtuais para diferentes debates na sociedade, alocar o dado sobre o número de internautas sustenta o entendimento maior da fundamentação proposta. Assim sendo, trata-se de um **elemento automaticamente visível a maior interação dos indivíduos nos espaços virtuais, já que o próprio número de usuários revela tal comportamento de expansão**.

Com base nos pressupostos do tema, vislumbram-se os seguintes mecanismos críticos:

✓ **Ampliação do espaço:** a democracia digital ou cidadania digital permite que o indivíduo ganhe um campo de visibilidade maior do que anteriormente era possível, ou seja, por menor que pareça uma causa, se houver validação por parte dos demais indivíduos, a tendência é o fortalecimento.

✓ **Variação de pautas:** é possível estar engajado com diferentes assuntos do cotidiano. Além de ser possível o contato com a informação em si, o engajamento em diferentes pautas também se demonstra facilitado. Dessa forma, é possível se envolver com causa de defesa ou crítica com relação aos debates sociais mais comentados: causas da comunidade negra, em defesa da comunidade LGBTQIAPN+, em defesa dos direitos da população de pessoas com deficiência, causas ambientais, em defesa de indígenas, ativismo em defesa dos animais etc.

✓ **Flexibilidade do tempo:** além da possibilidade de variação temática no engajamento social, a virtualidade da atividade revela uma possibilidade de adequação às condições temporais do usuário, ou seja, o mesmo pode encaixar ao longo da sua rotina o acompanhamento de decisões políticas, de variáveis econômicas, de sanções etc. Não existe uma rigidez quanto ao "instante em que se pratica" a cidadania.

✓ **Autonomia de participação:** além de todo intercâmbio informacional, as redes sociais e demais espaços de problematização de ideias tornam possível o exercício da autonomia, por exemplo, para idealização de uma proposta antes improvável por falta de aceitação. De certa forma, para aqueles que têm acesso a possibilidade de ação é a mesma, sendo que a diferença é a maneira como se realiza tais articulações no campo virtual.

✓ **Fortalecimento de pautas:** a descentralização de protestos ante uma máxima da idealização de articulações na realidade (períodos anteriores ao contexto de democracia digital) revelava o enfraquecimento de lutas. Nos últimos anos, alguns episódios históricos revelam o poder das redes sociais para a transformação da realidade. Basta observar os desdobramentos da Primavera Árabe, uma onda de protestos contra regimes ditatoriais do Oriente Médio e norte da África que resultou na deposição de ditadores "mão de ferro". Tunísia (estopim dos protestos), Egito, Líbia e Iêmen são exemplos de países que enfrentaram os protestos e, na ocasião, tiveram a possibilidade de idealização a partir do encontro de manifestantes por ambientes virtuais. No Brasil, desde 2013, a **utilização das redes sociais para mobilização da população tornou-se mecanismo recorrente**. Algumas nações tratam o uso das redes sociais de modo mais preocupante: Irã e Rússia, por exemplo, baniram um aplicativo de troca de mensagens (Telegram), já que a população utilizava o mesmo para debater questões sociais, políticas, econômicas e culturais. **O mesmo aplicativo chegou a ser alvo de polêmicas no Brasil e impulsionou o debate sobre regulamentação de mídias sociais diante das questões jurídicas de cada nação.**

✓ **Gestão transparente/participativa:** uma das marcas das democracias modernas é a transparência da gestão. Dessa forma, portais governamentais compilam dados de utilidade pública e permitem o fácil acesso da população (é certo que alguns não apresentam navegabilidade tão facilitada assim). Pois bem, tal característica converge com a noção de uma gestão compartilhada, sendo que os cidadãos em sua plenitude podem acompanhar gastos, realizar contestações (desde que coerentes) e acompanhar os rumos da cidade, do estado ou do país.

✓ **Otimização do cibridismo:** a expressão *cibridismo* tem sido utilizada para reforçar o comportamento de "confusão" entre o **mundo *off-line* e o mundo *on-line***. No passado, o período de conexão era tomado por uma caracterização formatada, assim como o período de desconexão – você ficava conectado ou desconectado, a depender do momento do dia. Atualmente, as facilidades múltiplas permitem a conexão durante todo o dia (dependendo das circunstâncias de acesso a pessoa se encontre), sendo que sua "existência" virtual permanece incessantemente ativa. Assim sendo, há uma máxima: a "era dos *smartphones*" potencializou tal questão, permitindo ainda que uma situação trágica, de protesto, de entretenimento ou sem sentido algum seja compartilhada instantaneamente. É fato também que em alguns momentos a questão da constante conexão pode gerar prejuízos (vício tecnológico).

Apesar de todos os **avanços apresentados na dimensão comunicacional**, a evolução dos espaços virtuais passou a revelar um lado sombrio e preocupante da população mundial: a **intolerância exacerbada**. Isso não quer dizer que a internet fez com que as pessoas passassem a agir de modo preconceituoso, extremista ou violento. Na verdade, o que a internet fez foi promover o encontro de indivíduos que projetavam ações até então em "espaços reduzidos", ou pelo menos de menor alcance. A partir da redefinição da dimensão geográfica, o encontro entre pessoas intolerantes, radicais, xenófobas, homofóbicas e de demais comportamentos violentos passou a desafiar o ciberespaço.

Por isso, muitos países já debatem (em alguns casos já existem legislações em vigor) **leis específicas com caráter punitivo para comportamentos que despertem o ódio no ambiente virtual**, desenvolvendo uma cultura do espaço virtual como extensão da realidade que necessita de regras: morais, éticas, comportamentais, atitudinais e, quando necessário, da aplicação da legislação vigente no país.

O filósofo italiano falecido em 2016, Umberto Eco, destacara que as redes sociais deram voz "a uma legião de imbecis". Ao tratar tal análise, Eco destaca como os ambientes virtuais se tornaram espaços de fomento a perseguição, violência e ódio (*vide* grupos da *darkweb*, por exemplo). Ao mesmo tempo, críticos da fala do filósofo reforçam que teria certa elitização em sua colocação, pois a internet democratiza possibilidades (qualquer pessoa pode se tornar produtora de conteúdo sobre o tema que julgar interessante, o que até então estaria ao alcance da parcela de intelectuais).

O acirramento dos debates na contemporaneidade sugere outros **aspectos problemáticos do convívio na sociedade atual:**

- ✓ Constante polarização/dicotomização
- ✓ Acusações de doutrinação/ideologização
- ✓ Intransigência do diálogo
- ✓ Ofensas arbitrárias
- ✓ Contestação de fatos (questões consideradas irredutíveis)
- ✓ Mobilização de pautas irrelevantes
- ✓ Romantismo político-partidário
- ✓ Rotulações e demais caracterizações taxativas
- ✓ Falta de prática da alteridade/empatia
- ✓ Culto ao "eu" cada vez mais forte

✓ Discussões pautadas em aspectos superficiais

✓ Exaltação de **considerações maniqueístas** (certo x errado; belo x feio)

✓ Descompromisso com a verdade e irresponsabilidade nas ações

Nos levantamentos mais recentes, é visível o aumento dos crimes de ódio no contexto virtual. Dessa forma, resgatar a responsabilização do usuário é algo de utilidade pública. As redes sociais representam uma extensão da realidade, o que exige um comportamento ético e adequado, já que as consequências são as mesmas para as ilicitudes na dimensão real.

Aproveitando outro autor contemporâneo, Jürgen Habermas, o diálogo inteligível e construtivo para alcançar o consenso e deliberar deveria ser elemento estruturante da sociedade. Observando o ganho dos espaços democráticos e a pluralidade de ideias, as estratégias de persuasão deveriam ser utilizadas pelos atores sociais a fim de provocar o debate saudável. Entretanto, não é bem assim que acontece.

Em um contexto de falta de compromisso com o diálogo realmente construtivo, a democracia digital faz da internet uma **via destrutiva do equilíbrio do corpo social e não mais uma ferramenta**. Importante destacar que as variações ideológicas sempre existiram e continuarão a existir. Tais variações de posicionamentos já existiam no passado, mas não exatamente na mesma proporção (como é a internet), tomado pela perpetuação da violência.

Para tentar enfrentar comportamentos agressivos nos ambientes virtuais, plataformas, *sites* e demais áreas de interação têm buscado sofisticar os recursos tecnológicos e aprimorar o enfrentamento preventivo. Aqui reside uma questão central: é importante olhar para a responsabilização das Big Techs no debate sobre crimes de ódio no ciberespaço. Muitas vezes o algoritmo acaba por entregar conteúdos preocupantes com o propósito de engajamento – ganha-se com cliques e acessos. Na mesma velocidade deveria ser a retirada de conteúdos ofensivos, sem ceifar a liberdade de expressão e incorrer em censura, obviamente.

Na sociedade do espetáculo, apontada pelo teórico Guy Debord, a notícia opera como elemento propagador de intenções. Nem sempre o que circula é espontâneo e respeitoso, muitas vezes se faz artificial e meticuloso. Dessa forma, compreender todo esse movimento em certa parte orquestrado auxilia no enfrentamento aos prejuízos para o convívio e as relações interpessoais.

Intervenções

Algumas sugestões suscitam intervenções bem parametrizadas a partir da linha de fundamentação assinalada anteriormente. Além disso, evidencia-se a necessidade de promover uma divisão de responsabilidades, levando em consideração: usuários, provedores e governo, para que a **relação não se aponte de modo desequilibrado**.

- ✓ Dentre as questões sólidas que tendem a apresentar um comportamento adequado no ambiente virtual aparece a **necessidade de instruir os indivíduos com relação aos limites** da atuação no ambiente virtual, conhecendo responsabilidades morais, éticas, comportamentais e atitudinais, mas da **própria legislação vigente**. A instrução poderia se dar com a articulação de setores da sociedade que tratam das questões, começando pela família, passando pela escola, trazendo o próprio Estado para o debate com as suas ações pontuais. Campanhas educativas, palestras (na dimensão educacional), utilização de mídias publicitárias para levar à reflexão sobre os prejuízos de um comportamento inadequado na dimensão virtual. Vivemos um momento tão peculiar da escassez do diálogo que as informações básicas (óbvias) precisam ser repetidas. Nesse caso, é provável que os indivíduos tenham um compromisso subjetivo com suas responsabilidades, mas não o cumpram por falta de aplicação.

- ✓ Com relação ao aparato positivo dos espaços virtuais, é preciso fomentar nos indivíduos a participação via redes sociais e demais plataformas, levando os mesmos a perceberem os **ganhos para a atuação no micro ou macroespaço**. O desenvolvimento de um hábito de acesso às informações relevantes tende a gerar um cidadão de maior potencial consciente, capaz de se posicionar sobre o que acontece ao seu redor.

- ✓ A desenvoltura de uma visão protagonista do usuário de internet com relação ao contexto em que vive será de alcance ainda mais amplo se o mesmo desenvolver um **senso de coletividade, se entender pertencente ao contexto em questão**, sendo capaz de agir (de modo direto ou indireto para transformação de algo ou alguém).

- ✓ No que diz respeito às funcionalidades das plataformas, essas devem garantir constante atualização para que o acesso setor ainda mais dinâmico e facilitado. Países como EUA e Coreia do Sul já usam a tecnologia 5G, por exemplo, e caminham para as experiências de 6G.

- ✓ O investimento na área tecnológica também se perfaz como algo de extrema importância, **combatendo problemas corriqueiros como a questão do anonimato** e criando estratégias de elevada eficiência para legitimar a extensão da realidade dos indivíduos.

- ✓ Outra possibilidade evidente é a reformulação de **legislações ou a edificação de novos dispositivos jurídicos que permitam a efetiva proteção aos direitos individuais e coletivos**, combatendo arbitrariedades e comportamentos agressivos. Apesar de em um primeiro momento a legislação ter que apresentar caráter punitivo, o objetivo central é que por meio de uma **modificação comportamental haja uma transformação de ações na dimensão virtual, fazendo da lei mero dispositivo pedagógico. Para isso, importante pensar na questão do tempo para que tais transformações aconteçam.**

7.6 DESAFIOS DA MULHER NO SÉCULO XXI

Contextualização

Apesar dos inúmeros avanços assistidos pela população feminina nos últimos anos em vários segmentos – **economia, política, educação, cultura** –, os desafios enfrentados pela população feminina são diversos. Qualquer idealização de um modelo sustentado pela equidade de direitos desvirtua as lutas ainda existentes em busca de condições realmente equacionadas, superando problemáticas históricas.

Apesar de ter uma população de maioria feminina, quando observadas áreas específicas é notória a existência de desigualdades. A luta pela representatividade em cargos de gerência é constante, já que por muito tempo a lógica era majoritariamente masculina. Nessa ótica, vários são os levantamentos que apontam para uma relação desigual entre homens e mulheres na dimensão do trabalho.

Apesar de ser uma das áreas de maior preocupação, o mundo do trabalho não é o único segmento onde se torna visível a discrepância entre homens e mulheres. A **dimensão científica**, por sua vez, tem apresentando enorme participação das mulheres, mas nem sempre foi assim. Uma forte resistência marcou a inserção da mulher no cenário acadêmico, reforçando estereótipos de que a mulher com jornada dupla renderia menos ou não teria a devida funcionalidade de um homem na dimensão da pesquisa. A ruptura com tal mentalidade vem acontecendo e revelando o alto poder de atuação das mulheres na dimensão científica.

Além do mercado de trabalho e da dimensão científica, o **segmento cultural revela lacunas consideráveis na relação entre homens e mulheres**. Basta observar as grandes premiações para notar a baixa participação feminina em ocasiões onde a escolha não acontece por gênero. Premiações de destaque na indústria cinematográfica, nas artes ou na literatura revelam o apelo da temática. Como destaque, mulheres que alcançam resultados significativos ampliam a relevância do tema – *vide* a escritora mineira Adélia Prado que venceu o Prêmio Camões 2024 (maior honraria da literatura portuguesa) e o Prêmio Machado de Assis de 2024 (maior honraria da Academia Brasileira de Letras).

É difícil apontar quais os maiores gargalos para o estabelecimento de um sistema mais igualitário na questão do gênero. Ainda assim, é fato que grande parte da transformação cultural e do engajamento mais assíduo para as pautas relacionadas às mulheres passa pela maior **participação feminina na política**. Isso se dá pelo fato de a política dialogar com as mais variadas áreas (economia, saúde, esporte, lazer, cultura etc.). O tema tem sido debatido em diferentes segmentos da sociedade. Em alguns momentos, nota-se uma mobilização tomada por excessos de demagogia nos discursos, sendo que efetivamente pouca coisa tem sido realizada para ampliar a participação feminina. Em outros casos, há a impressão de que o tema tem um caráter secundário dentro das pautas que são entendidas como prioritárias, o que dificulta a maior inserção feminina na dimensão política.

Ademais, outros aspectos do comportamento social assinalam elevadas disparidades entre homens e mulheres:

- ✓ **Esporte:** premiações e salários pagos para mulheres atletas, em tese, costumam destoar das cifras repassadas para os homens (ainda que as modalidades sejam idênticas, as condições de fluxo econômico são distintas). Além disso, o próprio prestígio das mulheres esportistas no que diz respeito ao *status* sofre alteração com relação à maneira como os atletas masculinos são encarados. O futebol feminino, por exemplo, tem ganhado mais espaço – por parte da imprensa e da própria sociedade.

- ✓ **Violência:** um dos maiores problemas da contemporaneidade e que aparenta estar longe de ser resolvido é o combate às formas de violência contra a mulher. No Brasil, o problema emerge como uma das **maiores tensões sociais** que freiam o desenvolvimento humano, econômico e social. Entretanto, o desafio é global, já que outras nações assistem à mesma escalada contra a mulher, motivada muitas vezes por ódio e misoginia. Não à toa, nos últimos anos, o Brasil tem apresentado tantas legislações para proteção da mulher. Importante considerar que a lei pela lei não soluciona tal problemática de alta complexidade, mas auxilia no processo de enfrentamento.

- ✓ **Padrões estabelecidos:** outra questão que permeia a existência das mulheres diz respeito às constantes **imposições com relação à questão estética/consumo**. É fato que o tema também se perfaz em alta dentro do público masculino. Entretanto, é visível o grau de agressividade com relação ao comportamento feminino, com a apresentação de modelos a serem seguidos em busca da beleza. Além disso, é evidente que a perseguição dos modelos de beleza tende a provocar uma série de distúrbios (alimentares ou emocionais), estimulando ainda práticas consumistas em demasia. Trata-se de algo mais incisivo para a realidade das mulheres a cobrança pelo padrão estético aceitável.

Os desafios das mulheres, em números

As variáveis estatísticas com relação aos desafios da mulher são bastante diversificadas. Diferentes entidades, organizações não governamentais e setores específicos da gestão lidam com o tema nos níveis nacional e internacional. Além disso, esses dados servem para mobilizar debates com relação ao tema, além de fundamentar pesquisas que buscam estabelecer um cenário maior de igualdade. O tema é tão importante que compõe um dos Objetivos do Desenvolvimento Sustentável da ONU, o ODS de número 5 – Igualdade de Gênero. A ONU estima em 300 anos o período para se alcançar a igualdade de gênero, o que reforça o cenário avassalador que o tema apresenta na contemporaneidade. Sobre as metas do ODS 5 constam:

5.1 Acabar com todas as formas de discriminação contra todas as mulheres e meninas em toda parte.

5.2 Eliminar todas as formas de violência contra todas as mulheres e meninas nas esferas públicas e privadas, incluindo o tráfico e exploração sexual e de outros tipos.

5.3 Eliminar todas as práticas nocivas, como os casamentos prematuros, forçados e de crianças e mutilações genitais femininas.

5.4 Reconhecer e valorizar o trabalho de assistência e doméstico não remunerado, por meio da disponibilização de serviços públicos, infraestrutura e políticas de proteção social, bem como a promoção da responsabilidade compartilhada dentro do lar e da família, conforme os contextos nacionais.

5.5 Garantir a participação plena e efetiva das mulheres e a igualdade de oportunidades para a liderança em todos os níveis de tomada de decisão na vida política, econômica e pública.

5.6 Assegurar o acesso universal à saúde sexual e reprodutiva e os direitos reprodutivos, como acordado em conformidade com o Programa de Ação da Conferência Internacional sobre População e Desenvolvimento e com a Plataforma de Ação de Pequim e os documentos resultantes de suas conferências de revisão.

5.a Realizar reformas para dar às mulheres direitos iguais aos recursos econômicos, bem como o acesso a propriedade e controle sobre a terra e outras formas de propriedade, serviços financeiros, herança e os recursos naturais, de acordo com as leis nacionais.

5.b Aumentar o uso de tecnologias de base, em particular as tecnologias de informação e comunicação, para promover o empoderamento das mulheres.

5.c Adotar e fortalecer políticas sólidas e legislação aplicável para a promoção da igualdade de gênero e o empoderamento de todas as mulheres e meninas em todos os níveis.

Na análise sobre os desafios das mulheres, é importante destacar os marcadores sociais que amplificam a condição de vulnerabilidade. A questão da mulher, da mulher negra ou da mulher trans negra reforça denominadores comuns, mas situações específicas que precisam ser consideradas sociologicamente. Por isso, compreender o conceito de interseccionalidade é tão útil.

Interseccionalidade é a **interação ou a sobreposição de fatores sociais** que definem a identidade de uma pessoa e a forma como isso irá impactar sua relação com a sociedade e seu acesso a direitos. Identidade de gênero, raça/etnia, idade, orientação sexual, condição de pessoa com deficiência, classe social e localização geográfica são alguns desses **fatores que se combinam para determinar os alvos de opressões** e como essas desigualdades irão operar. **O conceito foi criado em 1989 por Kimberlé Crenshaw** no contexto do movimento de mulheres negras dos Estados Unidos. Kimberlé é estudiosa da teoria crítica racial, área de estudo que analisa o racismo como algo naturalizado por meio de instituições e leis e não apenas como ações isoladas de indivíduos. Interseccionalidade ajuda a pensar formas de criar e aplicar políticas públicas que de fato promovam o princípio máximo da Constituição Federal: de que **todas as pessoas são iguais perante a lei**, sem distinção de qualquer natureza.

- ✓ **Questão salarial no Brasil:** dados divulgados pelo Instituto Brasileiro de Geografia e Estatística (IBGE) revelaram que, em 2022, os homens receberam um salário médio 17% maior que as mulheres. Enquanto eles ganhavam, por mês, R$ 3.790, elas receberam cerca de R$ 3.240.

- ✓ **Dimensão instrucional:** no Brasil, mulheres são mais escolarizadas que os homens, de acordo com dados divulgados pelo Instituto Brasileiro de Geografia e Estatística (IBGE), em março de 2024. Entre a população com 25 anos ou mais, elas somam 21,3% das pessoas que têm o nível superior completo, contra 16,8% dos homens. As disparidades mais expressivas, no entanto, aparecem ao fazer um recorte por cor ou raça: o número de mulheres brancas graduadas era o dobro das pretas ou pardas – 29% e 14,7%, respectivamente.

- ✓ **Exemplos de mulheres de destaque:** é certo que o Brasil apresentou ao longo de sua história uma série de mulheres importantes que contribuíram para suas respectivas áreas, impulsionando a luta de outras garotas. Ainda assim, algumas figuras marcantes precisam ser enfatizadas. É o caso de Bertha Lutz (1894-1976), uma das primeiras mulheres a encabeçar a luta pela participação da mulher na ciência, além de levantar outras pautas. "Para a mulher vencer na vida, ela tem que se atirar. Se erra uma vez, tem que tentar outras cem. É justamente a nova geração a responsável para levar avante a luta da mulher pela igualdade". A frase é da ativista feminina, bióloga e cientista brasileira **Bertha Lutz (1894-1976)**.

- ✓ **Dia Internacional de Mulheres e Meninas na Ciência:** todo dia 11 de fevereiro é comemorado pela Organização das Nações Unidas o **Dia de Mulheres e Meninas na Ciência** com o propósito de mobilizar a população para a causa tão relevante no sentido da garantia de direitos e do estabelecimento da igualdade. Dados da Unesco (entidade da ONU que lida com a Ciência, Cultura e Educação) retratam a enorme disparidade no contexto global: há somente 28% de pesquisadoras e cientistas no mundo, reforçando o rótulo de que a ciência deve ser "feita por homens". Dados do Fórum Econômico Mundial revelam ainda que as mulheres ganham 1 vaga de trabalho na dimensão científica a cada 20 pedidos, enquanto os homens ganham 1 em cada 4.

- ✓ **Mulher na dimensão do esporte:** o esporte é marcado pela ausência de políticas públicas para ampliar a participação feminina. Os baixos investimentos no setor explicitam a ampla marginalização da mulher na perspectiva do esporte. Na maior parte das vezes são os projetos sociais ou iniciativas individuais que permitem a concretização da inserção de mulheres em práticas esportivas. Segundo dados do Pnud (Programa das Nações Unidas para o Desenvolvimento), a prática de atividades físicas das mulheres é 40% inferior à dos homens no Brasil. Observada a narrativa histórica brasileira, é possível encontrar períodos de fortes restrições à prática esportiva pelas mulheres:

- No contexto Getulista do Estado Novo, o artigo 54 do Decreto-Lei n. 3.199, de 14 de abril de 1941, que vigorou até a década de 1970, **limitava as modalidades liberadas para as mulheres**.
- Durante o período da Ditadura Militar no Brasil, em 1965, o Conselho Nacional de Desportos (CND) delimitou a linha que segregava o esporte feminino brasileiro: "Não é permitida [à mulher] a prática de lutas de qualquer natureza, do futebol, futebol de salão, futebol de praia, polo aquático, polo, *rugby*, halterofilismo e baseball", segundo texto da deliberação n. 7.
- Foi apenas em 1983 que o futebol feminino foi regulamentado no Brasil, depois de uma proibição de cerca de 40 anos.

Inserção das mulheres na dimensão política: um desafio à parte

Não que as demais pautas não sejam igualmente importantes que o debate sobre a inserção da mulher na política. Mas é fato que o debate sobre essa ampliação feminina na política (emergencial e urgente) acaba por criar impactos diretos nos outros setores da sociedade onde ainda há uma enorme desproporção de participação.

No limite, o tema também alcança uma **dimensão internacional**, ou seja, diferentes países assinalam forte disparidade entre homens e mulheres na política. Algumas nações já legislam de forma a ampliar essa participação, além de instrumentalizar o debate de outras formas, levando ao desenvolvimento da consciência da população de que política também é local de mulher.

Outro aspecto preponderante para o debate diz respeito ao direito de voto e às lutas das mulheres ao longo da história para conseguir exercer a cidadania na perspectiva formal da dimensão eleitoral. Um panorama histórico mostra como o tema "direito de voto para a mulher" sempre se apontou como um grande desafio. Na Grécia ou em Roma não existia essa preocupação em garantir a participação das mulheres (vale destacar o próprio conceito de cidadania que excluía as mesmas). Com o processo de urbanização e industrialização no século XIX, o movimento sufragista passa a ganhar força e articular uma batalha descentralizada em luta do direito de voto às mulheres. Apesar de o movimento sufragista (em defesa do sufrágio universal) ter ganhado força nos Estados Unidos e Inglaterra, o **primeiro país a garantir o direito de voto para as mulheres foi a Nova Zelândia, em 1893. Ainda assim, foi apenas depois de 1919 que as mulheres puderam se candidatar**. Com relação à luta pelo direito de voto, as conquistas são distintas:

- ✓ **Austrália:** tornou possível o voto feminino após a Nova Zelândia, em 1902.
- ✓ **Finlândia:** estendeu o direito de voto para as mulheres em 1906. Foi ainda o primeiro país a eleger mulheres para seu parlamento.
- ✓ **Noruega:** passou a permitir a participação feminina em 1913.
- ✓ **União Soviética:** em 1917, instituiu o voto feminino.
- ✓ **Reino Unido:** com a primeira onda do movimento feminista (final do século XIX e início do século XX), o sufrágio universal tornou-se realidade para mulheres maiores de 30 anos.
- ✓ **EUA:** referência em diferentes segmentos, a nação passou a permitir a participação feminina na política a partir de 1920.
- ✓ **Uruguai:** estabeleceu o voto feminino em 1927.
- ✓ **França:** o país tornou o voto feminino realidade a partir de 1944.
- ✓ **Paraguai:** em 1961, tornou-se o último país da América Latina a reconhecer o direito das mulheres ao voto.
- ✓ **Suíça:** mulheres conquistaram o direito de participação política em 1971 apenas.
- ✓ **África do Sul:** mulheres brancas votavam desde 1930, mas apenas no ano de 1994 com o fim do regime segregacionista (*apartheid*) é que mulheres e homens negros puderam participar das eleições.
- ✓ **Arábia Saudita:** mulheres votaram pela primeira vez em 2015, com algumas restrições previstas pela lei.

Um fato simbólico para o tema é que, em 1948, a **Declaração Universal dos Direitos Humanos** trouxe, dentre outros aspectos, o **direito à participação política**. O documento se projeta como um dos grandes alicerces de preceitos democráticos, sustentando elementos como a liberdade de expressão, do pensamento, religiosa, atentando-se para diversidades e para os caminhos de uma sociedade justa e igualitária. Atualmente, um raio-x básico do Congresso Nacional revela uma baixa participação feminina na política. Entre os dados, destacam-se:

- ✓ Em 2024, as mulheres representam **18% do Congresso Nacional** (Câmara dos Deputados + Senado Federal).
- ✓ Uma comparação com o total de mulheres do país revela um índice bastante baixo de participação política, já que cerca de **51% da população é feminina**.
- ✓ As eleições municipais de 2024 concentraram o maior número proporcional de candidaturas femininas (34,7%), segundo dados do Tribunal Superior Eleitoral (TSE). Ao todo, foram 156.519 candidatas.

✓ A legislação obriga que os partidos reservem no mínimo 30% das candidaturas para as mulheres nas eleições proporcionais – para a Câmara dos Deputados, assembleias legislativas e câmaras municipais. As legendas, no entanto, começaram a burlar a determinação com as "candidaturas laranjas", ou seja, candidaturas falsas apenas para cumprir a cota. Na tentativa de fechar o cerco e seguir trazendo as mulheres para a política, a Justiça Eleitoral determinou que a partir de 2022 os partidos políticos também fossem obrigados a destinar um mínimo de 30% dos recursos públicos para as campanhas femininas. A cota vale para o Fundo Partidário e para o Fundo Eleitoral. As legendas também foram obrigadas a separar 30% do tempo de propaganda gratuita na rádio e na televisão às mulheres.

✓ Uma das métricas de destaque para compreender a participação feminina na dimensão polícia é o *ranking* da União Interparlamentar. Com cerca de 190 países, o Brasil ocupa a parte de baixo do *ranking*, na posição de 135º – já que a proporção de mulheres no legislativo é pequena.

Intervenções

A apresentação das intervenções sugere uma relação com a linha de argumentação, ou seja, mais precisamente com os **desafios tratados ao longo do desenvolvimento do texto**. Dessa forma, o encadeamento das ideias se fará preciso, já que utilizar todo esse arcabouço teórico é impossível em um único texto sobre o tema. Para um tema de tamanha sutileza na perspectiva da própria fundamentação, a apresentação de prováveis soluções deve estar alicerçada em aspectos já evidenciados: leis, projetos, ações etc.

✓ **Questão da ciência:** na ótica científica, é preciso estimular a participação feminina rompendo com visos que inferiorizem a mulher ou que estabeleçam limitações às práticas. A noção de jornada dupla ou maternidade deve ser entendida como elementos de evolução e não necessariamente impedimentos para a prática científica. Campanhas educativas iniciadas ainda na Educação Básica podem **garantir desde cedo a noção de que a ciência é para quem tem interesse, não cabendo segregação por conta do gênero, raça, etnia, religião etc.** Casos bem-sucedidos de cientistas e pesquisadoras devem ser compartilhados como estudos de caso de sucesso, a fim de estimular novas mulheres na carreira acadêmica, científica e de pesquisa.

✓ **Violência:** com relação às formas de violência sofridas pelas mulheres, o trabalho deve ser de cumprimento das legislações vigentes com as devidas adequações, quando necessário; além disso, uma questão comportamental se faz eminentemente perspicaz: estabelecer na Educação Básica a tratativa do tema de modo lúdico e desconstruído, possibilitando uma reflexão sobre questões como **igualdade, liberdade, justiça e as respectivas garantias.**

A visão que se tem da mulher muitas vezes passa por processos reducionistas de debate, alimentando de modo cíclico a ideia de que determinados espaços "não são para as mulheres". Sem aferir o conteúdo ideológico do debate, os traços de uma sociedade machista em alguns instantes, favorecem para as formas de violência que assustam. Por isso, garantir uma reflexão sobre comportamentos naturalizados permite amenizar os efeitos de tais ações para a sociedade. A tecnologia tem sido uma aliada das problemáticas sociais e já existem aplicativos que mapeiam áreas de risco para as mulheres, oferecendo informações específicas.

✓ **Economia:** além da necessidade de se fazer cumprir dispositivos básicos da legislação trabalhista que coíbam formas de desigualdade salarial, é preciso por meio de campanhas informar e instruir a população sobre o cenário ainda em desequilíbrio, modificando a cultura corporativa que tende a atropelar tal problemática. Dessa forma, a visibilidade para o tema que permita uma reflexão diária tende a alterar a dimensão comportamental e impactar no funcionamento do processo. Alguns exemplos de legislações específicas de caráter punitivo em caso de descumprimento já existem, como é o caso da Islândia – que não apenas tem a lei, como diversos países do globo, mas garante o cumprimento e aplica uma constante fiscalização. As experiências exitosas devem ser compartilhadas entre as nações, a fim de possibilitar estímulo de incentivo.

✓ **Esporte:** as Confederações de cada modalidade precisam criam estratégias que fomentem o investimento nas respectivas modalidades femininas. Em um primeiro momento, talvez seja necessário um plano de ação que estabeleça obrigatoriedades. Após as garantias básicas, a questão tende a se tornar automática, com investimentos múltiplos nos variados setores. Além disso, em caso de premiações e bonificações, é preciso equiparar junto a patrocinadores e setores que investem de modo geral no esporte. Por fim, dar visibilidade às mulheres que travam uma luta pela representatividade, dando espaço de fala e de atuação nos variados segmentos sociais (políticas públicas que incentivem as meninas a começarem as práticas esportivas desde cedo tendem a contribuir para a questão).

✓ **Política:** para garantir uma inserção da mulher com representatividade, é preciso **mecanismos institucionalizados** (políticas públicas, aplicação de legislações específicas, ações direcionadas para o tema), assim como uma **ampla divulgação sobre o papel da mulher no contexto social** e as maneiras de transformação da realidade via política. O engajamento da classe feminina passa pela superação da visão de que a política é instrumento direcionado aos homens, aspecto esse que será alcançado com modificação cultural e a maior aproximação da população com os efeitos da política no cotidiano, já que a negação da política tem sido cada vez mais efetiva.

7.7 PROBLEMÁTICA DO *BULLYING* E DO *CYBERBULLYING*

Contextualização

Na era de intensa interação tecnológica, os **problemas do mundo real passam a assumir variações pela dimensão virtual**. Esse é o caso, por exemplo, do *bullying* – que transcende os muros da escola registrando ocorrências pelo ciberespaço. Apesar de ser um problema existente desde a Antiguidade com suas respectivas caracterizações, é possível que na década de 1970 a Suécia tenha sido a primeira nação a evidenciar o problema de modo mais pontual.

Na dimensão real, o *bullying* – comportamento de violência física ou psicológica, de modo sistemático e intencional, em caráter repetitivo contra um indivíduo – pode ser visualizado em espaços escolares, assim como no ambiente laboral, ou seja, trata-se de uma questão que emerge da perspectiva relacional da sociedade, fenômeno inevitável em nossas instituições sociais. Tal comportamento tem chamado a atenção de especialistas da área da saúde, já que a incidência preocupa.

Voltando o olhar para o contexto educacional, é nítida a ideia de que a **escola é um espaço de diversidade e, consequentemente, marcado por conflitos**. Nesse instante de socialização secundária (pós-contato com a família), o aluno passa a interagir com novas crenças, valores, tradições, posicionamentos ideológicos etc. Assim sendo, a interação entre as partes envolvidas na escola tende a despertar o indivíduo para o estabelecimento de práticas como: responsabilidade, autonomia, diálogo, tolerância, paciência, intercâmbio de informações etc. Entretanto, a situação agressiva proposta pelo estabelecimento de práticas relacionadas ao *bullying* tornam as diferenças problemas, elucidam formas de marginalização e exclusão.

O termo *bullying* deriva da palavra *"bully"*, que em inglês significa "valentão". Nesse contexto, não é apenas a vítima ou o agressor ("valentão") que podem ter prejuízos (inclusive irreversíveis). São conclusivos os estudos que apontam para o **desgaste emocional de pessoas que assistam as situações de violência intencional e repetitiva**. As práticas colocam em risco toda a harmonia do espaço escolar, criando problemas intensos para a gestão, docência e os próprios alunos.

Outra questão que deve ser colocada em debate é o **efeito do *bullying* para a vida adulta** (tanto em vítimas, agressores ou os indivíduos que convivem). Por se tratar de um período de formação de caráter, a infância e adolescência têm pesos importantes na condução da vida adulta – tanto na perspectiva cognitiva, comunicacional ou socioemocional. Dessa forma, um problema mal resolvido pode respingar em situações desgastantes na vida adulta. Dessa forma, indivíduos que praticam o *bullying* tendem a marcar seu *status* social, servindo de exemplo para o grupo e inferiorizando as vítimas. Já as vítimas revelam problemas simples, como dificuldade de relacionamento e isolamento social, até questões mais complexas, como o agravamento das citações anteriores ou até mesmo, em grau mais elevado, fobia social, queda do rendimento escolar, evasão escolar. Na dimensão virtual o problema ganha um alcance ainda mais preocupante, já que a visibilidade rompe fronteiras geográficas. Dessa forma, qualquer ridicularização pode ter seu potencial viral e **resultar em ações irreversíveis para a vítima**. No limite, o tema deve ser de conhecimento de profissionais da educação, da saúde e da própria sociedade civil – o que tende a cercear qualquer desvio de conduta e propor solução em caráter imediato.

Para muitos o tema é tratado como um "tabu" ou ainda nem considerado. Determinados indivíduos estabelecem comparações com períodos históricos anteriores para apontar que o **problema não existia no passado**. O problema sempre existiu, mas a **abordagem concedida ao mesmo é que sofreu alterações ao longo da história**. Entre os próprios alunos muitas vezes o tema é descartado e o real problema não é investigado – o que pode agravar tal situação.

Realidade escolar em números

É certo que o *bullying* destaca a realidade de um contexto dos mais problemáticos no Brasil: a escola. Tomada por uma série de problemas (de infraestrutura ao capital humano), a escola oferece brechas para a propagação de comportamentos violentos. A negação do conhecimento ou a desmotivação com relação a uma estrutura que se aparenta tradicionalista e arcaica produzem efeitos nocivos para todo o processo educacional que tem por objetivo o estabelecimento de valores, conhecimentos específicos de variadas áreas do conhecimento, assim como o desenvolvimento pleno da cidadania.

Dentre os principais problemas da escola brasileira destacaríamos:

- ✓ **Questões de infraestrutura deficitária** que não oferecem o mínimo de condição para os alunos;
- ✓ Quadro de **profissionais reduzido** e a própria desvalorização dos profissionais de educação;
- ✓ **Ineficiência de políticas públicas** que estabeleçam metas evidentes e pensem no funcionamento do "todo" da escola;
- ✓ **Falta de materiais e recursos necessários** para o desenvolvimento de atividades (materiais que vão de bolas até computadores);
- ✓ **Indisciplina, falta de limites e agressividade** por parte dos alunos que chegam ao contexto escolar desmotivados e sem grandes perspectivas.

É fácil conectar os tópicos que se apresentam como problemas na escola amarrando a relação direta entre os mesmos e conduzindo para a **complexidade de superação de tal realidade. Por isso, qualquer idealização no que diz respeito ao investimento em educação como resolução dos problemas deve ser evitada.** A educação pode (e deve) ser vista como um caminho propício ao desenvolvimento, mas não a mera possibilidade de superação dos problemas de modo abrupto.

O fato de o *bullying* e o *cyberbullying* terem sido criminalizados em janeiro de 2024 revela não só a importância do tema, como também a urgência de se pensar estratégias de prevenção.

A lei define *bullying* como "intimidar sistematicamente, individualmente ou em grupo, mediante violência física ou psicológica, uma ou mais pessoas, de modo intencional e repetitivo, sem motivação evidente, por meio de atos de intimidação, de humilhação ou de discriminação ou de ações verbais, morais, sexuais, sociais, psicológicas, físicas, materiais ou virtuais". No caso do *cyberbullying*, a pena pode chegar a período de 2 a 4 anos de reclusão, além de multa. O termo inclui a intimidação sistemática feita em redes sociais, aplicativos, jogos *on-line* ou "qualquer meio ou ambiente digital". O Código Penal também prevê agravantes se o *bullying* for cometido em grupo (mais de três autores), se houver uso de armas ou se envolver outros crimes violentos incluídos na legislação.

Uma pesquisa feita pelo DataSenado revelou um dado alarmante: cerca de 6,7 milhões de estudantes sofreram algum tipo de violência na escola em 2023 – o número representa 11% dos quase 60 milhões de estudantes matriculados. E isso tem se refletido nos cartórios. Levantamento feito pelos ofícios de notas do país aponta que mais de 121 mil notificações de *bullying* e *cyberbullying* foram registradas em 2023. O número é tão impactante que levou ao recorde na solicitação de atas notariais. Esse tipo de documento prova crimes dessa natureza em processos judiciais e administrativos.

Adentrando especificamente ao contexto do *bullying*, alguns dados chamam a atenção:

- ✓ **Relatório Unesco:** segundo dados divulgados em setembro de 2018, cerca de 150 milhões de adolescentes (entre 13 e 15 anos) sofrem *bullying* nas escolas do mundo. Nos 37 países analisados, cerca de 17 milhões de estudantes confirmaram a realização de ameaças.
- ✓ **Castigo físico:** cerca de **720 milhões de crianças** em idade escolar vivem em países onde não estão totalmente protegidas por lei do castigo corporal na escola.
- ✓ **Custos globais da violência:** a estimativa é que custos globais das consequências da violência contra as crianças alcancem US$ 7 trilhões por ano.

A problemática do *bullying* pode deixar sequelas para o condicionamento social do indivíduo. Muitas vezes, os transtornos emocionais são resultantes de experiências traumáticas assistidas ou vivenciadas pelos indivíduos. Por isso a seriedade do tema que não pode ser negligenciado.

Um estudo realizado por britânicos e australianos trouxe uma informação importante a ser desvendada: relação do *bullying* com a dificuldade de inserção no mercado de trabalho. Além de ampliar a propensão ao desenvolvimento de doenças emocionais, o **indivíduo que sofre *bullying* pode ter maior dificuldade em conseguir um emprego quando adulto**. Tal aproximação de fatos revela preocupações que se desdobram da prática do *bullying*.

Em maio de 2018, a Lei n. 13.663/2018 entrou em vigor na tentativa de coibir as práticas de *bullying* e demais formas de violência dentro do contexto escolar. A lei exige que as escolas desenvolvam programas de combate a essas problemáticas, tornando o tema acessível e permitindo o efetivo enfrentamento. Mais do que a dimensão subjetiva, a lei estabelece que **ações devem ser implementadas na ótica escolar, oferecendo visibilidade para a temática**. Outra lei versa sobre a questão: a Lei n. 13.185/2015 também estabelece um direcionamento mais específico para a problemática.

Na dimensão da lei, caracteriza-se por *bullying* uma série de atos de cunho social, tais como:

✓ Humilhação

✓ Discriminação

✓ Ataques físicos

✓ Insultos pessoais

✓ Comentários sistemáticos

✓ Apelidos pejorativos

✓ Ameaças por quaisquer meios

✓ Grafites depreciativos

✓ Expressões preconceituosas

✓ Isolamento social consciente e premeditado

✓ Pilhérias

Olhando para a dimensão educacional, ao analisar as crianças e adolescentes, a **prática de determinados atos configura-se tecnicamente como infração penal**, cabendo ao Estatuto da Criança e do Adolescente (ECA) os devidos caminhos burocráticos de retratação.

Outra questão fundante que tem sido explorada pela própria dimensão educacional como um todo é a necessidade de superar a visão da escola como espaço de desenvolvimento cognitivo e informacional, elevando a responsabilidade dos atores educacionais na lógica do **desenvolvimento socioemocional do aluno**. Não obstante, a própria Base Nacional Comum Curricular (BNCC), fruto de um trabalho de especialistas na área, dispõe de 4 competências (de um total de 10) que centralizam o debate em aspectos socioemocionais:

COMPETÊNCIAS GERAIS DA EDUCAÇÃO BÁSICA

1. Valorizar e utilizar os conhecimentos historicamente construídos sobre o mundo físico, social, cultural e digital para entender e explicar a realidade, continuar aprendendo e colaborar para a construção de uma sociedade justa, democrática e inclusiva.

2. Exercitar a curiosidade intelectual e recorrer à abordagem própria das ciências, incluindo a investigação, a reflexão, a análise crítica, a imaginação e a criatividade, para investigar causas, elaborar e testar hipóteses, formular e resolver problemas e criar soluções (inclusive tecnológicas) com base nos conhecimentos das diferentes áreas.

3. Valorizar e fruir as diversas manifestações artísticas e culturais, das locais às mundiais, e também participar de práticas diversificadas da produção artístico-cultural.

4. Utilizar diferentes linguagens – verbal (oral ou visual-motora, como Libras, e escrita), corporal, visual, sonora e digital –, bem como conhecimentos das linguagens artística, matemática e científica, para se expressar e partilhar informações, experiências, ideias e sentimentos em diferentes contextos e produzir sentidos que levem ao entendimento mútuo.

5. Compreender, utilizar e criar tecnologias digitais de informação e comunicação de forma crítica, significativa, reflexiva e ética nas diversas práticas sociais (incluindo as escolares) para se comunicar, acessar e disseminar informações, produzir conhecimentos, resolver problemas e exercer protagonismo e autoria na vida pessoal e coletiva.

6. Valorizar a diversidade de saberes e vivências culturais e apropriar-se de conhecimentos e experiências que lhe possibilitem entender as relações próprias do mundo do trabalho e fazer escolhas alinhadas ao exercício da cidadania e ao seu projeto de vida, com liberdade, autonomia, consciência crítica e responsabilidade.

7. Argumentar com base em fatos, dados e informações confiáveis, para formular, negociar e defender ideias, pontos de vista e decisões comuns que respeitem e promovam os direitos humanos, a consciência socioambiental e o consumo responsável em âmbito local, regional e global, com posicionamento ético em relação ao cuidado de si mesmo, dos outros e do planeta.

8. Conhecer-se, apreciar-se e cuidar de sua saúde física e emocional, compreendendo-se na diversidade humana e reconhecendo suas emoções e as dos outros, com autocrítica e capacidade para lidar com elas.

9. Exercitar a empatia, o diálogo, a resolução de conflitos e a cooperação, fazendo-se respeitar e promovendo o respeito ao outro e aos direitos humanos, com acolhimento e valorização da diversidade de indivíduos e de grupos sociais, seus saberes, identidades, culturas e potencialidades, sem preconceitos de qualquer natureza.

10. Agir pessoal e coletivamente com autonomia, responsabilidade, flexibilidade, resiliência e determinação, tomando decisões com base em princípios éticos, democráticos, inclusivos, sustentáveis e solidários.

Disponível em: http://basenacionalcomum.mec.gov.br/images/BNCC_EI_EF_110518_versaofinal_site.pdf. Acesso em: abr. 2019.

Um caso de ampla repercussão chamou a atenção em 2024. Um aluno de 14 anos, bolsista do Colégio Bandeirantes, um dos mais tradicionais do país, tirou a própria vida, e a família alega caso de *bullying*. Antes de cometer suicídio, no dia 12 de agosto, o adolescente enviou um áudio para a mãe e estudantes do colégio de elite, no qual descrevia ataques verbais que os alunos faziam com ele. Segundo a família, o jovem era hostilizado por ser gay, negro e de origem humilde. A situação ganhou ampla repercussão e tende a apresentar desdobramentos.

Cyberbullying e seus impactos

Na esteira da violência dentro do campo físico da escola, surge a expansão desse comportamento pelos ambientes virtuais. As práticas de perseguição e ódio no ambiente virtual se ocultam pela falsa ideia de um anonimato. Além disso, os agressores se sentem encorajados por outros indivíduos que coadunam da mesma ideia. O efeito da violência virtual torna-se um ciclo que não pode ser interrompido.

Considerando o pseudoanonimato do ambiente virtual, os agressores se sentem mais à vontade para tais práticas delituosas. Um estudo realizado pela Organização Mundial da Saúde (OMS) em 44 países europeus e asiáticos indicou que o número de casos de *cyberbullying* entre os jovens vem aumentando consideravelmente. A pesquisa mostrou que cerca de um quinto dos jovens entrevistados afirmou ter sofrido com agressões virtuais nos dois meses anteriores à pesquisa. Maria Isabel Leme, professora do Instituto de Psicologia (IP) da Universidade de São Paulo, analisa quais são os fatores que contribuem para esse aumento na incidência dessa prática, como ela pode afetar o cotidiano dos jovens e quais são as medidas que devem ser adotadas para combater a prática. Para a docente, um dos motivos que provocam esse aumento nas agressões virtuais é a maior familiaridade de crianças e adolescentes com os meios digitais, uma vez que estão ambientados com a tecnologia desde os primeiros anos de vida. Outro fator destacado por ela é a grande quantidade de vítimas que uma pessoa pode atingir de uma só vez através da internet, que é muito superior ao que conseguiria no ambiente presencial. Além disso, ela explica que os agressores sentem-se mais seguros em praticar os abusos remotamente porque acreditam que dificilmente serão identificados e punidos pelos atos. "Tem a ver com o conhecimento das crianças com as novas tecnologias, mas também com a facilidade de acesso que o ambiente virtual favorece, é um ambiente mais protegido. Praticar o *bullying* presencialmente expõe mais o agressor a punições e, no ambiente virtual, acredito que seja mais protegido e que ele se sinta mais seguro", informa.

A especialista explica que os danos psicológicos causados pelo *cyberbullying* são mais propensos a atingir jovens que não possuem uma rede de apoio, por isso é importante a vítima compartilhar sua situação com pessoas próximas. Ela reforça que, se a violência virtual acontecer frequentemente e vinda de várias pessoas, pode ocasionar prejuízos consideráveis na autoestima e nas relações interpessoais do jovem, bem como um maior prejuízo no desempenho escolar.

Conforme Maria Isabel, os reflexos do *cyberbullying* variam entre cada vítima, pois cada indivíduo possui uma personalidade diferente e variados recursos para lidar com essa violência. "Depende muito de cada pessoa e dos recursos que ela tem para apoio, como, por exemplo, amigos com quem possa conversar. Se for uma pessoa mais segura de si e que disponha de relações saudáveis para poder desabafar, eu acredito que consiga superar mais fácil do que aquela pessoa que é mais sozinha", analisa.

De acordo com a docente, os agressores buscam as vítimas que se sentem mais afetadas pela agressão, por não terem recursos para se defender e por se deixarem atingir pelos insultos. No entanto, ela acredita que, com o passar dos anos, a maturidade auxilia os jovens a superar os traumas vivenciados.

Países como **Finlândia, Catar e EUA já desenvolvem ações efetivas de enfrentamento do problema**. Trata-se de uma tendência, já que cada vez mais as pessoas se encontram conectadas a perfis de redes sociais, *sites* de entretenimento e aplicativos de troca de mensagens.

Em alguns instantes, os próprios adolescentes acabam por entender os abusos cometidos no ciberespaço. Entretanto, é preciso separar a questão do humor, da crítica, da mobilização daquilo que vem a ser uma afronta ao contexto social, ou seja, mera ridicularização pejorativa. **Por não ser possível alcançar um isolamento do aparato tecnológico, o uso responsável e a devida dosagem nos conteúdos compartilhados (realizando um filtro) são práticas de extrema relevância para que o ciberespaço não seja ambiente de propagação de ódio ou disseminação de informação falsas.**

O espaço virtual demonstra o tamanho da animosidade dos indivíduos que muitas vezes são estimulados à práticas de *cyberbullying* por meio de fóruns e espaços de compartilhamento de ideias onde os usuário fomentam tal prática. Tal elemento explicita uma preocupação recente com relação aos estudantes: automutilação. Segundo estudos divulgados pelo *Journal of Medical Internet Research,* vítimas e vilões de *cyberbullying* são mais propensos à automutilação.

Outro dado de destaque divulgado em 2024 chama a atenção. Mais de 13% dos jovens de 13 a 17 anos do ensino fundamental e médio de escolas públicas e privadas já foram vítimas de *cyberbullying* – agressões em ambientes virtuais, segundo estudo pioneiro no Brasil, realizado por pesquisadores da Escola de Enfermagem da UFMG e do Instituto Brasileiro de Geografia e Estatística (IBGE). Conforme dados revelados pelo levantamento, jovens do sexo feminino (16,2%), filhos de mães sem escolaridade (16,2%) e estudantes de escola pública (13,5%) estão entre as principais vítimas das agressões. A prevalência também é expressiva entre estudantes que relatam sofrer agressão dos pais (22,6%) e que não têm supervisão dos pais para o que fazem no tempo livre (18,1%). Esses também, conforme o estudo, são adolescentes que não moram com os pais (15,4%), que faltam às aulas sem autorização dos responsáveis (18,4%) e que sentem que ninguém se importa com eles (18,6%). Outro dado preocupante revelado é de que, entre os jovens, aqueles que disseram que se sentem tristes (17%), que não têm amigos (26,1%) e que afirmam que a vida não vale a pena (22,3%) são os maiores alvos de *cyberbullying*. Além disso, estudantes que usam bebidas alcoólicas (19,1%), cigarro (24,8%), tabaco (22,4%) e drogas ilícitas (26,4%) e que relataram ter tido relação sexual (17,1%) também apresentaram maior prevalência.

Intervenções

É nítida a ideia de que o combate a tais problemas (*bullying* ou *cyberbullying*) passa por uma transformação de comportamento oriunda de um processo educacional que reconheça a importância da diversidade e estimule o diálogo. Para isso, as legislações evidentes já auxiliam na edificação estratégica de ações que mobilizem a comunidade escolar para o tema, possibilitando a identificação de tal problema, das causas, das consequências, assim como das medidas a serem tomadas.

Nessa gama de possibilidades destacam-se, portanto:

- ✓ **Campanhas educativas** que desconstruam as diferenças.
- ✓ **Trabalhos interdisciplinares** que promovam a reflexão sobre diversidade, habilidades, diálogo.
- ✓ **Palestras motivacionais** que façam uma abordagem humana da temática.
- ✓ **Orientações vindas de profissionais do Direito** com relação às consequências de tal comportamento agressivo.
- ✓ **Monitoramento de espaços virtuais** (no caso do *cyberbullying*) e conteúdos acessados por crianças e adolescentes.
- ✓ **Busca por um constante diálogo** em todos os espaços (família, escola, trabalho etc.).
- ✓ Além da orientação dos alunos, é preciso retomar **questões de segurança na internet, hábitos e ações** juntamente com as respectivas famílias.
- ✓ Criação de uma disciplina para tratar de questões digitais: **cidadania digital**.
- ✓ Uso de **aplicativos, *sites* e demais mecanismos da inteligência artificial** que combatam comportamentos agressivos.

7.8 NECESSIDADE DE SE DEBATER A EDUCAÇÃO DE TRÂNSITO NO BRASIL

Contextualização

Um dos problemas mais graves da contemporaneidade brasileira diz respeito ao trânsito. A violência do trânsito brasileiro apresenta dados alarmantes, colocando o cidadão diante de uma tragédia anunciada. O tema envolve ainda uma série de ramificações para o entendimento concreto, já que falar do trânsito é refletir sobre questões como:

- ✓ Comportamento dos condutores
- ✓ Qualidade das vidas

- ✓ Leis de trânsito
- ✓ Monitoramento e fiscalização
- ✓ Medidas intervencionistas
- ✓ Compilação de dados estatísticos
- ✓ Políticas públicas e demais ações

Casos reincidentes de imprudência no trânsito são frequentes e revelam a maneira superficial com que o tema é tratado. Os desafios de ordem prática incorporam uma realidade tomada pelo **descaso das autoridades competentes na formulação de políticas públicas; escassez de profissionais, falta de qualificação e ausência de equipamentos básicos** estão entre as principais reclamações que geram estagnação no enfrentamento de estatísticas de violência.

Assim sendo, o tema envolve uma reflexão da área da saúde – quando analisados os dados referentes ao número de vítimas, atendimentos e custeios por parte do Estado – assim como uma questão de ordem social – na validação de **políticas públicas e na própria inferência sobre a responsabilidade dos cidadãos para com a temática**. Assumir o volante de um veículo é estabelecer um comportamento social, já que a perspectiva coletiva é colocada em prática na vivência do trânsito.

Somado ao estresse em que as pessoas estão submetidas e demais problemas urbanos – como violência, congestionamentos e poluição – o trânsito se torna um fator de tensão social aguda. É válida a análise mais específica para os contextos onde a relação de trânsito é evidentemente intensa, mas não se podem descartar as áreas de menor urbanização onde o trânsito também pode revelar problemas.

O tema dialoga ainda com um amplo debate entre urbanistas: a mobilidade urbana. Algumas cidades, tomadas pela macrocefalia (crescimento desordenado) enfrentam situações exacerbadamente caóticas. Torna-se inevitável no caminho biunívoco da situação aceitar a condição de caos como se o processo fosse irreversível. Essa crítica pode ser estabelecida analisando determinados **Planos Diretores, que teorizam as questões urbanas na no campo prático se demonstram com baixa eficiência.**

Por isso, o tema exige um olhar mais atento. Trata-se de uma área de extrema especificidade no que diz respeito aos prováveis apontamentos de sucesso para superação de tragédias. Além disso, a transformação desse cenário não se projeta de modo verticalizado, ou seja, é preciso horizontalizar as responsabilidades, dividindo as ações por todo o contexto social, com ênfase para um processo de educação de trânsito (na lógica formal e informal) que possa amplificar o grau de instrução da área por parte de condutores, colocando os mesmos em uma imposição de conduta consciente, garantindo a prática responsável.

Outro elemento a ser destacado no debate é o **aparato legal/formal, ou seja, o conjunto de legislações, diretrizes, decretos e demais aspectos jurídicos e**

não jurídicos que comportem a redefinição de ações no envolvimento da população com o trânsito. A Lei Seca, por exemplo, é instrumento tratado como grande evolução por outras nações, já que conseguiu reduzir índices de violência no trânsito por abuso de álcool. Entretanto, não é possível idealizar a situação sustentando a superação do problema, já que várias são as dificuldades para garantia de uma aplicação contínua da lei (falta de equipamentos e profissionais, como destacado anteriormente).

Dessa forma, nota-se que o tema é bastante permissivo no caminho do raciocínio crítico. Por conta de se tratar de uma questão objetiva, ou seja, sem a possibilidade de devaneios por aspectos subjetivos, é importante a assimilação de alguns dados estatísticos que reforcem o tamanho do problema, bem como variáveis que justifiquem a urgência de se debater medidas na área, educação formal de trânsito, políticas públicas, implementação de legislações específicas etc.

O trânsito em números

A Organização das Nações Unidas (ONU) trata a questão do trânsito como uma de suas prioridades. Em 2019, a entidade solicitou que **instituições e líderes provoquem ações em busca de um trânsito menos violento**. Dentre os objetivos do Desenvolvimento Sustentável das Nações Unidas, destacam-se metas direcionadas para a questão do trânsito:

- ✓ **Redução pela metade do número global de mortes e ferimentos** em acidentes nas estradas até 2020.
- ✓ Até 2030, os Estados-membros da ONU devem possibilitar acesso a sistemas de **transporte seguros e a preço acessível para todos**, melhorando a segurança rodoviária por meio da expansão dos transportes públicos, com atenção especial para as necessidades das pessoas em situação de vulnerabilidade, mulheres, crianças, indivíduos com deficiência e pessoas idosas.

Na Organização das Nações Unidas a entidade que lida com a questão do trânsito é a Organização Mundial da Saúde (OMS). No continente americano, a Organização Pan-Americana de Saúde – braço regional da OMS – é responsável pela questão. As entidades têm fortalecido alguns questionamentos específicos para a realidade brasileira:

- ✓ Papel da imprensa na divulgação de dados
- ✓ Questão da velocidade redução da velocidade e a relação com ciclovias
- ✓ Problemática dos congestionamentos
- ✓ Papel do instrutor de trânsito

Segundo dados da ONU, a cada ano, são 1,3 milhão de mortes e 50 milhões de feridos em acidentes de trânsito, o que revela uma problemática das mais desafiadoras para a sociedade.

Estudo do Centro de Liderança Pública (CLP) mostrou que o Brasil perde anualmente cerca de R$ 21 bilhões com mortes em acidentes de trânsito, o que representou 0,2% do PIB em 2023. O levantamento também mostrou que, ao contabilizarmos os últimos oito anos, o custo econômico de vidas perdidas chega a R$ 251 bilhões – uma média de R$ 800 mil por indivíduo. Em um país com problemas socioeconômicos, esse tipo de custo afeta outras áreas que poderiam ser fortalecidas.

Em 2019, a Organização Pan-Americana de Saúde (OPAS) divulgou um documento sobre **segurança das motos**. Segundo dados, motos e automóveis de três rodas motorizados estão associados a 286 mil mortes por ano. A preocupação ganha dimensão por conta do aumento do número de veículos desse porte em diferentes localidades do globo. Afinal, tem sido uma estratégia interessante para lidar com problemas dos grandes centros urbanos, como é o caso do congestionamento.

Ainda segundo dados da OPAS, os óbitos no trânsito correspondem à oitava maior causa de mortes no mundo. Dessa forma, a entidade é uma das que articula variados debates associando o trânsito ao contexto da saúde pública.

Olhando especificamente para a realidade brasileira, é possível notar uma redução do número de mortes no trânsito. Ainda assim, os dados mais recentes revelam um problema que envolve direta ou indiretamente grande parte das famílias brasileiras que assistem vidas serem interrompidas por imprudência, falhas mecânicas, condições de estradas, uso abusivo de substâncias proibidas etc.

O estado de São Paulo registrou recordes de mortes no trânsito nos primeiros cinco meses de 2024. Cerca de 3 mil pessoas haviam morrido no período, frente a um número de 1,9 mil no comparativo com o ano anterior. No Brasil, só é considerada morte no trânsito se a vítima falecer no local. Motociclistas são a maioria das vítimas fatais, mas os números altos que vemos são maiores ainda. Quando uma vítima é hospitalizada e vem a óbito por intercorrência do acidente, essa morte não é considerada uma morte no trânsito. Outro ponto importante é que acidentes de trânsito costumam mobilizar muitas ações na esfera do Direito.

Regionalizando o tema com os dados mais recentes, alguns estados apresentam a violência no trânsito matando mais do que a criminalidade. Em Tocantins, Piauí, São Paulo e Santa Catarina o trânsito mata mais que armas.

A questão do comportamento no trânsito

Outra aresta necessária para a compreensão do tema é a análise do comportamento dos motoristas, que acaba resultando em uma série de acidentes. A falta de atenção, a imprudência e a ausência de um comportamento cordial no trânsito agrava as estatísticas violentas. Por isso, é de suma importância retomar o papel do condutor desde o processo de formação na área. Entretanto, como podemos tratar os indivíduos desconectados de uma realidade, a **falta de um trabalho direcionado no contexto de formação**

cidadã – diga-se de passagem o período escolar – afasta longitudinalmente a possibilidade de promover um trânsito harmônico e que esteja balizado pelo respeito às leis.

A questão do respeito às leis é, inclusive, uma das boas discussões de caráter subjetivo e abstrato de uma produção de texto. Isso porque o típico "jeitinho brasileiro" torna obscuros comportamentos cotidianos que revelam a **naturalização de ações transgressoras**, sendo o trânsito uma das áreas mais afetadas (estacionar em local não permitido; ultrapassar em local proibido; fugir da *blitz* policial; frear apenas na área próxima ao radar de velocidade). Dessa forma, a legislação existente acaba sendo suplantada e desfigurada pelos indivíduos que deveriam fazer uso da mesma.

Não desprendida dessa discussão, aparece a **problematização do uso do celular no trânsito**. É certo que os afazeres da vida contemporânea sugerem uma conexão constante. Vivemos *on-line* o tempo todo, acessando redes sociais, respondendo *e-mail* ou consultando *sites*. Porém, por mais que pareça importante responder uma mensagem ou ouvir um áudio, o uso do celular durante o trajeto veicular é, empiricamente comprovado, perigoso. A noção de distância, o reflexo e a capacidade de agir diante de um intemperismo assumem como provável resultado o acidente. Por isso, tal comportamento já chama a atenção de autoridades, especialistas e pesquisadores, que debatem estratégias para a resolução da situação conflituosa (isso porque a aplicação de multas não tem sido suficiente para responder à questão).

Para efeito de concretização de tal aspecto problemático envolvendo o celular no trânsito, importante destacar:

- ✓ De acordo com o **Código de Trânsito Brasileiro (CTB)**, utilizar, falar ou manusear o *smartphone* ao volante são situações diferentes e, portanto, cada uma tem seu peso. As multas de trânsito referentes ao uso do celular podem ser aplicadas pelas três esferas de órgãos autuadores: municipal, estadual e federal.

- ✓ Para se ter ideia, as multas por dirigir veículo utilizando o telefone celular caíram 46%. De janeiro a novembro de 2023, foram 11.154 multas do tipo, contra 20.831 no mesmo período de 2022. Já o número de pessoas que dirigem o veículo segurando telefone celular caiu 27%. De janeiro a novembro de 2023, foram 36.589 multas, enquanto que, no mesmo período de 2022, foram registradas 50.172.

Sobre as punições previstas:

- ✓ Dirigir veículo utilizando-se de telefone celular (falando, mesmo que com fones de ouvido): infração média. Quatro pontos na CNH e multa de R$ 130,16.

- ✓ Dirigir veículo segurando telefone celular (mantendo o celular em uma das mãos): infração gravíssima. Sete pontos na CNH e multa de R$ 293,47.

- ✓ Dirigir veículo manuseando o celular (teclando): infração gravíssima. Sete pontos na CNH e multa de R$ 293,47.

Além de gerar multa, a **Organização Mundial da Saúde (OMS)** informa que o uso do *smartphone* ao volante aumenta em 400% o risco de sinistros no trânsito. Ainda é correto dizer que **dirigir mexendo no celular é tão perigoso quanto conduzir um veículo após a ingestão de bebida alcoólica**. De acordo com pesquisa da instituição inglesa **RAC Foundation**, o envio de mensagens pelo *smartphone* é capaz de retardar o período de reação do condutor em 35%.

Já um estudo da **Associação Brasileira de Medicina de Tráfego (Abramet)** aponta que digitar uma mensagem de texto enquanto se conduz um veículo a 80 km/h equivale a dirigir com os olhos vendados por um percurso de até 100 metros. Trata-se, portanto, do comprimento de um campo de futebol. Mais um fato notório é que, ao usar o celular ao volante, o condutor perderá o campo de visão de 360° que se deve ter com o auxílio do espelho retrovisor. Isso, por fim, afetará bruscamente sua concentração no trânsito.

Enfim, nem a legislação mais adequada, muito menos o melhor aparato tecnológico--informacional, a chave para superação do problema do trânsito passa pela transformação atitudinal dos cidadãos, tornando os mesmos capazes de entender a necessidade de garantir uma direção defensiva, priorizando elementos básicos e sustentando uma preocupação com o outro. Ingerir bebidas alcoólicas e assumir o controle de um veículo é colocar em risco não apenas a própria vida, mas também a de terceiros. Trata-se de fato de uma questão de educação.

Intervenções

Com o objetivo de reduzir o impacto das mortes no trânsito, entidades que lidam com o tema elucidam uma série de possibilidades. Destaque para:

- ✓ **Reforçar a infraestrutura** de vias, oferecendo maior segurança;
- ✓ **Estabelecer velocidade limite** (no caso da OMS, a recomendação é que nas cidades a velocidade não ultrapasse 50km/h);
- ✓ Amplificar a tecnologia de veículos para reduzir os acidentes causados;
- ✓ **Fomentar campanhas de conscientização/instrução** para que condutores e pedestres reconheçam os perigos do trânsito;
- ✓ **Formalizar a educação de trânsito**, oferecendo conteúdos práticos ao longo da Educação Básica, com linguagem acessível e garantindo conhecimento básico dos princípios de trânsito;
- ✓ **Estabelecer legislações assertivas** no combate às práticas inadequadas, garantindo aplicação e monitoramento. A Lei Seca, por exemplo, reduziu em 14% o número de acidentes no país (ela foi aprovada em 2008) – evitando mais de 40 mil mortes. No Rio de Janeiro, a queda foi de 53% no número de acidentes.

Contudo, faz-se necessário um debate urgente com relação às medidas (em curto e longo prazo) para sanar tal problema que tem sido negligenciado por diferentes setores da sociedade. Acima de tudo, lembrar que as vidas perdidas deixam para trás narrativas, famílias e lacunas que dificilmente são superadas.

7.9 SOLIDARIEDADE EM PAUTA NA ERA DA EFEMERIDADE DAS RELAÇÕES

Contextualização

Algumas propostas de redação sugerem debates voltados para o contexto do comportamento da sociedade. Nessa lógica, a **observância ocupa-se dos desdobramentos de fatos que revelam ações diretas e indiretas**, permitindo ainda o estabelecimento de um método comparativo ao longo da história.

Exemplo: a maneira como as relações são estabelecidas no patamar da afetividade se transformou consideravelmente com o advento da tecnologia. Atualmente, existem formas de interação estritamente superficiais, efêmeras e fugazes, justamente por conta dos novos dispositivos que permeiam a existência das partes. Assim, a relação entre os indivíduos tornou-se mecânica e superficial, trazendo problemas como o isolamento social e a fragilização emocional.

Com esse parâmetro de observação, a compreensão da construção de laços solidários passa pelo entendimento da maneira como os indivíduos se portam e, principalmente, da maneira como o sentimento em si é visualizado. O próprio modelo **de vida contemporâneo comporta um elevado grau de individualismo, exacerbando as ações limítrofes do indivíduo direcionado pelo "culto ao eu"**, deixando de estabelecer conexões sólidas com a realidade ao seu redor. Dessa forma, o mecanicismo torna-se evidente na supressão do diálogo que agrava tensões sociais. No máximo, momentos pontuais, como é o caso de tragédias, revelam um comportamento mais holístico e humano, reduzido ao patamar da solidariedade específica.

A questão remete ainda ao debate sobre princípios e valores. Uma sociedade que fortalecesse o sentimento solidário cria condições de uma evolução coletiva, respeitando a diversidade e as limitações de cada grupo. Qualquer visão que afaste, abomine ou degrade o sentimento solidário tende a provocar um movimento retrógrado da evolução moral dos indivíduos. Vale destacar que a solidariedade aqui não é entendida como práticas isoladas de generosidade ou bondade, mas sim como algo que revitaliza aspectos da coletividade, sendo perene.

Os tópicos que chamam atenção para a evidência do termo são múltiplos:

✓ **Crise humanitária de refugiados e a perspectiva do mundo a partir de muros e não mais de pontes**

✓ **Tragédias ambientais e os efeitos da crise climática**

- ✓ **Compromisso da sociedade para as vias inclusivas**
- ✓ **Pobreza e miserabilidade e agravamento da desigualdade social**
- ✓ **Midiatização da tragédia e a banalização do sofrimento**
- ✓ **Problemática da insegurança alimentar**
- ✓ **Conflitos globais e a busca pela paz**
- ✓ **Violência em suas variadas manifestações**
- ✓ **Crise da idolatria**

Há a possibilidade de sinalizar ações tipicamente solidárias para cada um dos recortes. Em alguns instantes, o **apelo afetivo-sentimental acaba sendo maior** (tragédias como a morte dos atletas de base do Flamengo; rompimento da barragem em Brumadinho; enchentes e deslizamento de terras no Rio de Janeiro; mortes na escola de Suzano/SP; acidente com os jogadores da Chapecoense ou as enchentes que afetaram o Rio Grande do Sul em 2024); em outros, há uma menor sistematização da dor ou banalização do sofrimento, o que acaba por mitigar a possibilidade de uma exaltação solidária.

Por detrás de todos esses processos de interação com os acontecimentos está a abordagem midiática que tem amplo alcance, ou seja, dentro de cada fato narrado há uma intencionalidade ou um manuseio específico da notícia. Dessa forma, o receptor acaba reagindo de modo diversificado, dependendo de sua condição emocional ou ainda do próprio apelo evidenciado pela notícia. É fato que existe uma **midiatização da tragédia com a exploração da dor e a banalização do sofrimento**, o que aponta para um modelo irracional, apelativo, repetitivo, sensacionalista, performático e espetacularizado. Ainda nesse contexto, cabe destacar a emergência de práticas solidárias imediatas, ao passo que a comoção desperta reação por parte de alguns. Em *A sociedade do espetáculo*, Guy Debord reflete sobre tal processo de espetacularização da realidade. Com o advento das redes sociais, a força potente impressa nesse processo de espetacularização ganha proporção incomensurável.

Outro elemento do debate não pode ser esquecido: vivemos em uma era de instabilidade que acaba por provocar reações distintas. Somado ao alto grau de fragmentação emocional, o abalo pela notícia acaba sendo muitas vezes inevitável, assim como a proliferação da sensação de luto e dor (a depender do fato em si). Não obstante, o movimento imediatista produz análises superficiais e rasas, o que faz do luto elemento passageiro – *vide* a guerra da Ucrânia que tem início em 2022 e passa a ter cobertura dos mais variados canais –, apegadas ao apelo que a notícia gerava no momento. O conflito entre Israel e Líbano em 2024 abarca a mesma circunstância – enquanto é benéfico para os veículos de comunicação, eles irão exaltar tais assuntos.

Por fim, destaca-se o caminho dicotômico da prática solidária: é possível assumir um comportamento de **auxílio moral ou material**. Para o entendimento da questão material a análise de dados concretos pode auxiliar: *ranking* de generosidade, solidariedade, doação, campanhas de arrecadação etc. Já na lógica moral, é necessário um olhar para o elemento abstrato da ação, seja com relação a uma causa, movimento ou situação. Em uma sociedade que tem a *performance* do "eu" cada vez mais exaltada, que prioriza o individual e o singular frente ao coletivo, práticas solidárias tendem a ser hipervalorizadas como movimentos em extinção.

Questão solidária na lógica objetiva

A tentativa de mensurar uma prática solidária é complexa. Isso porque a abrangência do termo e as diferentes possibilidades de manifestação assumem um caminho multifacetado. Ainda assim, alguns parâmetros internacionais convergem para um conjunto de ações que podem ser consideradas ligadas ao sentimento solidário.

A principal referência objetiva sobre o tema é o World Giving Index, medido pela Charities Aid Foundation (CAF), instituição com sede no Reino Unido, e que no Brasil é representada pelo Instituto para o Desenvolvimento do Investimento Social, o IDIS. Anualmente, os países são escalonados conforme os seguintes critérios:

- ✓ Doação de dinheiro para uma organização da sociedade civil (mês anterior à pesquisa);
- ✓ Ajuda a um desconhecido;
- ✓ Realização de trabalho voluntário.

O Brasil é o 86º país mais generoso do mundo, de acordo com a pesquisa World Giving Index 2024, um dos maiores levantamentos feitos a respeito da generosidade das pessoas. O país subiu três posições no *ranking* em comparação com 2023 e compõe uma lista com mais outros 141 países. Para chegar a esse resultado, entre setembro e novembro do ano passado, a pesquisa questionou os entrevistados a respeito de três tipos de ações:

- ajuda a um desconhecido;
- doação em dinheiro a uma organização social;
- voluntariado.

Países mais solidários	Países menos solidários
1. Indonésia	1. Iêmen
2. Quênia	2. Grécia
3. Cingapura	3. China
4. Gâmbia	4. Estado da Palestina

5. Nigéria	5. Camboja
6. Estados Unidos	6. Azerbaijão
7. Ucrânia	7. Lituânia
8. Austrália	8. Letônia
9. Emirados Árabes	9. Afeganistão
10. Malta	10. Tunísia

Alguns episódios trágicos chamam atenção para o impulsionamento de práticas solidárias. Infelizmente, algumas tragédias ganharam os noticiários nos últimos anos, gerando grande mobilização da população. Esse é o caso do ocorrido em eventos climáticos extremos recentemente.

Cabe destacar que algumas ações da população brasileira realmente ganham destaque mostrando um lado solidário e generoso de muita empatia e altruísmo com pessoas desconhecidas. Muitas vezes, essas mobilizações acabam tendo ampla repercussão exatamente por destoar dos valores individualistas da sociedade contemporânea.

De acordo com dados do Instituto Brasileiro de Geografia e Estatística (IBGE) na Pesquisa Nacional por Amostra de Domicílios (PNAD), **apenas 4,2% da população brasileira declara que realizou trabalho voluntário** em 2022.

Na dimensão laboral, o trabalho voluntário é apontado como um diferencial no currículo. Tal aspecto leva os indivíduos a procurarem uma prática que seja transformadora na dimensão do cotidiano, alinhando-se com princípios e valores que transcendem a dimensão do "eu". É certo que as questões comportamentais da contemporaneidade pouco favorecem o olhar para o "outro". Basta observar a invisibilidade social de determinados grupos, por exemplo, as pessoas em situação de rua. Segundo dados do Instituto de Pesquisa Econômica Aplicada (Ipea), são cerca de 300 mil pessoas em tal situação (organizações que atuam na causa refutam esse dado apontando enorme subnotificação). Assim sendo, apenas em 2024 uma Política Nacional de Trabalho Digno e Cidadania para a População em Situação de Rua foi efetivada – o que reforça o descaso com determinado grupo social marginalizado.

Paradoxo contemporâneo

Observando o contexto contemporâneo é fácil destacar como as pessoas se preocupam cada vez mais com um espaço reduzido, aquele ao seu redor. Utilizando o conceito de modernidade líquida proposto pelo sociólogo polonês Zygmunt

Bauman, observa-se que a **liquidez das relações se dá pela própria forma de relacionamento entre os indivíduos**. A velocidade da vida moderna, bem como as responsabilidades e o afastamento propiciado pela tecnologia, tornaram-se os agravantes do comportamento.

Nesse sentido, **olhar para o "outro" de modo a perceber dificuldades, desafios e obstáculos se tornou algo complexo e distante**. O sentimento de pertencimento a um contexto, a busca pela exaltação coletiva e a abertura ao diálogo após o processo de estranhamento cultural (que é algo natural em uma dimensão de globalização da cultura) são entendidos como os grandes desafios da atualidade.

Os indivíduos são "treinados" a adotarem comportamentos competitivos e individualistas desde cedo. Ao mesmo tempo em que a era permite a hiperconectividade com múltiplas facilidades, existe um grande vazio emocional. É a **solidão na era da hiperconexão**. Dessa forma, os hábitos vão naturalizando a preocupação íntima.

Na própria lógica da dimensão socioemocional da população, a empatia – capacidade de se colocar na situação do outro – é elemento decisivo para o desenvolvimento das chamadas *soft skills*. Tal aspecto é bastante sinalizado pelas empresas a fim de encontrar funcionários não apenas com habilidades técnicas, mas com habilidades que permitam um convívio inclusivo, respeitoso e que valorize as diferenças.

Por outro lado, é possível observar um descompasso em algumas situações. Se for levado em consideração o modelo utópico e idealizado de articulação nas redes sociais, nota-se que muitos indivíduos são preocupados, ativos e transformadores no que diz respeito aos temas que envolvam as grandes mazelas sociais. Há uma espécie de **solidariedade artificial, já que os usuários das redes sociais são convidados a adotarem tal comportamento ("etiqueta virtual")**. Nessa dimensão, é fácil encontrar pessoas que criticam a pobreza, absorvem a dor das outras e travam lutas por direitos. O grande problema é a comparação com a dimensão real, ou seja, há um enorme abismo entre a solidariedade ativa na virtualidade e as práticas solidárias do aspecto real. A mesma situação serve para o ativismo virtual.

Outra questão importante para ser projetada na temática é como a **dor tende a mobilizar comportamentos solidários**. Vários são os exemplos de campanhas de arrecadação de valores para tratamento de doenças. A pergunta que paira é: qual a espontaneidade de tais atos? Até que ponto cada ação e gesto realmente são propositivos na lógica solidária?

Na maior parte das vezes, situações que envolvem crianças ganham ampla repercussão e demonstram como o ser humano tem em sua essência a capacidade de ajudar o outro (não necessariamente com valores materiais, mas com gestos variados). Há exemplos ainda de pessoas que se aproveitam de tal situação e fazem das doações um meio de vida. Vários são os escândalos envolvendo pessoas que se beneficiaram dessas correntes do bem para acumular recursos de modo ilícito.

A partir desse pressuposto reflexivo nasce a seguinte indagação: por que a solidariedade não se manifesta na mesma proporção quando não há necessariamente uma situação de dor? O questionamento poderia ir além. É notória a prática solidária em determinados momentos do ano. É o caso das festividades de final de ano que deixam a população mais sensível. De modo racional, o comportamento de preocupação com o "outro" deveria ser estendido por todo o tempo.

Ademais, nota-se que em determinados instantes **a solidariedade artificial do campo virtual passa por uma publicização.** É a necessidade de expor a prática solidária como forma de aceitação. É a busca pela visibilidade a partir de um gesto que tem em sua essência a espontaneidade. A sociobiologia é uma ciência que busca entender as bases biológicas do comportamento social – evoluindo por questões que motivam os seres a agirem de formas diferentes. Assim, alguns estudos já caminham pelo efeito conclusivo de que os indivíduos necessitam dessa aceitação a partir da realização da uma prática solidária.

Olhando para os recortes específicos que mobilizam a reflexão solidária e orientam discussões no modelo de temáticas de redação, destacam-se:

- ✓ **Campanhas de doação de sangue:** é comum receber mensagens de pessoas que precisam de determinada doação. A questão que repousa é a articulação das pessoas em busca da doação de sangue quando a situação é próxima, ou seja, um familiar, amigo, colega de profissão ou até mesmo conhecido. Se a prática solidária da doação de sangue dimensionasse um comportamento amadurecido, certamente os problemas seriam menores com relação à necessidade urgente em determinados instantes. O desafio da ampliação da doação de sangue é global, a própria Organização Pan-Americana de Saúde (OPAS) destaca que apenas **45% do sangue para transfusões na América Latina e no Caribe foi obtido por meio de contribuições espontâneas do público. A meta é que ao final de 2019 esse valor chegue a 100%.**

- ✓ **Desafios da doação de órgãos:** a questão é um pouco mais polêmica. A doação de órgãos envolve um aspecto ético que, em determinados instantes, adentra ao campo religioso. Ainda assim, há um esforço global em busca da ampliação da doação de órgãos e, principalmente, dos devidos esclarecimentos com relação ao tema. No contexto brasileiro, o primeiro semestre de 2018 registrou aumento de 7% na doação de órgãos em relação ao mesmo período do ano anterior, segundo dados do Ministério da Saúde. Ainda assim, os dados do fechamento do ano de 2018 não alcançaram a meta esperada: a taxa de doadores cresceu apenas 2,4% – ficando abaixo de 5,5% projetado – segundo a Associação Brasileira de Transplante de Órgãos (ABTO). O estado com o maior índice foi o Paraná (90 transplantes por milhão de pessoa). O Paraná também registrou a queda da taxa de rejeição das famílias em doar órgãos: 27%

dos casos, sendo que no Brasil a taxa de recusa familiar é de 43%. Nos últimos seis anos, o **transplante hepático cresceu 15% e o cardíaco, 21%. Cirurgias de pulmão ainda são baixas: 0,6 por milhão de pessoas, quando a necessidade é de 8.**

✓ **População dos moradores de rua:** é fato que os moradores de rua vivenciam a triste experiência da invisibilidade social. A exclusão dos mesmos revela a falta da empatia e do olhar para o outro. A marginalização demonstra ainda como os direitos básicos são esquecidos. Dados divulgados pela prefeitura de São Paulo, em 2017, apontavam para uma população entre 20 e 25 mil moradores de rua. No Rio de Janeiro, segundo o Programa de Apoio e Inclusão Social à População de Rua, são 15 mil pessoas vivendo na rua. No Brasil, dados do Instituto de Pesquisa Econômica Aplicada (Ipea) revelam um total de **100 mil pessoas vivendo na rua**. As estatísticas se agravam segundo outras entidades, como é o caso do Conselho Nacional de Direitos Humanos: levantamentos apontam para um total de **400 mil pessoas** vivendo em lixões, buracos ou terrenos baldios sem a mínima condição. O debate sobre ajudar moradores de rua ganha contornos específicos. Para muitos, a problemática da "mendicância profissional" deturpa o ato de solidariedade das pessoas por objetivar a lucratividade. Outros defendem que a doação seja de alimentos, negando a possibilidade do dinheiro. Existem ainda pessoas que sustentam o ato de doar para instituições, em hipótese nenhuma para indivíduos. Vale destacar que o objetivo não é promover um juízo de valor sobre o gesto de doar, mas pensar de que maneira a cultura solidária pode auxiliar no combate dessa problemática tão evidente. Destaca-se ainda o fato de o Brasil ter uma Política Nacional para a População em Situação de Rua, desde 2009. Entretanto, poucas localidades evoluíram no tema de lá pra cá (até janeiro de 2019, apenas oito capitais haviam aderido à política – Brasília, Curitiba, Porto Alegre, Belo Horizonte, São Paulo, Salvador, Fortaleza e Rio de Janeiro).

Contudo, nota-se que a análise do **comportamento solidário (ou a escassez do mesmo) passa por uma questão introspectiva que se conecta diretamente com aspectos do comportamento coletivo**. A ação dos indivíduos, a sensibilidade com relação a pautas específicas, os hábitos assumidos cotidianamente, o altruísmo necessário para constante evolução da sociedade, a harmonia garantida a partir do respeito, tolerância e solidificação igualitária de direitos, são aspectos basilares do processo de evolução.

A ruptura com vícios cotidianos que afastam a possibilidade de amadurecer práticas solidárias revela uma necessidade global. Na era de protecionismo e da "desglobalização" (retrocesso na integração entre as nações), navegar no sentido inverso é tarefa que envolve ampla mobilização e, mais do que isso, insere a sociedade em um compromisso com pilares democráticos que sustentam a existência humana: **liberdade e igualdade**, duas máximas que devem prevalecer independentemente de ideologias.

Intervenções

Trata-se de uma discussão onde a apresentação de soluções é difícil na perspectiva da objetividade. Tratar a questão de impulsão de práticas solidárias passa por um processo de autoconhecimento, prática da alteridade, altruísmo e desapego de questões individualistas propostas pelo modelo de vida contemporâneo.

Dessa forma, nota-se que, no aspecto prático do tema, questões como campanhas de doação de sangue, auxílio a comunidades afetadas, campanhas de arrecadação virtual em promoção de determinada causa, instrução sobre a doação de órgãos podem garantir um espaço mais solícito na ótica solidária.

Outro elemento fundante para o tema é o estabelecimento um olhar mais atento para as mazelas sociais. Reconhecer os problemas enfrentados pela comunidade tende a garantir uma preocupação coletiva. Para isso, revitalizar a essência relacional da sociedade é de extrema importância, transcendendo o limite da pessoalidade para alcançar a dimensão da coletividade.

7.10 DESAFIOS PARA AMPLIAR A CELERIDADE DA JUSTIÇA NO PAÍS

Contextualização

Muitos temas de redação discutem problemáticas que envolvem um olhar para o sistema judiciário. Em grande parte das vezes, a Justiça acaba sendo questionada pelo aspecto de sua morosidade, lentidão, ou ainda pela impunidade que em algumas situações prevalece. Cabe ainda o olhar para a questão do acesso à justiça, um desafio acachapante para determinadas parcelas da sociedade.

Assim sendo, o tema flerta com situações como pobreza, desigualdade, violência, violação de direitos humanos, justiça social, equidade, políticas públicas, ações afirmativas, democracia, exercício pleno da cidadania, entre outros aspectos. Ademais, considerando a teoria da tripartição dos Poderes proposta por Barão de Montesquieu em *O espírito das leis*, em que Legislativo, Judiciário e Executivo atuam de modo independente, mas por vias harmônicas, é importante considerar a situação de cada esfera do poder para as expectativas da sociedade.

No Estado Democrático de Direito, revisitar o corpo de atuação dos três poderes se faz completamente necessário, para além de uma via técnica ou jurídica de análise, para compreender as atribuições de cada esfera. Exemplo: o fluxo da Justiça Criminal passa por diferentes atores sociais, da investigação até a sentença proferida. Nessa esteira, há ganhos substanciais se considerarmos os avanços da tecnologia para o cenário jurídico.

Não obstante, torna-se importante refletir como a justiça tem afetado os tribunais como um todo, bem como as variadas profissões – *vide* os próprios advogados que experimentam cada vez mais situações que envolvem o uso de recursos tecnológicos –, da inteligência artificial até a questão do Big Data e a gestão dos dados. É por esse motivo que a digitalização de processos representa a tão sonhada desburocratização, ainda que o trabalho humano continue sendo fundamental para o êxito da justiça.

Além disso, o Direito Digital vem ganhando cada vez mais espaço. Basta observar o Marco Civil da Internet, que completou dez anos em 2024, ou a tão discutida Lei Geral de Proteção de Dados Pessoais, já que abarca algo importante para a sociedade: a proteção dos dados variados.

Considerando os desafios da Justiça brasileira, o Conselho Nacional de Justiça apresenta as metas todos os anos. Consideramos as metas para 2025:

Metas Nacionais 2025
Aprovadas no 18º Encontro Nacional do Poder Judiciário

Os presidentes ou representantes dos tribunais do país, reunidos em Campo Grande/MS, nos dias 2 e 3 de dezembro de 2024, durante o 18º Encontro Nacional do Poder Judiciário, aprovaram as Metas Nacionais para o Judiciário Brasileiro alcançar em 2025. De acordo com o artigo 13 da Resolução n. 325, de 29/06/2020, a Meta Nacional 1 compõe obrigatoriamente o monitoramento da Estratégia Nacional do Poder Judiciário 2021-2026, não ocorrendo assim sua votação.

Meta 1 – Julgar mais processos que os distribuídos (todos os segmentos)
Julgar quantidade maior de processos de conhecimento do que os distribuídos de 20/12/2024 a 19/12/2025, excluídos os suspensos e sobrestados de 20/12/2024 a 19/12/2025.

Meta 2 – Julgar processos mais antigos (todos os segmentos)
Identificar e julgar até 31/12/2025:
- **Superior Tribunal de Justiça**: 100% dos processos distribuídos até 31/12/2018.
- **Tribunal Superior do Trabalho**: 100% dos processos distribuídos até 31/12/2019.
- **Justiça Estadual**: pelo menos, 80% dos processos distribuídos até 31/12/2021 no 1º grau, 90% dos processos distribuídos até 31/12/2022 no 2º grau, 95% dos processos distribuídos até 31/12/2022 nos Juizados Especiais e Turmas Recursais e 100% dos processos de conhecimento pendentes de julgamento há 15 anos (2010) ou mais.
- **Justiça Federal**: todos os processos pendentes de julgamento há 16 anos (2009), 85% dos processos distribuídos até 31/12/2021 nos 1º e 2º graus e 100% dos processos distribuídos até 31/12/2022 nos Juizados Especiais Federais e nas Turmas Recursais.
- **Justiça do Trabalho**: pelo menos, 94% dos processos distribuídos até 31/12/2023, nos 1º e 2º graus e 100% dos processos pendentes de julgamento há 5 anos (2020) ou mais.
- **Justiça Eleitoral**: 70% dos processos distribuídos até 31/12/2023 e todos os processos de conhecimento pendentes de julgamento há 6 anos (2019) ou mais.
- **Justiça Militar da União**: todos os processos de conhecimento pendentes de julgamento há 5 anos (2020) ou mais e 95% dos processos distribuídos até 31/12/2022 nas Auditorias e 99% dos processos distribuídos até 31/12/2023 no STM.
- **Justiça Militar Estadual**: todos os processos de conhecimento pendentes de julgamento há 3 anos (2022) ou mais e 90% dos processos distribuídos até 31/12/2023 nas Auditorias, e 95% dos processos distribuídos até 31/12/2024 no 2º grau.

Meta 3 – Estimular a conciliação (Justiça Estadual, Justiça Federal e Justiça do Trabalho)

- **Justiça Estadual:** Aumentar o indicador Índice de Conciliação do Justiça em Números em 1 ponto percentual em relação a 2024. Cláusula de barreira: 17% de Índice de Conciliação.
- **Justiça Federal:** Aumentar o Índice de Conciliação do Justiça em Números em 0,5 ponto percentual em relação ao biênio 2023/2024. Cláusula de barreira: 8% de Índice de Conciliação.
- **Justiça do Trabalho:** Aumentar o índice de conciliação em 0,5 ponto percentual em relação à média do biênio 2022/2023 ou alcançar, no mínimo, 38% de conciliação.

Meta 4 – Priorizar o julgamento dos processos relativos aos crimes contra a Administração Pública, à improbidade administrativa e aos ilícitos eleitorais (STJ, Justiça Estadual, Justiça Federal, Justiça Eleitoral e Justiça Militar da União e dos Estados)

- **Superior Tribunal de Justiça:** Identificar e julgar, até 31/12/2025, 90% das ações de improbidade administrativa e das ações penais relacionadas aos crimes contra a Administração Pública distribuídas até 31/12/2023, e identificar e julgar, até 26/10/2025, 100% das ações de improbidade administrativa distribuídas até 26/10/2021.
- **Justiça Estadual:** Identificar e julgar, até 31/12/2025, 65% das ações de improbidade administrativa e das ações penais relacionadas a crimes contra a Administração Pública, distribuídas até 31/12/2021, em especial as relativas a corrupção ativa e passiva, peculato em geral e concussão, e identificar e julgar, até 26/10/2025, 100% das ações de improbidade administrativa distribuídas até 26/10/2021.
- **Justiça Federal:** Identificar e julgar, até 31/12/2025, 70% das ações de improbidade administrativa e das ações penais relacionadas aos crimes contra a administração pública distribuídas até 31/12/2022, e identificar e julgar, até 26/10/2025, 100% das ações de improbidade administrativa distribuídas até 26/10/2021.
- **Justiça Eleitoral:** Identificar e julgar, até 31/12/2025, 90% dos processos referentes às eleições de 2022 e 50% dos processos referentes às eleições de 2024, distribuídos até 31/12/2024, que possam importar na perda de mandato eletivo ou em inelegibilidade.
- **Justiça Militar da União:** Identificar e julgar ,até 31/12/2025, 95% dos processos da meta distribuídos até 31/12/2022 nas Auditorias e 99% dos processos da meta distribuídos até 31/12/2023 no STM.
- **Justiça Militar Estadual:** Identificar e julgar, até 31/12/2025, 95% das ações penais relacionadas aos crimes contra a Administração Pública, abrangendo, inclusive, a Lei 13.491/2017, distribuídas até 31/12/2023 no 1º grau, e pelo menos 95% das distribuídas no 2º grau até 31/12/2024.

Meta 5 – Reduzir a taxa de congestionamento (STJ, TST, Justiça Estadual, Justiça Federal, Justiça do Trabalho e Justiça Militar da União e dos Estados)

- **Superior Tribunal de Justiça:** Reduzir em 0,5 ponto percentual, até 31/12/2025, a taxa de congestionamento dos processos no Superior Tribunal de Justiça, referente ao apurado em 2024.
- **Tribunal Superior do Trabalho:** Reduzir em 0,5 ponto percentual a taxa de congestionamento líquida, exceto execuções fiscais, em relação a 2024.

- **Justiça Federal**: Reduzir em 0,5 ponto percentual a taxa de congestionamento líquida, exceto execuções fiscais, em relação a 2024. Cláusula de barreira: 43%.
- **Justiça do Trabalho**: Reduzir em 0,5 ponto percentual a taxa de congestionamento líquida, exceto execuções fiscais, em relação a 2024. Cláusula de barreira na fase de conhecimento: 40%. Cláusula de barreira na fase de execução: 65%.
- **Justiça Estadual**: Reduzir em 0,5 ponto percentual a taxa de congestionamento líquida de processo de conhecimento, em relação a 2024. Cláusula de barreira: 56%.
- **Justiça Militar da União**: Reduzir, no mínimo, em 0,5 ponto percentual a taxa de congestionamento líquida na fase de conhecimento no 1º grau, em relação a 2024.
- **Justiça Militar Estadual**: Reduzir, no mínimo, em 0,5 ponto percentual a taxa de congestionamento líquida na fase de conhecimento no 1º grau, em relação a 2023.

Meta 6 – Priorizar o julgamento das ações ambientais (STJ, Justiça Estadual e Justiça Federal)
Identificar e julgar até 31/12/2025:
- **Superior Tribunal de Justiça**: 75% dos processos relacionados às ações ambientais distribuídos até 31/12/2024.
- **Justiça Estadual**: 50% dos processos relacionados às ações ambientais distribuídos até 31/12/2024.
- **Justiça Federal**: FAIXA 1 (TRF1 e TRF6): 25% dos processos que tenham por objeto matéria ambiental, distribuídos até 31/12/2024. FAIXA 2 (TRF2, TRF3, TRF4 e TRF5): 35% dos processos que tenham por objeto matéria ambiental, distribuídos até 31/12/2024.

Meta 7 – Priorizar o julgamento dos processos relacionados aos indígenas e quilombolas (STJ, Justiça Estadual e Justiça Federal)
Identificar e julgar até 31/12/2025:
- **Superior Tribunal de Justiça**: 75% dos processos relacionados aos direitos das comunidades indígenas e 75% dos processos relacionados aos direitos das comunidades quilombolas distribuídos até 31/12/2024.
- **Justiça Estadual**: 50% dos processos relacionados aos direitos das comunidades indígenas e 50% dos processos relacionados aos direitos das comunidades quilombolas distribuídos até 31/12/2024.
- **Justiça Federal**: FAIXA 1 (TRF1 e TRF6): 25% dos processos relacionados aos direitos das comunidades indígenas e 25% dos processos relacionados aos direitos das comunidades quilombolas, distribuídos até 31/12/2024. FAIXA 2 (TRF2, TRF3, TRF4 e TRF5): 35% dos processos relacionados aos direitos das comunidades indígenas e 35% dos processos relacionados aos direitos das comunidades quilombolas, distribuídos até 31/12/2024.

Meta 8 – Priorizar o julgamento dos processos relacionados ao feminicídio e à violência doméstica e familiar contra as mulheres (STJ e Justiça Estadual)
Identificar e julgar, até 31/12/2025:
- **Superior Tribunal de Justiça**: 100% dos casos de feminicídio e de violência doméstica e familiar contra a mulher distribuídos até 31/12/2023.

- **Justiça Estadual**: 75% dos casos de feminicídio distribuídos até 31/12/2023 e 90% dos casos de violência doméstica e familiar contra a mulher distribuídos até 31/12/2023.

Meta 9 – Estimular a inovação no Poder Judiciário (TST, Justiça Estadual, Justiça Federal, Justiça Militar da União e dos Estados, Justiça Eleitoral e Justiça do Trabalho)

- **Tribunal Superior do Trabalho, Justiça Estadual, Justiça do Trabalho**: Desenvolver, no ano de 2025, dois projetos relacionados à Agenda 2030 da ONU, oriundos do Laboratório de Inovação, com participação de pelo menos um laboratório de outra instituição pública, e que gerem benefícios à sociedade.
- **Justiça Federal**: Implantar, no ano de 2025, dois projetos oriundos do laboratório de inovação, de cujo desenvolvimento tenha participado pelo menos um laboratório de outra seção judiciária, tribunal ou órgão público, com avaliação de benefícios à sociedade relacionados à Agenda 2030.
- **Justiça Eleitoral**: Implantar, em 2025, um projeto oriundo do laboratório de inovação, de cujo desenvolvimento tenha participado pelo menos um laboratório de outro tribunal ou órgão da administração pública, com avaliação de benefícios à sociedade e relacionados à Agenda 2030.
- **Justiça Militar da União e dos Estados**: Desenvolver, no ano de 2025, pelo menos um projeto oriundo do laboratório de inovação, com avaliação de benefícios à sociedade e relacionado à Agenda 2030.

Meta 10 – Promover os direitos da criança e do adolescente (STJ, Justiça Estadual, Justiça Federal e Justiça do Trabalho)

- **Superior Tribunal de Justiça**: Julgar 100% dos casos de sequestro internacional de crianças, distribuídos até 31/12/2024.
- **Justiça do Trabalho**: Promover, no âmbito do Programa de Combate ao Trabalho Infantil e Estímulo à Aprendizagem, pelo menos uma ação de combate ao trabalho infantil e de estímulo à aprendizagem, preferencialmente, voltada à promoção da equidade racial, de gênero ou diversidade do público-alvo, por meio do estabelecimento de parcerias interinstitucionais.
- **Justiça Estadual**: Identificar e julgar, até 31/12/2025, no 1º grau, 90% e, no 2º grau, 100% dos processos em fase de conhecimento, nas competências da Infância e Juventude cível e de apuração de ato infracional, distribuídos até 31/12/2023 nas respectivas instâncias.
- **Justiça Federal**: Identificar e julgar, até 31/12/2025, 100% dos casos de subtração internacional de crianças distribuídos até 31/12/2024, em cada uma das instâncias.

Fonte: Metas Nacionais 2025. Disponível em: https://www.cnj.jus.br/wp-content/uploads/2024/12/metas-nacionais-aprovadas-no-18o-enpj-v-2.pdf. Acesso em: 31 jan. 2025.

É certo que a revolução tecnológica apresenta seus avanços e seus desafios. Ainda assim, a capacidade do capital humano e um quadro técnico de profissionais tende a garantir a eficiência e a qualidade da justiça brasileira. Um dos pontos importantes da discussão é o fenômeno da judicialização. É comum no Brasil recorrer ao processo jurídico para tratativa dos mais variados problemas – não que seja algo que viole as normas, mas isso acaba exigindo muito da Justiça e gerando congestionamento de processos.

O relatório "Justiça em Números 2024" revela a complexidade de tal estrutura:

- Segundo o documento, a produtividade do Judiciário brasileiro aumentou quase 7% em 2023. Foram encerrados 34,98 milhões de processos, sendo 25,3 milhões na Justiça Estadual (8,7% a mais que em 2022), 4,5 milhões na Justiça Federal (queda de 9,1%), 4,1 milhões na Justiça do Trabalho (alta de 20,1%), 212 mil na Justiça Eleitoral (queda de 19,6%), 3,9 mil na Justiça Militar (queda de 3,6%) e 734 mil nos tribunais superiores (alta de 4,7%). A alta da produtividade foi liderada pela Justiça Estadual, do Trabalho e pelos Tribunais Superiores. O número de casos baixados foi o segundo maior da série histórica, com quantitativo de processos solucionados um pouco inferior ao verificado antes da pandemia (2019).
- Nos 91 tribunais brasileiros, considerando os cinco segmentos de Justiça, atuam, ao todo, 1.265 juízes e juízas e 275.581 servidores e servidoras para a garantia do andamento dos 83,8 milhões de processos pendentes em 2023 em todo o País.
- Os dados demonstram que em 2024 foram iniciados 35 milhões de processos novos na Justiça, com aumento de 9,4% em relação a 2022. O diagnóstico também ressalta que houve aumento no número de casos da Justiça Federal (5,8%) em razão dos processos de Juizados Especiais Federais que tratam da correção do FGTS e que estão suspensos aguardando julgamento final pelo STF da ADI 5.090.
- Com relação ao perfil étnico-racial da Justiça Federal, o relatório apontou que há 11,6% de negros e negras na magistratura; 28,1% são servidores.
- Tratando-se da participação feminina nos tribunais, constatou-se que, na Justiça Federal, até o fim de abril de 2024, a composição de magistradas era de 31,3% e de servidoras, 49%.
- Em razão da natureza de atividade jurisdicional, a Justiça Federal é a segunda maior responsável pelas arrecadações de receitas: 29% do total recebido pelo Poder Judiciário, sendo o único ramo que retornou aos cofres públicos valor superior às suas despesas.
- Quanto à arrecadação de valores recebidos oriundos da atividade de execução fiscal, ou seja, dívidas pagas pelos devedores em decorrência da ação judicial, dos R$ 26,2 bilhões arrecadados em execuções fiscais, R$ 20,1 bilhões (76,7%) são provenientes da Justiça Federal.
- Ao fim do ano de 2023, na Justiça Federal, um total de 1.930 Centros Judiciários de Solução de Conflitos e Cidadania (Cejuscs) foram instalados, sendo a maior parte na Justiça Estadual, com 1.724 unidades (89,3%). Na Justiça do Trabalho, são 129 Cejuscs (6,7%) e na Justiça Federal, 77 Cejuscs (4%).

- Ao considerar a fase de conhecimento do primeiro grau, o melhor desempenho verificado na Justiça Federal está no Tribunal Regional Federal da 1ª Região (TRF1) com 26,9% dos processos de conhecimento conciliados.

- A Justiça Federal apresenta o maior percentual de conciliação dos processos na fase de execução judicial nos Juizados Especiais e no primeiro grau, sendo o TRF5 e o TRF1 os tribunais com os maiores índices, 49% e 46,4%, respectivamente.

- Quanto aos Núcleos de Justiça 4.0, existem 314 unidades judiciárias em funcionamento. No Núcleo de Justiça 4.0, os processos tramitam por meio do Juízo 100% Digital e a estrutura é totalmente virtual, voltada ao atendimento de demandas especializadas com competência sobre toda a área territorial situada dentro dos limites da jurisdição do Tribunal.

- O diagnóstico revela que o TRF1 possui 77 Núcleos de Justiça 4.0, o que representa 24,5% de todos os núcleos criados no Judiciário nacional. E apenas um núcleo do TRF1 é especializado, que é o de Oiapoque, sendo os demais criados como adjuntos às turmas recursais.

- Para viabilizar serviços de utilidade pública aos cidadãos em municípios mais distantes dos centros urbanos, o relatório destacou que em abril de 2024 estavam catalogados 418 Pontos de Inclusão Digital (PIDs), dos quais 119 (28%) se localizavam no Maranhão. A iniciativa do estado chamou atenção em razão do compartilhamento de PIDs entre tribunais de diferentes segmentos de Justiça, a saber: TJMA, TRE-MA, TRF1 e TRT16, sendo a maioria de nível 3, ou seja, conjugam três ramos da Justiça em parceria com outros dois órgãos de fora do Poder Judiciário.

Intervenções

Qualquer tipo de intervenção precisa ser exequível, entendendo a realidade e propondo algo de mínima eficiência. Dessa forma, destaca-se:

- ✓ É preciso **tornar a justiça mais célere**, rompendo com a ideia da morosidade que gera descrédito institucional e muitas vezes desfigura a atuação do Poder.

- ✓ Investimento em recursos tecnológicos e, principalmente, no desenvolvimento de ferramentas que viabilizem o trabalho nos diferentes setores, desburocratizando processos e criando respostas de alta eficiência com uso de inteligência artificial, por exemplo.

- ✓ Estratégias como a conciliação tendem a criar mais eficiência jurídica, sem que se perca o rigor teórico e técnico de decisões respaldadas pela tutela do Direito. Assim, é preciso estimular determinadas possibilidades, capacitando profissionais para a execução de tais procedimentos.

✓ Uso de linguagem acessível e campanhas de contato com grupos ainda excluídos do acesso à justiça. Esse talvez seja um dos pontos emergenciais, já que a falta de acesso ratifica cenários vulneráveis e perversos para as parcelas minoritárias.

7.11 FELICIDADE E CONSUMO: A LÓGICA DA CONTEMPORANEIDADE

Contextualização

As imposições da sociedade contemporânea são cada vez mais agressivas na dimensão do comportamento. Os veículos de comunicação em massa disseminam a necessidade de materialização da vida por meios dos recursos (objetos e serviços), ofertando múltiplos caminhos para os indivíduos de forma que ele **construa uma noção de liberdade de escolha, mesmo em um cenário tomado pela ilusão do poder de uso da razão crítica**.

O efeito publicitário seduz, criando no indivíduo necessidades que ele não tinha. O mercado se renova e as **estratégias de marketing manuseiam as emoções**, demonstrando-se um espaço invasivo e apelativo. O modelo de vida se projeta a partir da linha tênue entre o ter e o ser, onde o ter acaba sendo hipervalorizado em detrimento ao ser.

Trata-se de um processo que subjuga os indivíduos e os coloca diante das obrigações padronizadas: carro, aparelhos eletrônicos, viagens e passeios, locais frequentados, roupas e tudo que possa estar amparado na lógica da ostentação. Mais do que ter, há outro trato atual muito bem articulado e valorizado na dimensão virtual: é preciso compartilhar a todo instante os momentos de consumo e satisfação.

Cabe ressaltar que o sistema capitalista sugere a lógica de consumo. Entretanto, ao falar de consumo, não estabelecemos um olhar para o processo em demasia (que seria o consumismo), já que o próprio sufixo "ismo" remete a um comportamento patológico. Dessa forma, pode-se afirmar que o contexto de consumo em excesso passou a se intensificar com a própria **sofisticação da lógica de mercado**.

Há um vazio da sociedade em vários aspectos. Para teóricos que tratam o tema, como é o caso do francês Gilles Lipovetsky, **a hipermodernidade trouxe avanços oportunos**, mas desafios duradouros e intrigantes (sendo o consumo uma dessas problemáticas). Lipovetsky disserta sobre uma **sociedade hipermoderna** com três características básicas:

✓ Intensificação e aprofundamento da **economia de mercado**
✓ **Revolução tecnológica** que invade o cotidiano dos indivíduos
✓ **Autonomia individual**

Fazendo uso das ideias de outro importante teórico, o polonês Zygmunt Bauman, o tema se desdobra por diferentes ramificações. No contexto que Bauman identifica por modernidade líquida, nada é feito para durar. Trata-se de um movimento de instabilidade permanente que imprime no indivíduo um ritmo constante de transformação (ou pelo menos a enorme necessidade de mudar). Seja no campo profissional, amoroso ou das ideias, a mudança faz parte dessa sociedade que se alicerça em aspectos com raízes pouco sólidas.

O modelo de vida empreendedora, o corpo perfeito, o melhor relacionamento ou o emprego dos sonhos: todos esses elementos assumem um papel ímpar na constituição da identidade dos indivíduos. Os **estímulos ao consumo esvaziam a capacidade do pensar da sociedade, que passa a viver ciclos específicos de determinados produtos e serviços**. Em alguns instantes, uma rápida observação demonstra o tamanho da inescrupulosidade do sistema para com os indivíduos. O consumo vai assumindo um papel ímpar na vida do indivíduo, substituindo pessoas, situações e questões da pessoalidade do indivíduo.

Ademais, cabe o destaque para o efeito manada dentro da lógica consumista. O mercado exige um consumo em massa. Há uma sociedade que se projeta a partir da lógica do descartável (do consumo de materiais até a própria forma de se relacionar). Não obstante, consumir passa a ser uma questão de dimensão ideológica, ou seja, a ideologia do consumo.

Um ponto importante para a reflexão com relação ao tema é a demagogia que adentra ao debate. Muitas pessoas se dizem responsáveis e atuam em defesa de causas ambientais, mas na contramão de tais ações promovem um **consumo cíclico que indiretamente é tão nocivo ao meio ambiente como a poluição de grandes indústrias** que agrava o aquecimento global (levando em consideração a fala da maior parte da comunidade científica).

Trata-se, portanto, de um debate de alcance comportamental que está suportado na perspectiva da ação dos indivíduos e de seus respectivos impactos. Para além, o cidadão contemporâneo no pleno exercício de sua cidadania deve refletir sobre as práticas de consumo como sendo um ato de ordenamento não apenas econômico, mas ambiental, social e até mesmo cultural.

Consumo em números

Muitas vezes, o consumo é visto como a superação de um vazio (seja por uma crise generalizada ou algo pessoal). Tal caracterização da prática consumista explica, por exemplo, o que leva uma pessoa a adquirir uma peça de roupa e utilizá-la apenas uma vez (ou nem utilizar). Há ainda a possibilidade de explicar a motivação de uma pessoa deixar de lado gostos individuais por conta de uma adequação aos padrões que homogeneizam aquilo que seria a representação da diversidade social. Nessa ótica, o papel de influenciadores digitais (adultos ou mirins) corrobora tal prática de estímulo ao consumo na era em que as coisas se tornam descartáveis – basta observar a necessidade criada pela publicidade e propaganda cada vez mais agressivas, o elemento da passividade do consumidor e a falta de um olhar crítico para o que realmente precisa ser consumido.

Outro ponto importante é que a questão do consumo se tornou um ato político. Consumir é algo necessário dentro do sistema em que vivemos, sendo a questão central o consumo em excesso e a pegada ambiental de cada compra realizada. Vivemos uma era em que os aspectos ambientais devem ser validados com certa primazia e ênfase, a fim de garantir o mínimo de condição para as gerações futuras. Não à toa, um dos Objetivos do Desenvolvimento Sustentável que compõe a Agenda 2030 da ONU envolve produção e consumo sustentáveis, e conceitos como responsabilidade compartilhada, economia solidária, economia circular, logística reversa ganham atenção de diferentes setores.

Veja as metas do ODS 12 (Consumo e Produção responsáveis):

- **Nações Unidas**
  Implementar o Plano Decenal de Programas sobre Produção e Consumo Sustentáveis, com todos os países tomando medidas, e os países desenvolvidos assumindo a liderança, tendo em conta o desenvolvimento e as capacidades dos países em desenvolvimento.

- **Brasil**
  Implementar o Plano de Ação para Produção e Consumo Sustentáveis, em articulação com entes federados.

- **Nações Unidas**
  Até 2030, alcançar a gestão sustentável e o uso eficiente dos recursos naturais.

- **Brasil**
  Meta mantida sem alteração.

- **Nações Unidas**
  Até 2030, reduzir pela metade o desperdício de alimentos *per capita* mundial, nos níveis de varejo e do consumidor, e reduzir as perdas de alimentos ao longo das cadeias de produção e abastecimento, incluindo as perdas pós-colheita.

- **Brasil**
  Até 2030, reduzir o desperdício de alimentos *per capita* nacional, em nível de varejo e do consumidor, e reduzir as perdas de alimentos ao longo das cadeias de produção e abastecimento, incluindo as perdas pós-colheita.
  Estabelecer marco regulatório para a redução do desperdício de alimentos no Brasil.

- **Nações Unidas**
  Até 2020, alcançar o manejo ambientalmente saudável dos produtos químicos e todos os resíduos, ao longo de todo o ciclo de vida destes, de acordo com os marcos internacionais acordados, e reduzir significativamente a liberação destes para o ar, água e solo, para minimizar seus impactos negativos sobre a saúde humana e o meio ambiente.

- **Brasil**

  Meta mantida sem alteração.

- **Nações Unidas**

  Até 2030, reduzir substancialmente a geração de resíduos por meio da prevenção, redução, reciclagem e reuso.

- **Brasil**

  Até 2030, reduzir substancialmente a geração de resíduos por meio da Economia Circular e suas ações de prevenção, redução, reciclagem e reúso de resíduos.

- **Nações Unidas**

  Incentivar as empresas, especialmente as empresas grandes e transnacionais, a adotar práticas sustentáveis e a integrar informações de sustentabilidade em seu ciclo de relatórios.

- **Brasil**

  Incentivar as empresas, especialmente as empresas grandes e transnacionais, a adotar parâmetros e práticas de responsabilidade socioambiental e a integrar informações acerca dessas práticas em seus sistemas, bancos de dados e ciclo de relatórios.

- **Nações Unidas**

  Promover práticas de compras públicas sustentáveis, de acordo com as políticas e prioridades nacionais.

- **Brasil**

  Promover práticas de contratações e gestão públicas com base em critérios de sustentabilidade, de acordo com as políticas e prioridades nacionais.

- **Nações Unidas**

  Até 2030, garantir que as pessoas, em todos os lugares, tenham informação relevante e conscientização para o desenvolvimento sustentável e estilos de vida em harmonia com a natureza.

- **Brasil**

  Até 2030, garantir que as pessoas, em todos os lugares, tenham informação relevante e conscientização sobre o desenvolvimento sustentável e estilos de vida em harmonia com a natureza, em consonância com o Programa Nacional de Educação Ambiental (PRONEA).

- **Nações Unidas**

  Apoiar países em desenvolvimento a fortalecer suas capacidades científicas e tecnológicas para mudar para padrões mais sustentáveis de produção e consumo.

- **Brasil**

  Meta mantida sem alteração.

- **Nações Unidas**

Desenvolver e implementar ferramentas para monitorar os impactos do desenvolvimento sustentável para o turismo sustentável, que gera empregos, promove a cultura e os produtos locais.

- **Brasil**

Desenvolver e implementar ferramentas para monitorar os impactos do desenvolvimento sustentável para o turismo, acessível a todos, que gera emprego e trabalho digno, melhora a distribuição de renda e promove a cultura e os produtos locais.

- **Nações Unidas**

Racionalizar subsídios ineficientes aos combustíveis fósseis, que encorajam o consumo exagerado, eliminando as distorções de mercado, de acordo com as circunstâncias nacionais, inclusive por meio da reestruturação fiscal e a eliminação gradual desses subsídios prejudiciais, caso existam, para refletir os seus impactos ambientais, tendo plenamente em conta as necessidades específicas e condições dos países em desenvolvimento e minimizando os possíveis impactos adversos sobre o seu desenvolvimento de uma forma que proteja os pobres e as comunidades afetadas.

- **Brasil**

Meta mantida sem alteração.

Vale destacar que diferentes variáveis podem interferir no consumo: melhora do desempenho econômico do país; aumento do número de plataformas específicas para venda; mudança no rendimento familiar; e até mesmo as facilidades na hora de acessar determinadas plataformas para compra.

Outra questão importante é a **variação social do consumo**, ou seja, a ideia de que o consumo se perfaz de modo diferenciado dependendo da classe social analisada.

Fazer compras tornou-se uma atividade de lazer para muitos. Basta observar o espaço considerado o templo maior do consumo, *shopping center*, **e notar como o entretenimento aparece associado integralmente à prática consumista**.

A própria ciência tem buscado explicações para a dimensão consumista da sociedade contemporânea. Estudos revelam que a **liberação de dopamina acontece quando o indivíduo compra algo que tem vontade, sensação similar à realização de uma prática esportiva. Dessa forma, a própria publicidade atua no campo da sensibilidade do indivíduo** – o que acaba por agravar a condição econômica muitas vezes (comprar mais do que realmente pode).

A preocupação com os hábitos de consumo é uma questão amplamente debatida, sendo inclusive tema de destaque em diferentes discussões promovidas pela Organização das Nações Unidas. Uma das dimensões emergenciais, conforme dados da ONU, está relacionada à produção de lixo. Segundo informações divulgadas pelo Programa das Nações Unidas para Assentamentos Humanos (ONU-Habitat), em outubro de 2018:

- ✓ Cerca de **99% dos produtos comprados são jogados fora em 6 meses**;
- ✓ Para dar conta dos 7,6 bilhões de habitantes do mundo, suprindo o uso dos recursos e fazendo a coleta do lixo, seriam necessários 70% a mais do planeta Terra.

Em grande parte dos segmentos sociais esse debate parece pouco representativo. O consumo em excesso se projeta a partir de **uma lógica repetitiva de consumo estimulada pelas grandes corporações, que detêm poder em diferentes setores**, acachapando a realidade da população que necessita de bens e serviços.

Uma questão diretamente ligada aos estímulos do consumo em excesso é a perspectiva econômica da sociedade. Nos últimos anos, o poder de compra cresceu consideravelmente, assim como enormes discrepâncias no que diz respeito ao processo de desigualdade econômica e estratificação social. Entretanto, na dimensão do consumo, algumas variáveis não são tão positivas apesar de retratarem de modo emblemático o viés consumista da sociedade. Segundo dados da Confederação Nacional do Comércio de Bens, Serviços e Turismo (CNC), cerca de **78% das famílias brasileiras** estavam endividadas em 2024 – o grande vilão é o cartão de crédito (ao mesmo tempo que permite o consumo para aqueles que conseguem um uso saudável, avança no endividamento quando falta educação financeira).

Assim sendo, a felicidade muitas vezes está associada ao que as pessoas conseguem consumir, com qual frequência e de que maneira se dá o consumo. É inevitável associar a felicidade ao que se consome numa sociedade que materializa toda a perspectiva da existência, ou seja, o ato de consumir é efeito de engajamento, aceitação e *status*. Em tempos de positividade tóxica e de vida maquiada pelas redes sociais, os parâmetros de felicidade vão se tornando rasos e superficiais.

Pensando de modo mais prático, alguns índices tentam mensurar a quantidade de felicidade na população. Desde 2012, por exemplo, o Butão trata o tema na variável chamada índice nacional de **Felicidade Interna Bruta (FIB)**.

O *ranking* de felicidade é outro parâmetro de relevância para o tema. No dado mais recente divulgado em 2024, o Brasil aparecia na 44ª posição. Supervisionado pela Rede de Soluções de Desenvolvimento Sustentável da ONU, o relatório é lançado todos os anos em homenagem ao Dia Internacional da Felicidade, comemorado sempre em 20 de março. Ele é baseado em dados da Gallup World Poll e em análises dos maiores especialistas em bem-estar do mundo. O principal critério do *ranking* é a avaliação da vida da metodologia "Escada de Cantril", na qual mais de 100 mil entrevistados classificam sua vida atual em uma escala de 0 a 10 – sendo 10 a melhor vida possível e 0, a pior –, explica Luis Gallardo, fundador e presidente da World Happiness Foundation. Também são levados em consideração fatores como apoio social, renda, saúde, liberdade, generosidade e ausência de corrupção, que ajudam a explicar a diferença entre as nações. Em 2024, o top 10 da lista é bem semelhante às classificações dos últimos cinco anos (mesmo antes da pandemia), com os mesmos países nórdicos ocupando os primeiros lugares. A Finlândia encabeça o *ranking* pela sétima vez consecutiva. A Dinamarca mais uma vez aparece na segunda posição (igual ao ano passado), seguida pela Islândia na terceira.

Pela primeira vez, o World Happiness Report também reuniu classificações separadas por faixa etária – com resultados bem diferentes do *ranking* geral. Entre as crianças e jovens com menos de 30 anos, a Lituânia lidera a lista; já a Dinamarca é o país mais feliz do mundo para aqueles com 60 anos ou mais. Essa diferença fica bem clara com o Brasil: o país ocupa a 60ª posição no *ranking* abaixo dos 30 anos de idade, enquanto está em 37º entre a faixa etária acima dos 60. Na comparação entre gerações, aqueles nascidos antes de 1965 são, em média, mais felizes do que aqueles nascidos depois de 1980. Entre os *millennials*, a avaliação da própria vida diminui a cada ano de idade, enquanto os *boomers* têm mais satisfação com a idade. Globalmente, os jovens de 15 a 24 anos relatam maior satisfação com a vida do que os adultos mais velhos, mas essa lacuna está se estreitando em algumas regiões desde 2019. "Documentamos quedas desconcertantes especialmente na América do Norte e na Europa Ocidental. Pensar que, em algumas partes do mundo, as crianças já estão experimentando o equivalente a uma crise de meia-idade exige ação política imediata", afirma Jan-Emmanuel De Neve, diretor do Centro de Pesquisa de Bem-Estar de Oxford e editor do relatório.

Ainda com relação ao *ranking* utilizado como parâmetro pela ONU, destacamos as variáveis analisadas, já que elencam elementos objetivos, mas também subjetivos, que o próprio tema apresenta:

- ✓ **PIB** *per capita*
- ✓ **Apoio social**
- ✓ **Vida saudável**
- ✓ **Expectativa de vida**
- ✓ **Liberdade**
- ✓ **Generosidade**
- ✓ **Ausência de corrupção**

A questão permite um diálogo com aspectos culturais, já que a identidade do povo brasileiro agrega elementos relacionados à simplicidade, constante felicidade, à ideia de um povo solícito, de clima amistoso, agraciado pelas belezas naturais, de tamanha generosidade e cordialidade. Uma das reflexões importantes dentro da perspectiva cultural e que desperta visões díspares é a questão do povo brasileiro tratado como "cordial", na leitura de Sérgio Buarque de Holanda. Dois são os caminhos distintos:

✓ **Povo brasileiro como agregador, tolerante e alegre:** nessa visão, haveria uma redução do sentido teórico proposto por **Sérgio Buarque de Holanda**. Em regra, trata-se de uma construção pautada no senso comum, onde o povo brasileiro teria sua imagem associada a elementos positivos (de aspecto coletivo e de aplicação generalizada). Dessa forma, para os críticos, a ideia do brasileiro nessa concepção idealizada seria um mito.

✓ **Entendimento equivocado do termo:** existe ainda a visão de que, no sentido etimológico, "cordial" não teria relação com bondade ou cortesia, mas sim com "coração", retratando a imagem de um povo passional, ou seja, movido mais pela emoção do que pela razão. Nessa perspectiva, a infelicidade tomaria forma sólida, já que a constante divergência revela o verdadeiro sentimento de negação, não aceitação, perseguição e violência, criando um contexto de total infelicidade.

Outra questão que o tema comporta é a **problemática da obsolescência programada** (estratégia utilizada na fabricação de alguns produtos encurtando o tempo de vida útil, a fim de movimentação de mercado e lançamento de modelos com novos recursos). Trata-se de uma ação pleiteada pela própria lógica sistêmica – caso um produto fosse indestrutível, quem sentiria é o mercado. Entretanto, a crítica que deve ser estabelecida é o **agravante encurtamento do tempo de vida útil desses produtos** (principalmente eletrodomésticos e eletroeletrônicos). Mais do que isso, a população tende a naturalizar a condição, tornando-se marca de manobra de um mercado avassalador na intencionalidade do consumo. A questão acaba por tratar impactos ambientais – resgatando a dimensão descartável da sociedade.

Na década de 1920, nos EUA, o primeiro caso de obsolescência programada tornou-se evidente quando **fabricantes de lâmpadas resolveram de modo conjunto, reduzir o tempo de vida útil dos produtos** (de 2,5 mil horas para apenas 1 mil horas). Já a obsolescência funcional acontece quando o adiamento de vida é realmente proposital: casos de produtos que, ao quebrarem, não compensam a manutenção (em determinados casos, *chips* e demais processos são evidenciados exatamente para impedir a continuidade de vida útil do produto).

Há ainda quem diga que a obsolescência programa é uma "teoria da conspiração", já que a evolução tecnológica é uma máxima. Dessa forma, não há possibilidades de que produtos tenham seu prazo de vida estimado em muitos anos. O dinamismo do mercado estaria no centro da explicação.

Portanto, nota-se que a lógica consumista interfere em questões do meio ambiente, da cultura, da economia e do debate sobre políticas públicas transversais ao tema.

Mais do que cada uma das dimensões isoladamente, as imposições cotidianas sobre modelos pré-formatados de felicidade pouco contribuem para a transformação social, apenas evidenciam a corrida por questões irracionais e totalmente desvirtuadas da lógica humana.

Felicidade enquanto debate filosófico

Para associar o consumo ao debate sobre a felicidade é preciso estabelecer um olhar para o conceito ao longo da história. Ao mesmo tempo em que a formulação do conceito de **felicidade transita pela pessoalidade, sendo algo do próprio indivíduo, existe a visão consensual sobre uma vida feliz**. Inevitavelmente, associa-se a constatação de felicidade quando outros elementos se fazem presentes: amor, independência financeira, saúde etc.

O conceito de felicidade sempre esteve presente na história da humanidade – em alguns momentos com maior eloquência, em outros de modo mais sutil. Atribui-se àquele que é considerado o primeiro filósofo, **Tales de Mileto (século VII a.C.), a primeira proposição acerca da felicidade: feliz é seria aquele com "corpo são e forte, boa sorte e alma bem formada"**. Já na Grécia Antiga, portanto, o debate ganhava forma.

Ainda recorrendo aos filósofos da Grécia Antiga (considerados pré-socráticos, os primeiros a tentarem explicar o surgimento do universo de modo racional, rompendo com as tradições mitológicas), Demócrito de Abdera (entre 460 a.C. e 370 a.C.) afirmava que felicidade era a "medida do prazer e proporção da vida" – ilusões e desejos deveriam ser deixados de lado, dando lugar à serenidade (na interpretação do pensador, a Filosofia ofereceria caminhos necessários para tal).

Um dos grandes divisores de águas no estudo da Filosofia, **Sócrates** (469 a.C. – 399 a.C.) partiu para outra premissa ao tratar da questão da felicidade. Para ele, além da dimensão corpórea, era importante estabelecer uma relação com a alma. Por isso, felicidade seria alcançar o bem da alma, algo possível por meio de uma conduta justa e pautada em virtudes. Platão (427 a.C. – 347 a.C.), principal discípulo de Sócrates, aprofundou aspectos abordados por seu mestre. Ao tratar questões relacionadas à justiça e virtude, Platão estabelece o estudo da Ética (área específica do conhecimento que discute questões de costumes). Por isso, a teoria acaba partindo da ideia de que o Estado deveria tornar os homens bons e felizes.

Já em Aristóteles (384 a.C. – 322 a.C.), discípulo de Platão, não existe a idealização platônica para a questão felicidade. Aristóteles soma novamente outras questões na busca pela felicidade: situação socioeconômica favorável, boa saúde e liberdade seriam elementos básicos para a obtenção da felicidade. Aristóteles vai exaltar ainda a capacidade do pensamento atribuída ao ser humano (o que poderia até mesmo aproximar o ser com as divindades).

Com as filosofias helenísticas (período da história de amplo sincretismo cultural), as reflexões com **relação ao conceito de felicidade ganham trajetos diferenciados**, com pontos de convergência:

✓ **Escola Epicurista – Epicuro (341 a.C./271 a.C.):** para o pensador, a felicidade estaria associada ao prazer – por isso sua filosofia é identificada por hedonismo (do grego *"hedone"*, prazer). Na lógica epicurista, vaiadas sociais são negadas, assim como superstições religiosas. Alguns aspectos criavam o alicerce para os pensadores: frugalidade (simplicidade, sobriedade de costumes), amizade e serenidade. Entretanto, não se trata de uma busca pelo prazer arbitrário. Para o filósofo, era preciso **equilibrar desejos e necessidades** naturais. Para Epicuro, o prazer em excesso resultaria no equívoco da dor pelo vício. Epicuro narra ainda a existência de quatro medos oriundos das crenças concedidas a eles:

- **Medo dos deuses**
- **Medo da morte**
- **Medo do sofrimento**
- **Medo da dor**

✓ **Escola Estoica:** nasceu por volta de 300 a.C., em Atenas, tendo como principais nomes Zenão de Cítio (344-262 a.C.), e desenvolvida por Cleantes (330-232 a.C.) e Crisipo (280-206 a.C.). Trata-se de uma primeira ética universal que toma como primazia questões da coletividade, ou seja, cada um pensando como "cidadão do mundo". Para os pensadores, os homens devem **aceitar o que acontece com eles** – o que não resulta em um constante fatalismo ou anestesia de ações. O indivíduo é convidado a agir em todas as situações. Entretanto, deve ser preciso aceitar o resultado.

Nessa lógica filosófica do período helenístico, a busca pela *ataraxia*, ou seja, "paz de espírito ou tranquilidade", é que conduz os indivíduos para a *eudaimonia* (felicidade). Para efeito de sistematização ao longo do texto, cabe destacar a necessidade de estabelecer uma visão comparativa, onde na contemporaneidade o conceito de felicidade passa necessariamente pela materialização, pelo acúmulo, pela exaltação das vaidades e individualidades. Não obstante, a expressão que bem define essa era é **sociedade do consumo.**

Desde o período da Revolução Industrial, a dimensão do consumo passou a conviver com estímulos mais intensos. Dessa forma, a sociedade do consumo banaliza a felicidade, sufocando as possibilidades críticas do indivíduo reagir (por uma série de mecanismos). Sendo assim, o tema passa a ser **diálogo evidente do setor acadêmico ao mundo corporativo** (já que falar de felicidade é falar do inverso – problemas emocionais, por exemplo).

Alguns críticos enfadonhos da contemporaneidade discutem a obsessão pela busca da felicidade. Isso por conta dos inúmeros **tratamentos psicológicos, promessas da literatura de autoestima e demais projeções espirituais que ganham força no "mercado da infelicidade"**. Não à toa, o processo de medicalização das emoções também tem sido uma máxima. Elencando alguns desses caminhos que discutem soluções, teríamos:

- ✓ Constelações familiares
- ✓ Psicologia positiva
- ✓ Biorressonância
- ✓ Teatro terapêutico
- ✓ Reiki
- ✓ Posturologia
- ✓ Terapia regressiva
- ✓ Programação neurolinguística
- ✓ Quadrinidade
- ✓ Psiconeuroimunologia
- ✓ Acupuntura
- ✓ Florais de Bach
- ✓ *Focusing*
- ✓ Movimento autêntico
- ✓ Feng Shui
- ✓ Sistema ARC

Cabe ressaltar que o objetivo da sistematização das terapias e demais ferramentas utilizadas nos dias de hoje não é criticar a viabilidade, eficiência ou legitimidade. Pelo contrário, o objetivo é olhar para questões quantitativas e assimilar de que forma esses mecanismos se popularizam (pensando mais precisamente nas causas).

Se forem somadas todas as tensões cotidianas, fica evidente o medo adquirido, assim como a instabilidade constante e todas as necessidades criadas. A hipervalorização dos modelos de sucesso esfacela ainda mais a **subjetividade do indivíduo**. A repetição da noção de que "só depende de você" ou que "basta sair da zona de conforto" se torna elemento de desgaste (autodestruição da perspectiva emocional). A ideia é que a frustração deve surgir quando não há o encaixe nesses modelos apresentados (do padrão de beleza à carreira de sucesso).

No sentido inverso, o movimento **minimalista** cresce em diferentes partes do globo. Trata-se de um **movimento que prega o desapego dos bens materiais**, buscando viver apenas com o básico. Para muitos, tal filosofia de vida passa por um processo de transição e não pode acontecer de modo abrupto. Indubitavelmente, trata-se de um modelo de vida inverso ao que a sociedade do consumo prega. O movimento sustenta ainda a ideia de que viver com menos (bens materiais) oferece maior liberdade para o indivíduo.

Outro aspecto benevolente na dimensão do comportamento dos indivíduos é a necessidade de agradar aos outros. Por maior autonomia que a sociedade pareça construir, há uma crise de identidade que leva os indivíduos a procurarem aquilo que desperta olhar positivo dos outros (seja na corrida pelos *likes* ou na aceitação em determinados grupos).

Byung-Chul Han, filósofo sul-coreano, analisa as **enfermidades da socie-dade atual** na obra *A sociedade do cansaço*. Para ele, as **questões bacteriológicas e virais** (solucionadas pelo avanço da medicina e farmacologia, ainda que algumas epidemias questionem tal superação das problemáticas) **deram espaço aos desafios emocionais: ansiedade, depressão, déficit de atenção e demais transtornos**. Outro pronto tratado pelo filósofo sul-coreano é a constante busca pela autenticidade a fim de se promover – para ele, as pessoas tentam se vender a todo instante exaltando as diferenças. Entretanto, apenas as "diferenças comercializáveis" ganham espaço.

No modelo de vida baseado no "dataísmo" há constante acúmulo de informações em sistemas informatizados: (*Big Data*), Facebook, LinkedIn, Twitter etc. Tal situação redimensiona o amplo acesso aos variados conteúdos (sem restrições geográficas ou temporais). Ao mesmo tempo em que cria facilidades, o mecanismo nos sufoca. É impossível acompanhar todos os acontecimentos de modo saudável. Tal dimensão virtual tende a padronizar ainda mais os modelos de felicidade. Destaque ainda para os gatilhos que os espaços provocam, seja pela dificuldade de não acompanhar tudo que se passa, fenômeno identificado por FoMO (*Fear of Missing Out*), seja pela própria necessidade de constante conexão (vício tecnológico).

O termo **"minimalismo"** nasceu de movimentos artísticos do século XX, que pregavam a redução dos recursos visuais, resgatando a simplificação dos processos. Assim, o conceito passou a ser incorporado na perspectiva social levantando o debate sobre o consumo em excesso. Outro ponto importante é que para os defensores do movimento minimalista viver desapegado de bens materiais em excesso (afinal de contas até eles são consumidores) **garante uma vida de equilíbrio emocional** (combatendo as patologias emocionais no século XXI).

Outro ponto importante é que o movimento minimalista **não pretende edificar uma sociedade alternativa** (como aconteceu na década de 1960 com o movimento *hippie*, por exemplo). Não há também uma abstinência do consumo, mas uma busca pela prática consciente.

Intervenções

Revisitar a questão da felicidade na lógica do consumo passa por alguns aspectos críticos:

- ✓ **Redefinição de valores**, estabelecendo as devidas necessidades, simplificando questões que a sociedade apresenta como complexas.
- ✓ **Controle publicitário** – principalmente as propagandas direcionadas para as crianças que ainda não têm total capacidade de discernimento.

✓ **Problematização do tema via campanhas educativas e diálogos em locais específicos**, a fim de superar as noções estigmatizadas.

✓ **Revitalização de laços afetivos** com pessoas próximas – o que tende a provocar maior desconexão (dimensão virtual).

✓ **Auxílio especializado com profissionais da saúde, se for o caso** (quando a infelicidade se torna patologia efetiva um profissional tende a direcionar o melhor trabalho a ser desenvolvido).

✓ **Combate aos mecanismos mercadológicos** que impulsionam a obsolescência programada.

7.12 PRESERVAÇÃO DOS DIREITOS HUMANOS E A QUESTÃO DA XENOFOBIA

Contextualização

Nas últimas décadas, a escalada da violência tem chamado a atenção em caráter global. Diferentes partes do planeta enfrentam estatísticas alarmantes com relação ao tema, destacando formas de violência contra diferentes grupos sociais. Nessa dimensão, é notória a existência de **crimes de ódio partindo de grupos extremistas que disseminam a intolerância e tentam impor uma visão de mundo**.

Junto ao debate das variadas formas de violação com relação às minorias sociais nasce a perspectiva dos direitos humanos, bem como a necessidade de preservar tais características. Antes de qualquer coisa, é preciso entender de modo geral o que vem a ser a área do Direito que trata especificamente das questões "humanas", a fim de superar qualquer visão limitada e tomada por premissas não sustentáveis de raciocínio e fundamentação.

Direitos humanos, segundo a Organização das Nações Unidas são:

> *"Direitos inerentes a todos os seres humanos, independentemente de raça, sexo, nacionalidade, etnia, idioma, religião ou qualquer outra condição. Os direitos humanos incluem o direito à vida e à liberdade, à liberdade de opinião e de expressão, o direito ao trabalho e à educação, entre muitos outros. Todos merecem estes direitos, sem discriminação. O Direito Internacional dos Direitos Humanos estabelece as obrigações dos governos de agirem de determinadas maneiras ou de se absterem de certos atos, a fim de promover e proteger os direitos humanos e as liberdades de grupos ou indivíduos".*

Disponível em: https://nacoesunidas.org/direitoshumanos/. Acesso em: 23 abr. 2019.

A Declaração Universal dos Direitos Humanos, que completou 75 anos em 2023, é um dos documentos de maior importância para a temática, já que representa um enorme avanço no contexto de surgimento, em 1948, pós-Segunda Guerra Mundial, além de ser aplicável até os dias de hoje – já que as problemáticas envolvendo a violação de direitos humanos ainda persistem em diferentes escalas.

"Considerando que os povos das Nações Unidas reafirmaram, na Carta da ONU, sua fé nos direitos humanos fundamentais, na dignidade e no valor do ser humano e na igualdade de direitos entre homens e mulheres, e que decidiram promover o progresso social e melhores condições de vida em uma liberdade mais ampla, (...) a Assembleia Geral proclama a presente Declaração Universal dos Diretos Humanos como o ideal comum a ser atingido por todos os povos e todas as nações (...)" (Preâmbulo da Declaração Universal dos Direitos Humanos, 1948)

Algumas questões são básicas no estabelecimento dos direitos humanos:

- ✓ Centralidade dos direitos humanos é a **dignidade da pessoa** (bem como o seu valor pessoal).
- ✓ Trata-se de um conjunto de **aspectos universais**, não podendo excluir nenhuma pessoa ou grupo.
- ✓ Consolidam-se como **direitos inalienáveis**, ou seja, ninguém pode ser limitado (exceto em ocasiões específicas, por exemplo, na aplicação da legislação penal no caso do cometimento de um crime).
- ✓ Por serem indivisíveis, inter-relacionados e interdependentes, há a necessidade de respeito a todos os direitos (em hipótese nenhuma cabe respeito parcial).
- ✓ Não existe baliza qualitativa na dimensão dos direitos humanos, já que todos são de igual importância.

Por se tratar de um texto didático e com abrangência crítica inesgotável, abaixo segue a Declaração Universal dos Direitos Humanos em seus 30 artigos. Uma rápida observação permite concluir a dimensão de alcance dos recortes (questões das mais variadas: cultura, trabalho, minorias sociais, equidade, legislações, direitos, proteções etc.).

Declaração Universal dos Direitos Humanos (1948)

Artigo 1
Todos os homens nascem livres e iguais em dignidade e direitos. São dotados de razão e consciência e devem agir em relação uns aos outros com espírito de fraternidade.

Artigo 2
I) Todo o homem tem capacidade para gozar os direitos e as liberdades estabelecidos nesta Declaração sem distinção de qualquer espécie, seja de raça, cor, sexo, língua, religião, opinião política ou de outra natureza, origem nacional ou social, riqueza, nascimento, ou qualquer outra condição.

II) Não será também feita nenhuma distinção fundada na condição política, jurídica ou internacional do país ou território a que pertença uma pessoa, quer se trate de um território independente, sob tutela, sem governo próprio, quer sujeito a qualquer outra limitação de soberania.

Artigo 3
Todo o homem tem direito à vida, à liberdade e à segurança pessoal.

Artigo 4
Ninguém será mantido em escravidão ou servidão; a escravidão e o tráfico de escravos estão proibidos em todas as suas formas.

Artigo 5
Ninguém será submetido a tortura, nem a tratamento ou castigo cruel, desumano ou degradante.

Artigo 6
Todo homem tem o direito de ser, em todos os lugares, reconhecido como pessoa perante a lei.

Artigo 7
Todos são iguais perante a lei e têm direito, sem qualquer distinção, a igual proteção da lei. Todos têm direito a igual proteção contra qualquer discriminação que viole a presente Declaração e contra qualquer incitamento a tal discriminação.

Artigo 8
Todo o homem tem direito a receber dos tribunais nacionais competentes remédio efetivo para os atos que violem os direitos fundamentais que lhe sejam reconhecidos pela constituição ou pela lei.

Artigo 9
Ninguém será arbitrariamente preso, detido ou exilado.

Artigo 10
Todo o homem tem direito, em plena igualdade, a uma justa e pública audiência por parte de um tribunal independente e imparcial, para decidir de seus direitos e deveres ou do fundamento de qualquer acusação criminal contra ele.

Artigo 11
I) Todo o homem acusado de um ato delituoso tem o direito de ser presumido inocente até que a sua culpabilidade tenha sido provada de acordo com a lei, em julgamento público no qual lhe tenham sido asseguradas todas as garantias necessárias a sua defesa.
II) Ninguém poderá ser culpado por qualquer ação ou omissão que, no momento, não constituíam delito perante o direito nacional ou internacional. Também não será imposta pena mais forte do que aquela que, no momento da prática, era aplicável ao ato delituoso.

Artigo 12
Ninguém será sujeito a interferências na sua vida privada, na sua família, no seu lar ou na sua correspondência, nem a ataques a sua honra e reputação. Todo o homem tem direito à proteção da lei contra tais interferências ou ataques.

Artigo 13
I) Todo homem tem direito à liberdade de locomoção e residência dentro das fronteiras de cada Estado.

II) Todo o homem tem o direito de deixar qualquer país, inclusive o próprio, e a este regressar.

Artigo 14
I) Todo o homem, vítima de perseguição, tem o direito de procurar e de gozar asilo em outros países.

II) Este direito não pode ser invocado em casos de perseguição legitimamente motivada por crimes de direito comum ou por atos contrários aos objetivos e princípios das Nações Unidas.

Artigo 15
I) Todo homem tem direito a uma nacionalidade.

II) Ninguém será arbitrariamente privado de sua nacionalidade, nem do direito de mudar de nacionalidade.

Artigo 16
I) Os homens e mulheres de maior idade, sem qualquer restrição de raça, nacionalidade ou religião, têm o direito de contrair matrimônio e fundar uma família. Gozam de iguais direitos em relação ao casamento, sua duração e sua dissolução.

II) O casamento não será válido senão com o livre e pleno consentimento dos nubentes.

III) A família é o núcleo natural e fundamental da sociedade e tem direito à proteção da sociedade e do Estado.

Artigo 17
I) Todo o homem tem direito à propriedade, só ou em sociedade com outros.

II) Ninguém será arbitrariamente privado de sua propriedade.

Artigo 18
Todo o homem tem direito à liberdade de pensamento, consciência e religião; este direito inclui a liberdade de mudar de religião ou crença e a liberdade de manifestar essa religião ou crença, pelo ensino, pela prática, pelo culto e pela observância, isolada ou coletivamente, em público ou em particular.

Artigo 19
Todo o homem tem direito à liberdade de opinião e expressão; este direito inclui a liberdade de, sem interferências, ter opiniões e de procurar, receber e transmitir informações e ideias por quaisquer meios, independentemente de fronteiras.

Artigo 20
I) Todo o homem tem direito à liberdade de reunião e associação pacíficas.

II) Ninguém pode ser obrigado a fazer parte de uma associação.

Artigo 21
I) Todo o homem tem o direito de tomar parte no governo de seu país diretamente ou por intermédio de representantes livremente escolhidos.

II) Todo o homem tem igual direito de acesso ao serviço público do seu país.

III) A vontade do povo será a base da autoridade do governo; esta vontade será expressa em eleições periódicas e legítimas, por sufrágio universal, por voto secreto ou processo equivalente que assegure a liberdade de voto.

Artigo 22

Todo o homem, como membro da sociedade, tem direito à segurança social e à realização, pelo esforço nacional, pela cooperação internacional e de acordo com a organização e recursos de cada Estado, dos direitos econômicos, sociais e culturais indispensáveis à sua dignidade e ao livre desenvolvimento de sua personalidade.

Artigo 23

I) Todo o homem tem direito ao trabalho, à livre escolha de emprego, a condições justas e favoráveis de trabalho e à proteção contra o desemprego.

II) Todo o homem, sem qualquer distinção, tem direito a igual remuneração por igual trabalho.

III) Todo o homem que trabalha tem direito a uma remuneração justa e satisfatória, que lhe assegure, assim como a sua família, uma existência compatível com a dignidade humana, e a que se acrescentarão, se necessário, outros meios de proteção social.

IV) Todo o homem tem direito a organizar sindicatos e a neles ingressar para proteção de seus interesses.

Artigo 24

Todo o homem tem direito a repouso e lazer, inclusive a limitação razoável das horas de trabalho e a férias remuneradas periódicas.

Artigo 25

I) Todo o homem tem direito a um padrão de vida capaz de assegurar a si e a sua família saúde e bem-estar, inclusive alimentação, vestuário, habitação, cuidados médicos e os serviços sociais indispensáveis, e direito à segurança em caso de desemprego, doença, invalidez, viuvez, velhice ou outros casos de perda de meios de subsistência em circunstâncias fora de seu controle.

II) A maternidade e a infância têm direito a cuidados e assistência especiais. Todas as crianças, nascidas dentro ou fora do matrimônio, gozarão da mesma proteção social.

Artigo 26

I) Todo o homem tem direito à instrução. A instrução será gratuita, pelo menos nos graus elementares e fundamentais. A instrução elementar será obrigatória. A instrução técnico--profissional será acessível a todos, bem como a instrução superior, esta baseada no mérito.

II) A instrução será orientada no sentido do pleno desenvolvimento da personalidade humana e do fortalecimento do respeito pelos direitos do homem e pelas liberdades fundamentais. A instrução promoverá a compreensão, a tolerância e amizade entre todas as nações e grupos raciais ou religiosos, e coadjuvará as atividades das Nações Unidas em prol da manutenção da paz.

III) Os pais têm prioridade de direito na escolha do gênero de instrução que será ministrada a seus filhos.

Artigo 27

I) Todo o homem tem o direito de participar livremente da vida cultural da comunidade, de fruir as artes e de participar do progresso científico e de fruir de seus benefícios.

II) Todo o homem tem direito à proteção dos interesses morais e materiais decorrentes de qualquer produção científica, literária ou artística da qual seja autor.

Artigo 28

Todo o homem tem direito a uma ordem social we internacional em que os direitos e liberdades estabelecidos na presente Declaração possam ser plenamente realizados.

> Artigo 29
>
> I) Todo o homem tem deveres para com a comunidade, na qual o livre e pleno desenvolvimento de sua personalidade é possível.
>
> II) No exercício de seus direitos e liberdades, todo o homem estará sujeito apenas às limitações determinadas pela lei, exclusivamente com o fim de assegurar o devido reconhecimento e respeito dos direitos e liberdades de outrem e de satisfazer as justas exigências da moral, da ordem pública e do bem-estar de uma sociedade democrática.
>
> III) Esses direitos e liberdades não podem, em hipótese alguma, ser exercidos contrariamente aos objetivos e princípios das Nações Unidas.
>
> Artigo 30
>
> Nenhuma disposição da presente Declaração pode ser interpretada como o reconhecimento a qualquer Estado, grupo ou pessoa, do direito de exercer qualquer atividade ou praticar qualquer ato destinado à destruição de quaisquer direitos e liberdades aqui estabelecidos.

Disponível em: https://nacoesunidas.org/wp-content/uploads/2018/10/DUDH.pdf.

Cabe reforçar que o tema dialoga com as principais mazelas sociais do Brasil e do mundo. Pensando em um país marcado pela desigualdade, é imprescindível refletir sobre os riscos que as parcelas minoritárias enfrentam cotidianamente – seja na falta de acesso a serviços básicos, seja na violência generalizada.

Dessa forma, o olhar para o tema sugere uma série de reflexões de impacto. Isso por conta da própria realidade contemporânea, marcada por conflitos variados (guerras civis, guerras religiosas, perseguição de minorias, medo oriundo do terrorismo, antissemitismo e xenofobia, escalada de grupos supremacistas), enfim, uma série de pautas que assumem um lado **fanático, irredutível na perspectiva do diálogo e irracional** no entendimento da diversidade da sociedade.

Cabe reforçar ainda o conceito de interseccioalidade, já que estabelece uma relação analítica dos problemas sociais com os diferentes marcadores sociais que, quando interseccionados, revelam maior ou menor vulnerabilidade.

Interseccionalidade é a **interação ou a sobreposição de fatores sociais** que definem a identidade de uma pessoa e a forma como isso irá impactar sua relação com a sociedade e seu acesso a direitos. Identidade de gênero, raça/etnia, idade, orientação sexual, condição de pessoa com deficiência, classe social e localização geográfica são alguns desses **fatores que se combinam para determinar os alvos de opressões** e como essas desigualdades irão operar. O **conceito foi criado em 1989 por Kimberlé Crenshaw** no contexto do movimento de mulheres negras dos Estados Unidos. Kimberlé é estudiosa da teoria crítica racial, área de estudo que analisa o racismo como algo naturalizado por meio de instituições e leis e não apenas como ações isoladas de indivíduos. Interseccionalidade ajuda a pensar formas de criar e aplicar políticas públicas que de fato promovam o princípio máximo da Constituição Federal: de que **todas as pessoas são iguais perante a lei**, sem distinção de qualquer natureza.

Outro ponto a ser amplificado é a realidade contemporânea e seus desafios:

- Efeitos da pandemia
- Processo inflacionário
- Guerras civis e conflitos
- Crise climática

É notório que, quando o contexto evidencia instabilidade política, conflitos e demais distorções sociais, a violação de direitos humanos entra como uma das máximas: como estabelecer o diálogo entre as nações, retomar os laços diplomáticos e garantir a paz, a fim de que seja possível vivenciar um contexto realmente estável e pacificado?

Ainda na perspectiva da violação de direitos humanos, é mister que os problemas sociais passam a apresentar uma relação: violência, desemprego, desigualdade social, por exemplo, são aspectos coexistentes e que se agravam a partir das intervenções incipientes do Estado e das demais instituições sociais.

Algumas vezes, as temáticas de redação levantaram essa possibilidade de "quantificar" o pior dos problemas sociais brasileiros: pobreza, desemprego, desigualdade, racismo, desnutrição, insegurança alimentar, habitação precária, discriminação, abuso e negligência infantil.

Xenofobia em pauta

Um dos temas centrais da perspectiva geopolítica é a crise humanitária de refugiados e a questão da xenofobia (aversão aos estrangeiros). O efeito da globalização provoca um grande fluxo de mercadorias, bens e pessoas. Na mesma medida, aspectos culturais passam a transitar em diferentes contextos geográficos, o que reforça a necessidade de olhar para a diferença e o diferente com a alteridade, ou seja, o senso de pertencimento coletivo.

Entretanto, todo o efeito de intercâmbio e construtividade que poderia existir entre as diferentes culturas acaba se tornando mecanismo de ódio, repressão e violação de direitos humanos. Em 2014, pouco mais de 59 milhões de pessoas viviam de modo deslocado forçado – seja internamente, seja em outras nações. Em 2024, o Alto Comissariado das Nações Unidas para Refugiados (Acnur) apresentou um dado alarmante: mais de 120 milhões de pessoas vivenciado um cenário de deslocamento forçado – seja por conta de perseguições políticas, étnicas e religiosas, seja por questões climáticas –, os chamados "migrantes do clima" já preocupam, uma vez que os fenômenos climáticos extremos têm ocorrido com maior frequência.

O maior aumento nos números de deslocamento veio de pessoas fugindo de conflitos que permanecem em seus próprios territórios. O Acnur destaca que o número de refugiados e de outras pessoas precisando de proteção internacional subiu para 43,4 milhões.

A grande maioria dos refugiados recebe abrigo em países vizinhos. Cerca de 75% deles moram em países de baixa e média renda que, juntos, são responsáveis por menos de 20% da renda mundial.

Fonte: Deslocamento Forçado Global. Disponível em: https://news.un.org/pt/story/2024/06/1833121. Acesso em: 28 nov. 2024.

A questão dos refugiados implica ainda outros problemas sociais graves, como é o caso das crianças refugiadas privadas de direitos básicos – como o acesso à saúde e à educação.

Segundo dados da Unicef e do Acnur, quase metade dos 14,8 milhões de crianças refugiadas em idade escolar no mundo ainda está fora da escola. Dados de 65 países que abrigam refugiados e que foram analisados no relatório – o Brasil não faz parte desse universo pesquisado – mostram que aproximadamente 7,2 milhões de crianças refugiadas estão sem acesso à educação, devido a uma série de fatores, como insegurança, falta de políticas educacionais inclusivas, limitações de capacidade e barreiras linguísticas, o que coloca em risco a prosperidade futura dos jovens e lhes impede de alcançar seu potencial.

As taxas médias de matrícula de refugiados no ano letivo de 2022-2023 foram de 37% para a educação pré-primária, 65% para o ensino primário (Fundamental I) e 42% para o ensino secundário (Médio). A matrícula global de refugiados no ensino superior, em que as barreiras incluem altos custos de matrícula e falta de conectividade, não mudou em relação ao relatório do ano passado, permanecendo em 7%, a metade da meta de 15% até 2030. Apesar do aumento da população global de refugiados em idade escolar para o ensino superior em 2023, essa taxa permaneceu em 7% devido a um aumento real no número de refugiados matriculados no ensino superior, com quase 50.000 novos alunos.

O relatório global do Acnur também mostra que as disparidades de gênero no acesso à educação para refugiados persistem, e mais de 600 mil crianças e jovens ucranianos deslocados continuam fora da escola devido à guerra em andamento no país, enquanto eles iniciam seu quarto ano escolar interrompido.

No contexto brasileiro, o destaque se dá para a entrada dos venezuelanos pelo estado de Roraima – com destaque para as cidades de Pacaraima e Boa Vista. A Operação Acolhida, existente desde 2018, já interiorizou mais de 135 mil venezuelanos (eles são acolhidos, abrigados e interiorizados). Trata-se de uma ação do governo com organismos internacionais para viabilizar melhores condições de vida para venezuelanos que deixam o país por conta de violação de direitos humanos.

Ainda em se tratando da problemática da xenofobia, muitos brasileiros têm sido violentados em países europeus por conta da sua nacionalidade. Paradoxalmente, casos de brasileiros sofrendo xenofobia têm acontecido em Portugal, o que desperta a atenção para um tema muitas vezes silenciado e difícil de ser combatido.

Outro ponto importante é o alcance que a internet possibilitou para crimes de ódio dos mais variados. Dados do Observatório Nacional dos Direitos Humanos (ObservaDH) evidenciam que a internet é o ambiente que mais estimula crimes de ódio no país. Segundo a plataforma, por meio do levantamento realizado pela Central Nacional de Denúncias da Safernet, cerca de 26 mil casos de crime de ódio no ambiente virtual sobre xenofobia foram denunciados entre 2017 e 2022. Entre os anos de 2021 e 2022, as denúncias de xenofobia cresceram 874%, superando as acusações de intolerância religiosa, racismo, LGBTQIAPN+fobia, misoginia e neonazismo registradas no mesmo período. Ainda segundo a pesquisa, entre 2022 e 2023, houve crescimento de 252,25% nas denúncias.

Cabe destacar que a problemática da xenofobia é mais uma forma de violência legitimada em discursos de personalidades políticas, formadores de opinião e pessoas com amplo engajamento. Na esfera político-partidária, a escalada de partidos de extrema direita com medidas abertamente xenófobas amplificam o tema, tornando a superação mais desafiadora.

Intervenções

A questão do enfrentamento à xenofobia e, consequentemente, ao processo de violação dos direitos humanos passa por ações envolvendo os diferentes atores sociais: governo, organizações não governamentais, escola etc. *A priori*, é importante pensar na validação de estratégias coletivas e bem desenhadas por blocos econômicos e demais organizações (é o caso da União Europeia, que precisa estabelecer visões humanas para a crise de deslocados, se afastando de aspectos que aumentem as violações em vez de enfrentar tal problemática).

Além disso, é preciso discutir ações práticas que protejam cada indivíduo, bem como sua cultura e a manifestação da sua memória, o que dialoga diretamente com a questão dos Direitos Humanos. Assim, pode-se concretizar:

✓ Estimular o **debate sobre direitos humanos** (de modo formal ou informal) dentro de espaços de educação, possibilitando a desmistificação do tema e desenvolvendo um processo de consciência social para as mazelas que devem ser combatidas.

✓ **Oferecer articulações específicas** para lidar com crimes de intolerância – delegacias especializadas com profissionais treinados para o recebimento de denúncias e a devida continuidade ao desmantelamento de práticas ilícitas.

✓ **Legislar de modo específico** para lidar com a questão aperfeiçoando ainda o monitoramento e a fiscalização das legislações em vigor. Além disso, desenvolver o senso de responsabilidade com relação à ação dos indivíduos, principalmente na dimensão virtual (solidificando a ideia de que não existe anonimato no ambiente virtual).

✓ Por meio de **campanhas publicitárias, vídeos promocionais e projetos socioeducativos** (utilizando personalidades que dialoguem com as variadas faixas etárias), estimular o debate inclusivo na perspectiva da diversidade (em todos os aspectos). Oportunizar a reflexão por parte da sociedade, com o intuito de alcançar uma lógica tolerante, reconhecendo a diversidade.

✓ **Oferecer capacitação de profissionais que atuam diretamente na dimensão educacional**, permitindo que o conhecimento seja replicado (ECA – Estatuto da Criança e do Adolescente; Estatuto da Pessoa Idosa; Estatuto do Índio; Lei Brasileira de Inclusão; Constituição Federal; Lei Maria da Penha; Lei do Feminicídio; Lei da Importunação Sexual) – se necessário, adaptar os debates para diferentes faixas etárias.

7.13 ENVELHECIMENTO DA POPULAÇÃO E A PROBLEMÁTICA DO ETARISMO

Contextualização

Um dos debates mais contemporâneos para uma prova de redação diz respeito aos **desafios do processo de envelhecimento da população**. No Brasil, o tema é extremamente enfático e rodeado de especificidades (questão da saúde, infraestrutura, saúde emocional da população idosa, reforma da previdência etc.). Apesar disso, o tema também é debatido em outras nações (em alguns países europeus e asiáticos, por exemplo, a questão já não é mais tão contemporânea assim, mas continua em evidência).

O entendimento sobre o processo de envelhecimento da população passa por análises variadas. Uma delas se dá na perspectiva geográfica apontada pelo Instituto Brasileiro de Geografia e Estatística (IBGE), ou seja, dados mais específicos que racionalizam o entendimento com relação ao processo de envelhecimento. Assim, destaque para alguns números:

- ✓ Queda da **taxa de natalidade (n. de nascimentos)**
- ✓ Queda da **taxa de fecundidade (n. de filhos por mulher)**
- ✓ **Ampliação da expectativa de vida** (anos, em média, que se vive em determinada localidade)

Por outro lado, é preciso questionar comportamentos com relação à população idosa que, indubitavelmente, rechaçam a imagem dos mesmos assinalando uma tendência de desconsideração, pouca afetividade e isolamento familiar. Tal realidade enfrentada por grande parte das pessoas idosas resulta em uma descrença no sentimento de viver, além de promover uma visão pessoal de que elas são "pesos" para a sociedade. Essas duas perspectivas sugeridas pelo tema, quando somadas, intensificam a complexidade do debate, ampliando a necessidade de uma reflexão abrangente para devida fundamentação. Para isso, o entendimento de aspectos legislativos, de diretrizes, acordos, esforços e demais questões burocráticas que lidam com o tema tem centralidade na problematização da questão:

- ✓ **Exemplo:** o Estatuto da Pessoa Idosa completou 20 anos em 2023. Trata-se de um documento referência para assegurar direitos da população idosa, assim como estabelecer deveres. Dessa forma, a lacuna está em popularizar o acesso e levar de modo adaptado a cada dimensão educacional (em caso de tratar o tema, é possível realizar ajustes para que o conteúdo seja repassado do modo mais prático em cada faixa etária).
- ✓ **Conceito de pessoa idosa:** para muitos, o desafio maior é estabelecer a definição conceitual da palavra idoso (já que existem algumas variações). Segundo a definição do Estatuto da Pessoa Idosa, pessoa idosa é aquela **com idade igual ou superior a 60 (sessenta) anos. A Itália, por exemplo, em dezembro de 2018 passou a reconhecer a pessoa idosa aquela com mais de 75 anos**. O entendimento da Organização Mundial da Saúde é idêntico ao contexto brasileiro (pessoa idosa é todo indivíduo com 60 anos ou mais).

Como superar o etarismo na sociedade brasileira?

Muitos são os dados com relação ao **envelhecimento da população** – isso por conta da própria dimensão do tema nos últimos anos, o que desperta o interesse de entidades, pesquisadores e do próprio governo federal. Dessa forma, é preciso a sensibilidade para aqueles dados que tratam de algo já concreto na atualidade, assim como as **projeções futuras** (na maior parte das vezes, são alarmantes em determinados aspectos).

Com relação aos dados, destacam-se:

✓ Segundo dados do Censo Demográfico de 2022, o Brasil tem cerca de 32 milhões de pessoas idosas (com 60 anos ou mais).

✓ De acordo com um estudo das Nações Unidas divulgado em junho de 2024, a década de 2080 marcará a mudança de uma era na demografia mundial. Até lá, projeções apontam que a população global atingirá seu pico com 10,3 bilhões de habitantes e o número de pessoas idosas (65+) será superior ao de menores de 18 anos − cenário que desafiará as estruturas de seguridade social dos países.

✓ Há uma década, as previsões da ONU indicavam que o pico populacional do planeta aconteceria mais tarde e seria ainda maior, mas os baixos índices de fertilidade ao redor do mundo adiantaram o processo e diminuíram seu tamanho. Estima-se que, já em meados dos anos 2030, o número de pessoas com mais de 80 anos será maior que o de bebês com menos de 1 ano.

✓ Segundo o estudo, hoje as mulheres têm em média um filho a menos do que tinham nos anos 1990. Em mais da metade dos países, a média de nascimentos está abaixo de 2,1, considerado o nível necessário para que a população consiga manter seu tamanho sem precisar da imigração. Em quase um quinto das nações, a taxa de fertilidade é de 1,4, classificada como "ultrabaixa" − entre elas, Itália, Espanha, China e Coreia do Sul.

✓ A edição de 2025 do relatório "Perspectivas para a população mundial", realizado desde 1951 pelas Nações Unidas, aponta que uma em cada quatro pessoas no mundo vive em um país que já atingiu o seu pico populacional. Isso corresponde, mais precisamente, a 28% da população mundial, espalhada em 63 nações que incluem China, Alemanha, Rússia e Japão. Nesse grupo de países, o número de habitantes diminuirá até 14% nos próximos 30 anos.

✓ O Brasil será um dos próximos a ter de encarar essa transformação demográfica. O estudo inclui o país no grupo cuja população poderá atingir seu pico já a partir de 2025. A projeção dialoga com os resultados do último censo, no qual descobriu-se que a população brasileira era menor do que o previsto anteriormente pelo IBGE e registrou, na última década, o menor crescimento da História. Além do Brasil, nações como Turquia, Irã e Vietnã também devem chegar ao seu auge entre 2025 e 2054.

✓ Na outra ponta, 126 países vão continuar crescendo até a primeira metade deste século, notadamente a Índia − que recentemente ultrapassou a China como o mais populoso do planeta − e os Estados Unidos − principal destino de migrantes mundo afora. Desse grupo, nove verão sua população dobrar até

2054, a maioria no continente africano, como Angola, República Centro--Africana, República Democrática do Congo, Níger e Somália. Os desafios, nesse caso, são outros: enfrentar a gravidez precoce e preparar o sistema de saúde e educação para atender a quantidade de crianças.

✓ "Em 2024, 4,7 milhões de bebês, ou cerca de 3,5% do total mundial, nasceram de mães com menos de 18 anos", diz o relatório. "Desses, cerca de 340 mil nasceram de crianças com menos de 15 anos, com graves consequências para a saúde e o bem-estar das jovens mães e de seus filhos."

Na perspectiva da saúde, o envelhecimento apresenta uma série de desafios:

✓ **Redução da mobilidade;**
✓ **Maior vulnerabilidade para doenças crônicas;**
✓ **Propensão a problemas de visão, doenças emocionais.**

Tais limitações geram uma imagem tomada por estereótipos do processo de envelhecimento, como se fosse uma regra o estabelecimento de doenças na fase idosa da vida. Ainda assim, tal aspecto explicita não só o aumento de profissionais que atuam como cuidadores de pessoas idosas, mas também **especialistas no estudo do envelhecimento humano** (como é o caso da gerontologia).

A esperança de vida do brasileiro ao nascer, também conhecida como expectativa de vida, passou a ser de 76,4 anos em 2023 (dado divulgado em 2024, atualizado até o fechamento da edição). A estimativa é do Instituto Brasileiro de Geografia e Estatística (IBGE). Em 2020, a esperança de vida ao nascer recuou para 74,8 anos, caindo ainda mais em 2021, para 72,8 anos, ou seja, uma perda de 3,4 anos em relação a 2019. Em 2022, houve a primeira recuperação da expectativa de vida, que passou a ser de 75,4 anos, ainda abaixo com relação a 2019.

Em 2023, a expectativa conseguiu, portanto, superar a estimativa de 2019. De acordo com as projeções do IBGE para as próximas décadas, a expectativa de vida deve chegar 77,8 anos em 2030, a 79,7 anos em 2040, a 81,3 anos em 2050, a 82,7 anos em 2060 e a 83,9 anos em 2070. Para as mulheres, as projeções são de 81 anos em 2030, 82,6 anos em 2040, 84 anos em 2050, 85,2 anos em 2060 e 86,1 anos em 2070. Para os homens, as estimativas seriam de 74,6 anos em 2030, 76,7 anos em 2040, 78,6 anos em 2050, 80,2 anos em 2060 e 81,7 anos em 2070. Em 2070, espera-se que 37,8% dos habitantes do país sejam de pessoas idosas, ou seja, mais do que o dobro de hoje.

A idade média da população, que era de 28,3 anos em 2000, subiu para 35,5 anos em 2023 e deve atingir os 48,4 anos em 2070.

A taxa de mortalidade infantil, que era de 28,1 por mil nascidos vivos, em 2000, passou para 12,4 por mil em 2022, sendo 13,4 para meninos e 11,4 para meninas. A projeção é de que, nas próximas décadas, a taxa continue caindo e, em 2070, atinja 5,8 por mil, sendo 6,1 para meninos e 5,4 para meninas.

Com uma população idosa que cresce, outra preocupação chama cada vez mais atenção: as violações com relação às pessoas idosas. É comum acompanhar casos divulgados pela mídia onde essas pessoas são cruelmente violentadas, sem o mínimo poder de reação. É importante ressaltar ainda as diferentes formas de violação – como violência física, abandono, negligência, abuso material etc. O Estatuto da Pessoa Idosa é claro na garantia dos direitos de tal parcela da população, em diferentes artigos de ampla importância:

> *Art. 2º A pessoa idosa goza de todos os direitos fundamentais inerentes à pessoa humana, sem prejuízo da proteção integral de que trata esta Lei, assegurando-se-lhe, por lei ou por outros meios, todas as oportunidades e facilidades, para preservação de sua saúde física e mental e seu aperfeiçoamento moral, intelectual, espiritual e social, em condições de liberdade e dignidade.*
>
> *Art. 3º É obrigação da família, da comunidade, da sociedade e do poder público assegurar à pessoa idosa, com absoluta prioridade, a efetivação do direito à vida, à saúde, à alimentação, à educação, à cultura, ao esporte, ao lazer, ao trabalho, à cidadania, à liberdade, à dignidade, ao respeito e à convivência familiar e comunitária.*
>
> *Art. 4º Nenhuma pessoa idosa será objeto de qualquer tipo de negligência, discriminação, violência, crueldade ou opressão, e todo atentado aos seus direitos, por ação ou omissão, será punido na forma da lei.*
>
> *Art. 8º O envelhecimento é um direito personalíssimo e a sua proteção um direito social, nos termos desta Lei e da legislação vigente.*
>
> *Art. 10. É obrigação do Estado e da sociedade assegurar à pessoa idosa a liberdade, o respeito e a dignidade, como pessoa humana e sujeito de direitos civis, políticos, individuais e sociais, garantidos na Constituição e nas leis.*

O Disque 100, responsável por receber denúncias de agressão contra pessoas idosas, registrou aumento de 14% no primeiro semestre de 2024, em relação ao mesmo período do ano anterior. Nos seis primeiros meses de 2023, foram registradas mais de 65 mil denúncias de violência.

No mesmo período em 2024, mais de 74 mil queixas chegaram ao Ministério dos Direitos Humanos. A violência contra as pessoas idosas é um dos temas abordados pelo ministério no mês de junho.

Entre as diversas formas de violência, as de origem financeira e patrimonial se destacam como as mais frequentes, causando danos materiais e emocionais significativos às vítimas.

O preconceito com relação ao processo de envelhecimento

A questão subjetiva do tema reside na dimensão comportamental com relação à população idosa. Isso porque as pessoas idosas sofrem com uma série de problemas:

    ✓ **Isolamento social** – o que tende a resultar em problemas emocionais;

✓ **Preconceito em diferentes espaços** – falta de infraestrutura e adequação às necessidades;

✓ **Dificuldade de inserção no mercado de trabalho** – exceto o Japão, há uma forte resistência na contratação de pessoas com idade avançada.

✓ **Símbolo pejorativo** – algumas localidades do Brasil já promoveram a substituição do símbolo que caracteriza a pessoa idosa em vagas preferenciais ou filas. O símbolo inicialmente utilizado apresenta uma visão pejorativa com relação às condições de saúde e disposição de uma pessoa idosa.

Tal aspecto é tão marcante que os termos utilizados para fazer referência à população idosa buscam **amenizar os impactos do envelhecimento**, criando metáforas ou eufemismos: melhor idade ou terceira idade. Isso se dá pelo fato de que a transição demográfica ainda não passou por um processo tocante de contato dos indivíduos – dessa forma, o envelhecimento acaba sendo visto como algo negativo, com as expressões sendo utilizadas de modo pejorativo.

Preconceito contra as pessoas idosas se manifesta de diferentes formas: seja na **prioridade garantida na fila do supermercado, na vaga especial nos estacionamentos ou ainda no transporte público**. Em alguns casos, a própria falta de visão do espaço em que se entra (no caso, do transporte coletivo) mostra como as pessoas levam a vida mecanicamente (quando são as pessoas idosas que deveriam se sentar, mas que não conseguem, pois falta um olhar mais atento de alguém com idade reduzida que possa ceder o lugar). Na era dos "fones de ouvido", as pessoas adentram ao seu mundinho e esquecem o que se passa ao redor.

Trata-se de uma questão de certa forma irracional, já que todos os indivíduos passarão por situação similar ao adquirirem uma idade avançada. Além disso, tal comportamento revela o sentimento de anulação para com o outro – novamente destaque para a escassez da alteridade e da empatia, ou seja, as pessoas não são capazes de se colocarem na condição do outro para saber as limitações, dificuldades e desafios. Afinal de contas, qualquer julgamento aleatório e disperso é mais facilitado em momentos como esses.

O preconceito pode ser visualizado ainda na dimensão laboral. Há forte resistência de empresas em **contratar pessoas idosas** – no Japão, o estímulo é inverso, para que a pessoa idosa seja contratada, angariando, assim, sua experiência nos processos produtivos. Ainda assim, a situação econômica do Brasil tem feito com que os trabalhadores com a possibilidade da aposentadoria posterguem o processo a fim de garantir melhores condições financeiras.

O Estatuto da Pessoa Idosa (Lei n. 10.741/2003) tem o objetivo de garantir os direitos à pessoa idosa, com idade igual ou superior a 60 (sessenta) anos. A pessoa idosa tem todos os direitos assegurados e a lei baliza:

✓ Saúde física

✓ Saúde mental

✓ Saúde moral

✓ Saúde espiritual

✓ Saúde intelectual

✓ Saúde social

O Estatuto da Pessoa Idosa trata ainda de questões transversais aos variados temas do cotidiano das pessoas idosas, destaque para:

✓ Direito à liberdade e ao respeito

✓ Direito aos alimentos

✓ Direito à saúde

✓ Direito à profissionalização, ao trabalho, à previdência e assistência social

✓ Direito à habitação

✓ Direito ao transporte

Além disso, o Estatuto da Pessoa Idosa orienta sobre os caminhos que devem ser percorridos em caso de violação, para denúncia:

✓ Autoridade policial

✓ Promotor de Justiça

✓ Conselho Municipal da Pessoa Idosa

✓ Conselho Estadual da Pessoa Idosa

✓ Conselho Nacional da Pessoa Idosa

✓ Ordem dos Advogados do Brasil

Na dimensão internacional, o tema também tem ampla repercussão. O Junho Violeta foi instituído pela Organização das Nações Unidas (ONU) e alerta para conscientização e combate a atos de violência contra pessoas idosas. As próprias mudanças climáticas acabam afetando drasticamente a vida das pessoas idosas. Não à toa, um grupo de ativistas suíças chamadas de "vovós do clima" moveram uma ação contra o governo do país por negligência ao tratar a questão das mudanças climáticas, o que teria afetado a qualidade de vida destas. O Tribunal Europeu de Direitos Humanos condenou o país de modo inédito com base na reclamação das autoras.

Intervenções

A superação dos desafios passa pelo estabelecimento de um processo de **envelhecimento saudável, com as condições mínimas** (tanto financeiras – com uma previdência que consiga absorver, de alguma forma, o novo contingente de pessoas idosas). Para isso, a capacitação de profissionais, o investimento em políticas públicas de qualidade, a prestação de serviços (tanto informativos como empíricos) tendem a somar no processo de enfrentamento dessa que é uma tendência.

Outra questão importante para que o combate às formas de violação contra a população idosa seja efetivo é o estabelecimento de **profissionais capacitados e delegacias específicas, que tende a otimizar** o processo de problemática social sofrida por essa parcela da sociedade no que diz respeito às denúncias.

É natural que, com a velocidade do processo de envelhecimento, novas pautas surjam com mais ênfase nos próximos anos. Além disso, o choque de gerações e os reflexos para a sociedade costumam impulsionar tal debate, aflorando a urgência do tema na ótica das políticas públicas, por parte do Executivo; das medidas legislativas, na dimensão do Legislativo; na atuação do Judiciário, com a segurança jurídica. Ademais, insistir em tratar o tema sem a real efetividade reproduzirá ações limítrofes para tal parcela populacional.

Por fim, cabe destacar que há a necessidade de resgatar o papel da pessoa idosa, promovendo o protagonismo de tal parcela dentro de cada contexto social. Campanhas publicitárias que se ocupem do tema de modo desconstruído, permitindo a reflexão e, mais do que isso, a problematização tendem a provocar uma modificação cultural/comportamental, colocando as pessoas idosas com a representatividade necessária para a atuação em seus respectivos contextos.

Parte IV

Redações-modelo

CAPÍTULO

8

REDAÇÕES NOTA 10

Após vermos toda teoria relativa a textos dissertativos, tanto argumentativos quanto expositivos, vamos agora apresentar uma série de redações feitas por alunos que puseram em prática as técnicas aqui ensinadas e, por isso, alcançaram notas elevadas. O objetivo deste capítulo é destacar, nos textos, os principais elementos estruturais para que você consiga visualizar o que foi ensinado. As palavras e os comentários entre parênteses em itálico chamam atenção para os principais aspectos estruturais, como elementos da introdução e da conclusão, tópicos frasais, conectores coesivos e estratégias de fundamentação.

8.1 EXEMPLOS DE TEXTOS ARGUMENTATIVOS

Redação 1

Tema: Diversidade como estopim para a intolerância

A diversidade está relacionada a ideias de multiplicidade e heterogeneidade, que são intrínsecas à nossa existência *(frase de cunho geral)*. Apesar disso, discursos de ódio e de intolerância evidenciam que a sociedade lida *muito mal (modalizador)* com as diferenças *(tese com a presença das duas partes do tema: diversidade e intolerância)*.

A percepção dos indivíduos é construída de modo a enxergar o diferente como um problema *(1º tópico frasal)*. *Uma das causas para isso é* a forma com que os meios de comunicação constroem e divulgam padrões de beleza, modos de se vestir e até modelos de pensamento *(causa do tópico frasal)*. *Em decorrência disso*, aqueles que não se encaixam nos estereótipos midiáticos são rejeitados socialmente *(consequência da causa apresentada no período anterior)*. *Soma-se a isso*, a intensa competitividade promovida pelo capitalismo *(adição de uma nova causa do 1º tópico frasal)*. *Como consequência*, há a construção de personalidades autocentradas e pouco empáticas *(consequência da causa apresentada no período anterior)*. É o que se percebe nas críticas às cotas sociais em universidades públicas feitas por indivíduos privilegiados socialmente *(exemplo da consequência apresentada no período anterior)*.

Esse modelo social cada vez mais etnocêntrico *(coesão por meio da referência à ideia apresentada no parágrafo anterior)* cria um ambiente prolífico em discursos violentos, principalmente no que se refere a questões sexuais e raciais *(2º tópico frasal)*. *Em relação à sexualidade*, destaca-se a hostilidade sofrida pela comunidade LGBTQIAPN+ *(fundamentação do primeiro ponto destacado no 2º tópico frasal)*. *De fato*, no momento em que homossexuais e transexuais começam a ganhar representatividade em filmes e programas de televisão, também crescem os ataques homofóbicos *(explicação)*. *De acordo com* levantamento realizado pelo Grupo Gay da Bahia em 2017, 445 lésbicas, *gays*, bissexuais, travestis e transexuais foram mortos em crimes motivados por homofobia, 30% a mais que no ano anterior *(testemunho de autoridade)*. *Cabe ressaltar, também*, que o racismo contra negros no Brasil ainda é intenso *(adição da segunda parte do 2º tópico frasal)*. *Basta observar* que os ataques raciais na internet sofridos pela apresentadora do Jornal Nacional Maju ganharam destaque na mídia, assim como os comentários pejorativos contra Titi, filha dos atores Bruno Gagliasso e Giovanna Ewbank *(exemplos)*.

A diversidade, *portanto*, tem impulsionado o sectarismo na sociedade *(retomada da tese com a utilização de conector conclusivo)*. *Diante disso*, os movimentos sociais deveriam fazer pressão para que a mídia incluísse indivíduos distintos e representativos da heterogeneidade brasileira *(sugestão de solução/intervenção)*.

Redação 2

Tema: Efeitos da prisionização na ressocialização dos detentos

No Brasil, o sistema penitenciário enfrenta desafios no que diz respeito à ressocialização dos presos *(frase de cunho geral)*. *Não há dúvida (modalizador)* de que o encarceramento em massa é incapaz de reintegrar os indivíduos à sociedade *(tese)*. *Isso ocorre não só em função de* uma falha visão imediatista de retirada do criminoso do convívio social *(1º tópico frasal), mas também devido às* próprias condições precárias da estrutura prisional *(2º tópico frasal)*.

Observa-se, muitas vezes, a ideia equivocada de que as prisões têm como função primordial afastar os criminosos da sociedade e puni-los, em vez de investir em projetos de ressocialização *(1º tópico frasal). Isso pode ser explicado pelo* pouco esforço de gestores públicos em propiciar ambientes de educação dentro das cadeias, apesar de ser um direito previsto na Lei de Execução Penal *(explicação do tópico frasal)*. É o que se pode perceber nos dados divulgados pelo Conselho Nacional do Ministério Público em 2018: em quase metade das unidades prisionais, não há assistência educacional aos detentos *(apresentação de dados estatísticos do tópico frasal). Como consequência,* os indivíduos postos em liberdade têm dificuldades de conseguir entrar no mercado de trabalho, o que pode levá-los a reingressar no mundo criminal *(consequência do tópico frasal)*.

Outro fato que contribui para a incapacidade de ressocializar os ex-detentos *(retomada da tese)* são as péssimas condições existentes nas penitenciárias do país *(2º tópico frasal)*.

Com efeito, além de as unidades prisionais apresentarem condições de higiene precárias, a superlotação torna a pena ainda mais severa *(explicação do 2º tópico frasal)*.

Basta observar que em 2018 o Brasil prendeu mais gente do que criou vagas em prisões. Hoje, a taxa de ocupação dos presídios do país é de 175,82%, segundo o CNMP (*dados estatísticos do 2º tópico frasal*). *Isso afeta* negativamente o prisioneiro durante o período de reclusão e não contribui para que ele retorne à sociedade em condições de convivência harmoniosa (*consequência do 2º tópico frasal*).

Desse modo, é evidente que o processo de reclusão no Brasil não colabora para a ressocialização dos indivíduos (*retomada da tese introduzida por um conector de fechamento/ conclusão*). *Sendo assim,* devem-se buscar outras soluções, como penas alternativas e parcerias público-privadas, que colaborem para que os detentos possam estudar e trabalhar enquanto estiverem nas prisões (*sugestão/solução do problema*).

Redação 3

Tema: Sedentarismo: o grande mal do século?

Na sociedade contemporânea, a falta de atividades físicas é um traço comum à grande parte das pessoas (*contextualização, afirmação de cunho geral*). *De fato,* esse estilo de vida não é saudável e já se tornou um *grave (modalizador)* problema de saúde pública no mundo (*tese*).

Observa-se que os jovens hoje em dia substituíram hábitos de lazer saudáveis do passado para se entregar ao sedentarismo (*1º tópico frasal*). *Realmente,* crianças e adolescentes atualmente preferem, muitas vezes, os jogos eletrônicos e as interações com o mundo virtual a praticar esportes (*explicação*). *De acordo com* a Organização Mundial de Saúde (OMS), quatro em cada cinco adolescentes, entre 11 e 17 anos de idade, são sedentários (*testemunho de autoridade*). *Ademais,* ainda *segundo a* OMS, um em cada quatro adultos não é praticante de atividade física (*testemunho de autoridade*). *A consequência* dessa falta de exercícios é que o sedentarismo, hoje, já é a quarta causa de morte no mundo (*consequência*).

Além disso, a falta de atividades físicas de jovens e adultos (*retomada da tese*) tem consequências econômicas negativas (*2º tópico frasal*). *De fato,* o sedentarismo é responsável por inúmeras doenças, como hipertensão, AVC (Acidente Vascular Cerebral), câncer de mama, dentre outras que sobrecarregam o sistema de saúde (*explicação*). Estima-se que esse estilo de vida onere a assistência à saúde no mundo em US$ 54 bilhões anuais. Quase 60% desse valor é pago pelo setor público, enquanto os outros US$ 14 bilhões são atribuíveis à perda de produtividade (*exemplo*). *Tudo isso* levou os países-membros da OMS a se comprometerem com a redução do sedentarismo em 10% até 2025 e em 15% até 2030 (*consequência*).

Diante disso, está claro que uma vida sem atividades físicas gera uma série de malefícios à saúde (*retomada da tese introduzida por um conector de fechamento/conclusão*).

Sendo assim, é importante que haja campanhas de saúde pública que incentivem a prática de exercícios físicos e que promovam informações sobre os riscos de uma vida sedentária (*sugestão de solução do problema*).

Redação 4

Tema: Manipulação do comportamento do usuário pelo controle de dados na internet (Enem 2018)

O filósofo francês Michel Foucault teorizou que o ser humano é constantemente vigiado pela sociedade. Hodiernamente, essa teoria se mostra coerente, uma vez que o comportamento dos indivíduos é, muitas vezes, *manipulado pelo controle de dados na internet (afirmação de cunho geral/contextualização com a presença das palavras-chave do tema).* *Logo, é evidente (modalizador)* que os usuários são bombardeados com conteúdos a todo momento, os quais os deixam com uma sensação ilusória de liberdade de escolha, a fim de moldar seus pensamentos e os induzir ao consumo *(tese).*

Em primeira instância (elemento de coesão no primeiro parágrafo de desenvolvimento), a internet coleta os dados de seu usuário *(1º tópico frasal). Dessa maneira,* o mercado passa a ter acesso ao perfil de cada um, com objetivo de mostrar àquela pessoa os conteúdos que lhe satisfazem *(explicação). Segundo o* filósofo grego Platão, em sua alegoria da caverna, todos estão em uma caverna sendo expostos a ilusões *(testemunho de autoridade). Desse modo,* é visível que as pessoas que usufruem da internet também se encontram em uma caverna, com uma liberdade de escolha ilusória, já que são moldadas pelo mercado *(fechamento de parágrafo).*

Em segundo plano, o comportamento dos indivíduos, em diversas situações, é manipulado para induzi-los ao consumo. No poema "Inocentes do Leblon", Carlos Drummond de Andrade mostrou a alienação do povo, a qual dura até os dias atuais *(testemunho de autoridade). Isso mostra que* o mercado se aproveita da inocência da população para moldar sua forma de pensar à maneira que eles desejam *(explicação). Assim,* as empresas buscam informações na internet e expõem as pessoas a produtos de seu gosto, a fim de induzi-las ao consumo intenso *(fechamento de parágrafo).*

Diante do exposto, medidas são necessárias para sanar o problema. A escola *(agente),* cujo papel é passar conhecimento aos jovens, deveria informar aos alunos sobre a manipulação do comportamento pelo controle de dados na internet *(ação interventiva),* por meio de aulas que abordem os perigos de ter o pensamento moldado pelo mercado *(modo ou meio da ação),* e o consumismo causado por ele. *Dessa forma,* ela buscaria o objetivo de acabar com a alienação popular diante dessa situação e poderia devolver a liberdade de escolha aos indivíduos *(efeito da ação). Assim,* colocaria fim à vigia constante da sociedade *(detalhamento)* sobre as pessoas como apontou Foucault.

Observação

Por esta ser uma redação do Enem, ela apresenta algumas peculiaridades: a introdução é mais longa do que a da dissertação para concursos, permitindo até que se apresente uma prévia da sugestão de solução. Outro ponto que chama atenção é a conclusão. Como

> falamos, a conclusão da redação no Enem precisa apresentar cinco elementos: a ação interventiva (o quê?), o agente (quem?), o modo ou meio da ação (como?; por meio de quê?), o efeito da ação e um detalhamento. Fora isso, há uma atenção especial para os elementos de coesão, que já deve aparecer no primeiro parágrafo de desenvolvimento, e para a fundamentação, que valoriza o uso de testemunhos de autoridade.

Redação 5

Tema: Consequências da masculinidade tóxica para a sociedade

Nos últimos anos, a consciência sobre o machismo e seus efeitos para a sociedade como um todo tem gerado cada vez mais debates e demandas por direitos iguais entre os gêneros *(afirmação de cunho geral/apresentação do tema)*. É inegável que a cultura patriarcal tem consequências *nefastas (modalizador)* na vida das mulheres e até mesmo nas dos próprios homens *(tese)*.

A princípio, as grandes prejudicadas com o comportamento tóxico característico do machismo são as mulheres *(1º tópico frasal)*. *Isso porque* a ideia de masculinidade centrada na força, na ausência de sentimentos, na hipersexualização promove com frequência o medo em pessoas do sexo feminino, bem como sua respectiva marginalização em diferentes instâncias da vida *(explicação)*. É o que se vê, mais gravemente, no alto nível de feminicídio no Brasil *(exemplo)*. *Segundo a* Organização Mundial de Saúde (OMS), o país tem a quinta maior taxa do mundo de assassinato de mulheres motivado por questões de gênero *(testemunho de autoridade)*. *Um outro aspecto* que demonstra essa desvalorização é a desigualdade profissional: mulheres brasileiras ganham 75% do salário dos homens de mesmo cargo, *de acordo com* o PNAD 2017 *(testemunho de autoridade)*. *Ademais,* esse contexto misógino perpetua a cultura do estupro e desincentiva a procura de ajuda das vítimas de violência, visto que a polícia e a justiça tendem a privilegiar a versão do homem em detrimento da denúncia da mulher *(adição)*.

Cabe ressaltar, também, que o modelo tradicional de masculinidade afeta de forma negativa os homens, embora muitas vezes eles não percebam *(2º tópico frasal)*. *Em verdade,* a cultura patriarcal, associada à força e à dureza, repele os homens que demonstram sensibilidade e outras características entendidas como fraqueza *(explicação)*. *Isso pode ser visto* em comentários homofóbicos dispensados àqueles que não exercem o estereótipo de virilidade *(exemplo)*. *Segundo a* pesquisa Google Consumer Surveys 2018, mais da metade dos homens entrevistados já foi chamado de "gay" ou "afeminado" por ter expressado algum tipo de sentimento *(testemunho de autoridade)*. *Entretanto,* a mesma pesquisa revelou que 75% dos homens entre 25 e 44 anos nunca ouviram falar em masculinidade tóxica *(testemunho de autoridade)*. *Isso sugere* que o debate sobre machismo ainda não está devidamente difundido entre os indivíduos do sexo masculino *(explicação)*.

Dessa forma, as consequências do patriarcado são prejudiciais a homens e, sobretudo, a mulheres *(retomada da tese)*. *Deve-se buscar* por meio da educação, tanto formal quanto em casa, a construção de um modelo social mais democrático e justo, em que homens deixem seu lugar de privilégio e de opressão *(sugestão de intervenção)*.

8.2 EXEMPLOS DE TEXTOS POLÊMICOS

Redação 1

Tema: Proibição do véu islâmico e o debate sobre liberdade religiosa

Com o crescente número de refugiados que emigram em busca de abrigo, tem se tornado frequente o choque entre culturas, sobretudo a proibição ao uso do véu islâmico *(contextualização do tema)*. *Embora* alguns países enxerguem-na como uma medida de segurança e de neutralidade religiosa, *trata-se na verdade* de um *ato xenófobo e negativo (modalizadores)* para a sociedade *(tese)*.

Para alguns, a proibição do uso do véu islâmico é uma medida válida e útil para coibir a influência de extremistas islâmicos *(1º tópico frasal)*. Para eles, *isso ocorre porque* o crescimento do terrorismo demanda o aumento da vigilância sobre as pessoas em nome da segurança pública *(explicação)*. É o caso da França, cujos ataques terroristas sofridos nos últimos anos serviram de justificativa para a restrição ao uso do véu islâmico *(exemplo)*. *Ainda,* os críticos às vestimentas do islã defendem que ícones de doutrinas religiosas específicas e, portanto, não consensuais, devem ser evitados em locais públicos *(adição)*. *Por essa razão,* a vedação ao véu funcionaria como forma de garantir a laicidade do Estado *(fechamento/conclusão de parágrafo)*.

Contudo, essa é na realidade uma medida arbitrária e que revela a xenofobia latente em determinadas culturas *(2º tópico frasal)*. *Em verdade,* a proibição transparece uma visão de mundo preconceituosa e etnocêntrica, que associa o terrorismo ao islã *(explicação)*. *Além disso,* a mera proibição ao uso do véu islâmico é uma medida pouco eficiente em questão de segurança pública *(adição)*. *Pelo contrário,* além de não impedir ações terroristas, a proibição pode fomentar ainda mais discursos de ódio religioso de todas as partes *(negação/contraste/oposição)*. *Assim,* está claro que a medida marginaliza e persegue indivíduos cujas práticas religiosas e culturais destoam do padrão ocidental *(fechamento de parágrafo)*.

Diante disso, a vedação ao uso do véu islâmico é certamente um ato preconceituoso e que estigmatiza adeptos da religião islâmica, além de ser incapaz de combater o terrorismo *(retomada da tese)*. Para frear essas atitudes etnocêntricas, os organismos de proteção aos direitos humanos devem atuar no sentido de questionar a legitimidade dessas medidas *(sugestão de intervenção)*.

Redação 2

Tema: Justiça com as próprias mãos: problema ou solução?

Comenta-se, com frequência, sobre a questão de se fazer justiça com as próprias mãos *(período de cunho geral).* Embora muitos a considerem uma solução, o que se percebe é que o aumento do número de justiceiros pode trazer efeitos irreversíveis à sociedade *(tese)*.

Alguns argumentam que a população tem de reagir para combater a impunidade *(reescritura do ponto de vista que você não defende). Para eles,* devido à atual crise da segurança pública e à omissão do Estado, cabe ao cidadão cuidar da própria proteção *(argumento 1).* Segundo o Mapa da Violência de 2016, publicado pela Faculdade Latino-Americana de Ciências Sociais, o Brasil está entre os dez países mais perigosos do mundo *(apresentação de dados estatísticos). Somam-se a isso os* relatos diários de crimes noticiados pela mídia e repercutidos de forma polêmica nas redes sociais *(argumento 2). Isso gera* uma sensação ainda maior de medo e estimula indivíduos já revoltados a promoverem a justiça pelas próprias mãos, tornando-se cada vez mais frequentes cenas de linchamento e de ladrões amarrados em postes *(consequência)*.

Em contrapartida, esse tipo de anarquia certamente tornará o país uma terra sem lei *(reafirmação da tese). Isso porque* essas represálias, em vez de reprimirem os bandidos, só aumentam a violência, por tirarem a força da lei e enfraquecerem a ideia de estado *(apresentação do 1º argumento). De fato,* mesmo com as falhas do governo, é melhor viver em meio à ordem do que regredir à barbárie do "cada um por si" *(explicação do 1º argumento). Além disso,* incentivar atos de acerto de contas é perigoso e irresponsável *(apresentação do 2º argumento). Prova disso* foi o espancamento de uma dona de casa no Guarujá, há alguns anos, por uma multidão incitada por um falso boato de que a mulher sequestrava crianças para matá-las em rituais de magia negra *(exemplo do 2º argumento)*.

Está claro, portanto, que praticar a justiça com as próprias mãos agrava a já complicada questão da violência, apesar de muitos acreditarem que é uma forma de combatê-la *(retomada da tese). Assim,* cabe aos órgãos de segurança do Estado e ao Poder Judiciário tratar aqueles que praticam a justiça por conta própria como criminosos que se mostram ser *(opinião/solução)*.

Redação 3

Tema: Medicina: especialização x formação generalista

Sabe-se que a medicina está em grande e frequente evolução *(frase de cunho geral). Embora* muitos critiquem a dedicação dos médicos a áreas específicas, *vantagens são percebidas* à medida que o conhecimento se torna mais específico e aprofundado *(tese por meio de raciocínio concessivo)*.

Alguns argumentam que a especialização em certas áreas da medicina prejudica a população *(1º tópico frasal). Uma razão para isso é* a falta de médicos em áreas específicas, as quais ficam sem profissionais qualificados *(causa). Além disso,* ao se escolher um campo específico, é inevitável que outro fique com menos profissionais *(adição).* É o que se vê, principalmente, na oncologia pediátrica, em que há poucos médicos para a quantidade de crianças que precisam dos cuidados desses profissionais *(exemplo). Isso ocorre em função* da preferência por áreas mais vantajosas financeiramente e que não demandam tanto do aspecto emocional *(causa).*

Em contrapartida, notam-se avanços para a população com a especialização na medicina *(2º tópico frasal* – introduzido por meio de um conector de oposição). *Isso se dá uma vez que* os estudos aprofundados geram um conhecimento maior sobre determinadas áreas médicas *(causa). Como resultado,* doenças que antes eram incuráveis, hoje, possuem tratamentos específicos que minimizam a dor ou mesmo levam à cura *(consequência). Um exemplo é* o câncer, que, apesar de não possuir cura, pode ser tratado com êxito se descoberto em sua fase inicial devido a modernos exames e pesquisas *(exemplo). Diante disso,* profissionais se especializam em áreas de maior afinidade, o que gera melhores resultados em suas áreas e benefícios à coletividade *(fechamento / conclusão do parágrafo).*

Dessa forma, a especialização na medicina traz uma série de benefícios para a população, apesar de uma parcela da sociedade não ter essa percepção *(retomada da tese). Espera-se que* o governo continue investindo em pesquisas específicas na área médica, de modo que novos tratamentos possam surgir em prol da sociedade como um todo *(comentário para concluir o texto).*

Redação 4

Tema: Intervenção artística no espaço urbano: arte ou vandalismo?

Embora alguns considerem a intervenção artística no espaço urbano, principalmente a pichação, um ato de vandalismo, *a verdade é que* ela representa uma manifestação artística de rua *(apresentação do tema + tese por raciocínio concessivo).*

Uma parcela da população acredita que a pichação deteriora a cidade *(1º tópico frasal). Uma razão para isso é* a poluição visual que resultaria dessa prática *(causa). De fato,* as pichações são feitas, majoritariamente, em propriedades privadas, prédios públicos, muros e monumentos, o que resulta em um desconforto visual, já que estão presentes pela cidade de forma desorganizada *(explicação). Além disso,* em muitos casos, o ato de pichar ocasiona episódios de violência *(adição). Em verdade,* nas situações em que o pichador não possui autorização do proprietário para utilizar o espaço, podem ocorrer desentendimentos entre eles *(explicação).* É o que se observou em São Paulo, em 2016, ocasião em que dentista foi espancado até a morte ao discutir com um grupo de pessoas que pichava o muro da casa em que ele residia.

Ainda que muitos considerem a pichação uma forma de vandalismo, *o que se nota é que essa é uma importante expressão de arte de rua (2º tópico frasal). Essa relevância ocorre em virtude de* a pichação representar a manifestação das minorias no espaço urbano *(causa). Com efeito,* na maior parte das vezes, a arte presente nas galerias não é acessível nem abre espaço aos grupos marginalizados *(explicação). Além disso,* grafite e pichação são práticas artísticas urbanas que possuem como aspecto principal a cidade como tela a céu aberto *(adição). No entanto,* enquanto o grafite é considerado algo legítimo, pois se apresenta por meio de desenhos, a pichação é rejeitada por ser exteriorizada por meio de inscrições na parede, consideradas rabiscos para a maioria das pessoas, o que reflete o preconceito com esse tipo de trabalho *(contraste). Ademais,* uma obra não precisa ser, necessariamente, bela ou autorizada para ser considerada arte *(adição).*

Dessa forma, em que pese muitos considerarem a pichação um ato de vandalismo, *o que se percebe é que* ela é uma importante ferramenta de inserção artística de grupos excluídos socialmente *(retomada da tese). Diante disso,* é importante a criação de espaços, pelo poder público, próprios para essas obras de arte *(sugestão de intervenção).*

Redação 5

Tema: Intervenção federal: saída ou agravamento da situação de violência?

Ainda que a intervenção federal no Rio de Janeiro sofra duras críticas, *não se observa outro caminho* a ser seguido diante do cenário gravíssimo de violência no estado *(apresentação do tema + tese por raciocínio concessivo).*

Para alguns, a intervenção é vista como uma medida meramente política e descompromissada com seu verdadeiro fim *(1º tópico frasal). Um dos fatores que contribuiu* para esse pensamento é o fato de a medida ter sido decretada em ano de eleições presidenciais *(causa). Além disso, outro ponto conflitante é* a proteção dos direitos humanos, especialmente dos que vivem em favelas e periferias *(adição de uma segunda causa). Basta observar que* grande parte das ONGs, além do Conselho de Direitos Humanos da ONU, manifestou preocupação com o poder concedido às tropas federais, bem como com a possível arbitrariedade no uso desse poder *(exemplo).*

Apesar disso, o que se nota é que, diante da fragilidade da segurança pública estadual e da incapacidade de controlar as tensões, a intervenção é necessária *(2º tópico frasal). Uma das razões para* o quadro atual é a crise política e econômica que o Rio de Janeiro tem enfrentado *(causa). Uma prova disso é* a prisão do ex-governador Sergio Cabral, que responde por mais de vinte processos *(exemplo). Ademais,* o estado vem se mostrando incapaz de honrar com compromissos financeiros básicos, impactando a área de segurança *(adição de causa). Com efeito,* o Rio de Janeiro encontra-se há mais de um ano em estado de calamidade pública *(explicação).*

Dessa forma, embora muitos façam indagações quanto à intervenção, *esta vem se mostrando um caminho acertado* diante da situação extrema que o Rio de Janeiro vive *(retomada da tese). Sendo assim,* é necessário forte engajamento do poder público, a fim de se comprometer com o restabelecimento da ordem, associado ao respeito ao cidadão e à transparência nas ações *(sugestão de intervenção).*

8.3 EXEMPLOS DE TEXTOS EXPOSITIVOS

Redação 1

Tema: Desafio das drogas lícitas e ilícitas: entre a criminalidade e a questão da saúde pública

- Contexto de relação das drogas ilícitas com a ampliação da violência/criminalidade
- Consumo de drogas lícitas e o desafio para a sociedade
- Medidas eficientes para combater a problemática das drogas ilícitas

Sabe-se que o tráfico e o consumo de drogas ilícitas estão intrinsicamente relacionados à violência e a problemas de saúde ao redor do mundo *(introdução por meio de período de cunho geral contendo as palavras-chave do tema).*

O comércio de entorpecentes ilegais é realizado por organizações criminosas que promovem verdadeiras guerras urbanas com milhares de mortes pelo *país (1º tópico frasal – reescritura da ideia do primeiro item apresentado pela prova). Isso ocorre* tanto pela disputa entre as facções por novos pontos de venda de narcóticos como também em decorrência da ação policial na tentativa de coibir o tráfico *(explicação). Uma consequência dessa* relação entre criminalidade e drogas é o perfil da população carcerária no Brasil, onde um terço dos presos está ligado ao comércio ilícito de entorpecentes *(consequência).*

Além das drogas ilegais, as lícitas também representam um desafio a ser vencido *(2º tópico frasal – reescritura do segundo item por meio de adição de uma ideia ao tópico frasal anterior). Em verdade,* o álcool e o cigarro estão entre os maiores vilões da saúde pública no mundo *(explicação). Com efeito, essas* duas drogas de consumo legalizado e amplamente difundidas podem provocar doenças como hepatite, cirrose, câncer e infarto *(explicação). Segundo a* Organização Mundial da Saúde (OMS), o cigarro mata por ano em média 4,9 milhões de pessoas; já o álcool, 1,8 milhão *(testemunho de autoridade). Ademais,* as pessoas que se relacionam com dependentes de tabaco e álcool também são afetadas *(explicação por meio de adição de ideia). De fato,* fumantes passivos correm risco de desenvolverem doenças associadas ao cigarro e o alcoolismo pode ter consequências nefastas, como a desagregação familiar *(explicação).*

Diante disso, é necessário que se promovam ações para enfrentar os problemas decorrentes das drogas *(3º tópico frasal – reescritura do item três solicitado pela prova). Em* primeiro lugar, há que se fazer esforços na direção da descriminalização e da regulamentação da venda de entorpecentes *(enumeração/prioridade). De fato,* a chamada guerra às drogas, caracterizada por legislação rígida e política de enfrentamento promovida pela polícia, não tem sido efetiva na redução do consumo nem na venda de drogas ilegais *(explicação)*. *Pelo contrário*, o resultado é um encarceramento em massa e o aumento no número de mortes violentas, sobretudo moradores de favelas e periferias *(oposição)*. *Além da* mudança na legislação, é preciso aumentar as campanhas educativas promovidas pelo governo para que a população tenha mais informações a respeito dos perigos que os narcóticos oferecem *(adição de ideia)*.

Por fim, está claro que as drogas lícitas e ilícitas têm graves consequências sociais e que novas políticas de combate devem ser implementadas para a solução desse problema *(conclusão breve com a retomada do tema)*.

Redação 2

Tema: Desafios ambientais do século XXI: relação homem e meio ambiente

- Contexto de expansão econômica e a questão ambiental em pauta
- Descrição de ao menos duas problemáticas ambientais contemporâneas
- Impacto da retirada dos EUA do Acordo de Paris (causas e consequências)

A interação entre o ser humano e o meio ambiente traz desafios na busca pelo equilíbrio entre o crescimento econômico e a sustentabilidade *(reescritura do tema)*.

A abertura do mercado em escala global acelerou o crescimento da riqueza, mas também gerou consequências ao ecossistema *(1º tópico frasal – contextualização, conforme o solicitado no primeiro item da prova)*. *Em decorrência da* industrialização e da expansão do sistema de produção capitalista, intensificou-se o processo de urbanização, houve redução do desemprego e o aumento da expectativa de vida *(consequência)*. *Por outro lado*, o meio ambiente já demonstra sinais de falência decorrentes do uso inconsequente dos recursos naturais tanto pelas empresas quanto pela população *(contraste)*. *Ademais*, os tempos atuais são de consumismo, que estimula a substituição de bens pelos últimos lançamentos da indústria *(adição)*. *Com efeito*, tem-se produzido um aumento no descarte indevido de diversos produtos *(explicação)*.

Diante disso, o crescimento populacional desordenado e o aquecimento global são dois dos principais problemas ambientais na atualidade *(2º tópico frasal, com referência ao parágrafo anterior)*. *Um dos fatores* para esses problemas ambientais é o aumento da população em áreas urbanas sem infraestrutura, que gera desmatamento e afeta os recursos hídricos *(causa)*. Como apenas metade dos brasileiros tem acesso a saneamento básico, segundo os dados do Sistema Nacional de Informações sobre Saneamento (SNIS), os esgotos sanitários e o lixo doméstico são frequentemente jogados nos rios sem qualquer tratamento *(explicação com testemunho de autoridade)*. *Um outro pro-blema* preocupante é a elevação da temperatura do planeta *(adição de ideia)*. *Isso ocorre devido à* concentração de gases causadores do efeito estufa na atmosfera, decorrentes sobretudo de processos industriais *(explicação)*. A elevação da temperatura global *pode causar* mudanças climáticas bruscas, extinção de faixas litorâneas e de parte da vida do planeta *(consequência)*.

Soma-se a isso, a saída dos EUA do Acordo de Paris, que liga o sinal de alerta na humanidade *(3º tópico frasal introduzido por meio de um conector de adição)*. Os estadunidenses desistiram do compromisso de redução da emissão dos gases sob a alegação de que afetaria a economia do país *(causa)*. *Nesse sentido*, o presidente norte-americano, Donald Trump, cumpriu promessa de campanha e passou a incentivar novamente a queima de carvão na geração de energia *(explicação)*. *Além de* aumentar a poluição, a saída de uma potência como os EUA enfraquece o tratado *(adição)*. Essa decisão pode influenciar outros países, o que representa um risco real às próprias metas do Acordo de Paris *(explicação)*.

O cenário, *em razão disso*, deixa evidente que o crescimento econômico deve ser pensado tendo em vista a sustentabilidade para que o desenvolvimento não destrua o planeta *(conclusão breve)*.

Redação 3

Tema: Terrorismo, véu islâmico e liberdade religiosa

- Contexto de ascensão do islamismo na esfera global
- Intolerância religiosa oriunda das práticas terroristas e a efetividade de se proibir o uso do véu islâmico
- Medidas efetivas de combate ao terrorista a partir da ótica global

Os recorrentes atentados terroristas ocorridos principalmente na Europa têm gerado atitudes de intolerância religiosa contra muçulmanos *(breve introdução com a reescritura do tema)*.

Sabe-se que o islamismo é a religião que mais cresce hoje em dia *(1º tópico frasal – reescrutura do primeiro item solicitado pela prova)*. *De acordo com* pesquisa conduzida pelo Pew Research Center, isso se deve a basicamente dois fatores: à maior taxa de natalidade e ao fato de esse grupo religioso ser mais jovem que os outros *(testemunho de autoridade)*. *De fato*, no mundo todo, mulheres muçulmanas têm cerca de 3,1 filhos ante 2,3 das mulheres de outras religiões *(explicação)*. *Além disso*, os seguidores do islamismo são até sete anos mais jovens que os de outras religiões *(explicação por adição)*. *Em verdade*, a média de idade de uma pessoa muçulmana em 2010 era de 23 anos *(explicação)*.

Ainda, com o crescimento do islamismo, aumentaram também as reações de intolerância à religião *(2º tópico frasal – reescritura do segundo item solicitado pela prova)*. Isso porque muitas pessoas associam o islã ao terrorismo, apesar de os extremistas serem um grupo minoritário e não representativo dos muçulmanos *(explicação)*. *Diante desse contexto*, alguns países, como a França, proibiram o uso do véu islâmico no intento de prevenir ações de terror *(consequência)*. *No entanto*, essa vedação, além de não ser efetiva contra os atentados, pode ter um resultado oposto *(oposição)*. *Com efeito*, a medida pode acirrar ainda mais a intransigência religiosa e o preconceito contra muçulmanos, além de aumentar a tensão já existente *(explicação)*.

É preciso, *assim*, promover ações que sejam capazes de combater os atentados de forma efetiva *(3º tópico frasal − reescritura do item três solicitado pela prova)*. *Para isso*, é necessário desenvolver políticas abrangentes e coordenadas em escala global *(explicação)*. *Dentre elas*, pode-se prevenir o financiamento de atividades terroristas, por meio de um controle financeiro inteligente, e aprimorar tanto o controle nas fronteiras quanto a cooperação entre as autoridades policiais em diferentes países *(explicação)*. *Ainda*, criar uma legislação internacional específica para esse tipo de crime também pode ser de grande valia *(explicação por adição)*.

Por fim, não há dúvidas que se deve combater grupos terroristas de forma veemente, porém é preciso não os confundir com os adeptos do islamismo, que são, em sua grande maioria, pacíficos *(breve conclusão com a retomada do tema)*.

Redação 4

Tema: Crise humanitária de refugiados: mundo dividido entre muros e pontes

- Contexto global marcado pela intolerância e xenofobia
- Papel central da Síria na crise humanitária de refugiados
- Medidas de combate à xenofobia e inserção dos refugiados nos diferentes contextos

Nos últimos anos, o mundo tem assistido a uma grave crise de refugiados, agravada por atitudes xenófobas de diferentes nações *(reescritura do tema de forma breve)*.

Indivíduos saem de seus países por conta de guerras civis, perseguições políticas e religiosas e por violações de direitos humanos em geral *(1º tópico frasal − reescritura do primeiro item solicitado pela prova)*. Muitos desses refugiados, *porém*, sofrem com a xenofobia e a intolerância nas nações que os recebem *(contraste)*. A proibição do véu islâmico, em países como a França, é um exemplo de como o choque de culturas pode resultar em desrespeito à liberdade religiosa *(exemplo)*. A medida, segundo seus defensores, justificada pela laicidade do Estado e pela prevenção ao terrorismo, *gera* ainda mais animosidade e reforça o preconceito contra o islã *(consequência)*.

Nesse contexto, a problemática na Síria merece destaque *(2º tópico frasal − reescritura do segundo item solicitado pela prova)*. Primeiramente, a partir de março de 2011, por influência de protestos no mundo árabe, iniciou-se uma revolta armada para destituir o presidente Bashar al-Assad com o objetivo de instalar uma liderança mais democrática *(enumeração)*. *Posteriormente*, em 2013, a guerra civil ganhou um outro componente: o

Estado Islâmico, também em luta contra Assad, começou a reivindicar territórios na região e, no ano seguinte, proclamou um califado *(enumeração)*. *Com efeito*, a expansão desse grupo provocou uma reação das nações da Otan por meio de uma intervenção armada *(explicação)*. *Em contrapartida*, Rússia e Irã intervieram a favor de Assad *(oposição)*. *Em verdade*, desde o começo da guerra civil no país, já houve mais de 400 mil mortos *(explicação)*. *Além disso*, quase metade da população síria foi forçada a fugir de seus lares e um número superior a 5 milhões vive como refugiado em países vizinhos *(adição)*.

Diante do exposto, são necessárias medidas de combate à xenofobia e de inserção dos refugiados na sociedade *(3º tópico frasal – reescritura do terceiro item solicitado pela prova)*. *Para isso*, devem-se promover programas governamentais de auxílio aos imigrantes. *Dentre essas ações*, pode-se citar o ensino do idioma do país receptor de imigrantes para que haja uma melhor adaptação. *Além disso*, programas de inserção de refugiados no mercado de trabalho podem ajudá-los a recomeçar a vida e a recuperar a dignidade *(adição)*.

Por fim, o crescimento de atitudes de ódio e de políticas restritivas aos imigrantes, sobretudo em relação aos refugiados sírios, configura-se como um sério problema atual. *Assim*, governos e ONGs devem reunir esforços para minimizar essa crise humanitária *(breve conclusão)*.

Redação 5

Tema: Direitos humanos, liberdade e a questão do tráfico de pessoas no contexto global

- Causas que intensificam a problemática do tráfico de pessoas na esfera global
- Perspectiva dos direitos humanos e as consequências do tráfico de pessoas
- Papel da ONU, dos governos e organizações não governamentais no combate ao tráfico de pessoas

A questão do tráfico de pessoas ao redor do mundo é intensificada por uma série de fatores e representa um atentado aos direitos humanos *(breve introdução com a reescritura do tema)*.

O comércio de seres humanos possui diversas causas, entre elas, podemos destacar duas: a discriminação sofrida pelas mulheres e os conflitos mortais em diversos *países (1º tópico frasal – reescritura do primeiro item apresentando duas causas que serão trabalhadas)*. *Uma das causas* do tráfico de pessoas é o preconceito contra as mulheres *(causa)*. *De fato*, os abusos e os maus-tratos a que são submetidas deixam-nas em condições de vulnerabilidade diante do tráfico *(explicação)*. *Outra causa* são os conflitos armados que ocorrem em diversos países, que têm levado muitas pessoas a fugirem para outras nações *(causa)*. É importante destacar, *também,* que empregos indesejados pela população local de países desenvolvidos acabam sendo ocupados por imigrantes ilegais, muitas vezes em condições de trabalho precárias *(adição)*. *Diante dessa* falta de perspectivas e da violência, milhares de pessoas são ludibriadas por traficantes que visam ao lucro fácil através da exploração de mão de obra escrava *(consequência)*.

Como resultado, há um sério problema de violação dos direitos humanos com consequências nefastas para homens e mulheres *(2º tópico frasal – reescritura do segundo item solicitado pela prova)*. O tráfico de pessoas é caracterizado pelo deslocamento das vítimas para fins como o trabalho em condições análogas à escravidão, exploração sexual, extração de órgãos, adoção ilegal e qualquer tipo de servidão *(explicação)*. *De acordo com o* Escritório das Nações Unidas sobre Drogas e Crime (UNODC), essa é a terceira maior atividade criminosa do mundo e a que cresce mais rapidamente entre as organizações criminosas transnacionais *(testemunho de autoridade)*. *Com efeito*, as mulheres são as principais vítimas, traficadas em geral para exploração sexual; já os homens costumam ser utilizados para trabalhos forçados, sobretudo no setor de mineração *(explicação)*.

Diante disso, a Organização das Nações Unidades (ONU), os governos e as ONGs têm papéis importantes no combate ao tráfico humano *(3º tópico frasal – reescritura do terceiro item solicitado pela prova)*. *De fato*, a ONU lançou a Declaração Política sobre a Implementação do Plano de Ação Global para Combater o Tráfico de Pessoas *(explicação)*. *Isso demonstra* os esforços em reforçar ações de prevenção, proteção às vítimas e criminalização dos traficantes junto aos governos dos países-membros *(explicação)*. *Da mesma forma*, ONGs de diferentes países também já criaram uma rede para pressionar os governos a aprimorar a legislação contra o tráfico de seres humanos *(semelhança)*.

Assim, percebe-se que o comércio de pessoas é um problema de vulto internacional que exige soluções enérgicas de diferentes setores da sociedade *(breve resumo)*.

Observação

Os exemplos de redação expositivas que trouxemos partiram de temas do Cespe. Por isso, há uma breve introdução e uma breve conclusão, como o critério de correção da banca vem exigindo nos últimos tempos. No entanto, os terceiros itens solicitados pelas provas têm "jeito de conclusão", afinal solicitam medidas de intervenção. Dependendo do número de linhas, portanto, é possível tomar o terceiro item como conclusão. Para isso, basta iniciá-lo com um conector para esse fim (fechamento/conclusão), desde que uma conclusão à parte não seja uma exigência da banca.

8.4 EXEMPLOS DE ESTUDOS DE CASO

Estudo de caso 1

Aproveitando a oportunidade conferida por seu empregador, Vanessa aderiu ao Programa de Demissão Voluntária (PDV) ofertado pela empresa e recebeu 30 salários adicionais de indenização (um salário para cada ano trabalhado), além das verbas típicas da dispensa sem justa causa. No mesmo período, Vanessa dispensou Kátia, sua empregada doméstica.

Diante da situação, responda aos itens a seguir:

a) Haverá recolhimento de FGTS sobre a indenização de 30 salários adicionais? Justifique em qualquer hipótese.

b) Analise se, em eventual reclamação trabalhista movida pela empregada doméstica de Vanessa, poderia haver penhora da conta do FGTS do empregador para que os valores lá depositados sirvam para pagamento da doméstica na fase executória. Justifique.

Uma funcionária de uma empresa aderiu ao Plano de Demissão Voluntária (PDV) e recebeu uma indenização de 30 salários, além das verbas rescisórias. Na mesma época, ela dispensou sua empregada doméstica (*resumo do caso em dois períodos*). Conforme dispõe a Consolidação das Leis Trabalhistas (CLT) e a Lei Complementar 150/2015, a extinção do contrato de trabalho é um direito potestativo, não podendo a outra parte recusar (*apresentação do tema e apresentação da legislação que embasará a resposta*).

Não é possível haver o recolhimento de FGTS sobre a indenização de 30 salários (*1º tópico frasal – resposta contendo a reescritura da primeira pergunta*). *Isso ocorre em virtude* de o FGTS incidir somente sobre verbas de natureza salarial, de acordo com a legislação pertinente (*causa*). *Dessa forma,* é inviável recolhê-lo sobre parcelas indenizatórias (*fechamento de parágrafo*).

Ademais, a conta de FGTS também não pode servir de penhora para pagamento na fase de execução de um processo (*2º tópico frasal – resposta direta e breve do item b*). *Isso porque* a Lei Complementar 150/2015, que dispõe normas para o empregado doméstico, revogou o dispositivo que previa a possibilidade de penhorar bem de família do empregador doméstico (*explicação*).

Por fim, os temas acerca de PDV, FGTS e emprego doméstico consistem em assuntos relevantes para a sociedade atual. Com a reforma trabalhista, o PDV passou a constituir dispositivo próprio na CLT, de modo que, anteriormente, era precedido apenas de respaldo jurisprudencial do Tribunal Superior do Trabalho (*conclusão por meio de um comentário em tom de fechamento do texto*).

Estudo de caso 2

João Antônio e Bruno Lima trabalham como vendedores da empresa Vende Tudo LTDA há 11 meses. Diante de problemas financeiros enfrentados pela empresa, o empregado João Antônio foi dispensado sem justa causa. O empregador determinou que João cumprisse o aviso prévio trabalhando pelo período de 30 dias a que teria direito. Em protesto pela dispensa de João, Bruno apresenta pedido de demissão e é informado pela empresa da desnecessidade do cumprimento do aviso prévio. No mesmo dia da dispensa, João recebeu proposta de emprego na empresa Líder LTDA e aceitou, apresentando à empresa Vende Tudo documento escrito comprovando o novo emprego adquirido.

Diante do exposto, responda os itens a seguir:

a) A empresa Vende Tudo LTDA deve pagar o período de aviso prévio de João Antônio? Explique.

b) A renúncia ao aviso prévio de Bruno Lima pela empresa Vende Tudo é válida? Explique.

João Antônio e Bruno Lima tiveram seus respectivos contratos de trabalho extintos. Bruno pediu demissão e a empresa o dispensou do cumprimento do aviso prévio; João, entretanto, foi dispensado sem justa causa e precisou cumprir o aviso prévio. No mesmo dia de sua dispensa, João recebeu proposta de emprego de outra empresa e aceitou *(resumo do caso)*. Assim, houve dois tipos de aviso prévio: o indenizado e o trabalhado, ambos previstos no art. 7º da Constituição Federal *(apresentação do tema contendo citação da lei que dá base à resposta)*.

A empresa não deve pagar o aviso prévio a João, já que o empregado conseguiu um outro emprego *(1º tópico frasal − resposta contendo a reescritura da primeira pergunta)*. Apesar de o obreiro poder utilizar o tempo do aviso prévio para buscar novo emprego (aviso prévio trabalhado), com previsão na Consolidação das Leis do Trabalho (CLT) de diminuição da jornada diária ou mensal para essa finalidade, João conseguiu novo vínculo empregatício e, portanto, o pagamento da verba não é devido *(explicação)*. *Conforme* entendimento do Tribunal Superior do Trabalho (TST), o aviso prévio só é renunciável pelo empregado quando há aquisição de novo contrato de trabalho *(testemunho de autoridade)*.

Entretanto, ainda segundo entendimento do TST, a renúncia ao cumprimento do instituto pelo empregador e plenamente possível *(2º tópico frasal − resposta, por meio de oposição, contendo a reescritura da pergunta)*. *Segundo essa diretriz*, a satisfação desse período é faculdade da empresa, parte do *jus variandi* do empregador, sendo, portanto, renunciável por este *(explicação por meio de testemunho de autoridade)*. *Dessa forma*, a renúncia da empresa ao cumprimento do aviso prévio pelo empregado Bruno é possível, desde que o trabalhador seja indenizado − aviso prévio indenizado *(conclusão/fechamento de parágrafo)*.

Logo, o ordenamento jurídico brasileiro concede diferentes efeitos e prerrogativas às partes quando ocorre o anúncio do término do contrato de trabalho. Ao trabalhador, é irrenunciável, exceto quando conseguir novo labor. Já ao empregador, é plenamente renunciável, devendo, nesse caso, ser transformado em pecúnia paga ao empregado *(conclusão)*.

Estudo de caso 3

Em razão de fortes chuvas que caíram sobre a cidade, o prédio de determinado órgão ficou totalmente destelhado, colocando em risco a segurança dos funcionários e equipamentos. Diante desse quadro, há necessidade de conserto urgente do telhado, cujo custo estimado ultrapassa o valor que autoriza a dispensa de licitação. O presidente do referido Órgão pretende aproveitar a situação para incluir nessa obra a reforma do anexo do Órgão, que foi atingido pelas chuvas.

Com base nessa situação, responda às seguintes questões:

a) Explique sucintamente o que se entende como licitação e qual os seus principais fundamentos legais no nosso ordenamento jurídico?

b) Quais são as exceções à regra de licitar?

c) A hipótese narrada enquadra-se em algum caso de contratação direta? Qual?

d) Além da reconstrução do telhado, pode ser incluída a reforma do anexo? Justifique.

e) A urgência da situação justifica a dispensa da publicação de informações sobre o processo? Justifique.

O prédio de um órgão público ficou destelhado devido a fortes chuvas, o que pôs os funcionários e os equipamentos em risco. O conserto deve ser feito urgentemente, mas ultrapassa o valor que dispensaria licitação. Além disso, o presidente do órgão pretende aproveitar para incluir a reforma do anexo do órgão na mesma obra *(resumo do caso)*. A referida obra, dessa forma, deverá ser realizada a partir de uma licitação *(breve apresentação do tema)*.

Entende-se por licitação o meio jurídico para que a administração possa comprar ou vender bens, a fim de prestar serviços à sociedade *(tópico frasal com resposta construída por meio de reescritura do item "a")*. Os principais fundamentos para tal instrumento estão na Constituição Federal, em seu artigo 37, e na Lei 8.666/93.

Embora a regra seja licitar, existem exceções, entre as quais, a inexigibilidade e a dispensa *(tópico frasal escrito por meio de raciocínio concessivo)*. Aquela tem rol exemplificativo e esta, rol taxativo *(explicação)*. *Exemplos* das hipóteses de inexigibilidade são fornecedor exclusivo, artista consagrado e serviço de notória especialização *(exemplo)*. *Já* a dispensa de licitação, *de fato,* se divide em duas modalidades: a dispensável, na qual é possível não licitar, e a dispensada, na qual não se deve licitar *(explicação)*.

Nesse sentido, na hipótese de órgão público ter sido desfeito em razão de fortes chuvas, há possibilidade de dispensa do procedimento *(tópico frasal com resposta construída por meio de reescritura do item "c")*. *Com efeito*, trata-se de situação que pode ocasionar risco aos funcionários e equipamentos públicos *(explicação)*. *Essa situação* torna viável, *segundo* a Lei de Licitações, a contratação direta com fim de agilizar o conserto *(explicação com testemunho de autoridade)*.

No entanto, o presidente do órgão público que teve o telhado arruinado não poderá se valer da situação para reformar os telhados de prédios que não foram afetados pela chuva *(tópico frasal com resposta construída por meio de reescritura do item "d")*. *Isso porque* não é possível incluir novas situações que não foram especificadas nas hipóteses de dispensa, *de acordo com* a doutrinadora Maria Sylvia *(explicação com testemunho de autoridade)*. *Com efeito*, toda dispensa deve ser justificada no processo e dispensar ou inexigir licitação fora das hipóteses legais é crime, cuja pena é de três a cinco anos de detenção *(explicação)*.

Ademais, a urgência em licitar não dispensa a publicação de edital *(tópico frasal com resposta construída por meio de reescritura do item "e")*. *Com efeito*, a publicidade deve ser tanto maior quanto foi a competição propiciada pela escolha da modalidade *(explicação)*. *No entanto*, como a dispensa se trata de escolha direta da administração, não há que se falar em publicação de informações sobre o processo *(explicação por contraste)*.

Diante disso, percebe-se que os instrumentos de dispensa e inexigibilidade devem ser utilizados com cautela e dentro dos critérios legais *(conclusão com utilização de conector conclusivo)*. *Nesse aspecto*, os casos de urgência devem sempre ser realizados com maior brevidade, para evitar prejuízo à sociedade, sem descumprir o princípio constitucional da legalidade *(explicação)*.

Observação

Como o primeiro item tinha características de apresentação do tema, a opção foi por apresentar o tema na introdução de forma muito breve e deixar os detalhes para o primeiro parágrafo de desenvolvimento, conforme solicitado pelo item "a".

Estudo de caso 4

O servidor público "X", detentor de cargo em comissão, facilitou, culposamente, a locação de bem pela Administração Pública, por preço superior ao mercado.

Sob a ótica da Lei n. 8.429, de 32 de junho de 1992 – Lei de Improbidade Administrativa – analise o caso abordando:

a) O tipo de improbidade praticada pelo servidor;

b) A questão do dolo ou culpa;

c) Sanções cabíveis e possibilidade de cumulação; e

d) Prazo prescricional e termo inicial.

O comissionado servidor "X", com culpa, facilitou a locação de bem pela Administração Pública por preço superior ao de mercado *(resumo do caso)*. *Nesse sentido*, a Lei de Improbidade (8.429/92) dispõe tanto da descrição dos atos ímprobos quanto das suas sanções *(breve apresentação do tema)*.

Segundo a Lei n. 8.429/92, o tipo de improbidade administrativa praticada pelo servidor "X" é a lesão ao patrimônio público (erário) *(tópico frasal com resposta construída por meio de reescritura do item "a", utilizando, para isso, um testemunho de autoridade para embasar a resposta).*

Conforme a autora Maria Sylvia Zanella di Pietro, entre os tipos de atos ímprobos, o único que pode ser cometido com culpa é o de prejuízo ao erário *(tópico frasal com resposta construída por meio de reescritura do item "b", utilizando, para isso, um testemunho de autoridade para embasar a resposta). Em verdade,* a culpa é caracterizada pela falta de cuidado do agente público *(explicação). Ademais,* o servidor, por ter agido culposamente, não teve a intenção de lesar o Estado *(explicação por meio de adição de ideia).*

Nesse contexto, de acordo com a Lei n. 8.429/92, o servidor "X" será punido com as seguintes sanções: perda do cargo comissionado (função pública), proibição de contratar com a Administração Pública ou de receber seus benefícios por cinco anos e a suspensão dos direitos políticos pelo prazo de cinco a oito anos *(tópico frasal com resposta construída por meio de reescritura do item "c", utilizando, para isso, um testemunho de autoridade para embasar a resposta). Além disso,* essas penas poderão ser acumuladas com a multa de duas vezes o valor do prejuízo causado pelo servidor "X" *(adição de ideia).*

Desse modo, o prazo inicial para ajuizar uma ação contra o servidor "X" por ato de improbidade é de cinco anos *(tópico frasal com resposta construída por meio de reescritura do item "d", utilizando, para isso, um testemunho de autoridade para embasar a resposta).* Já o termo inicial para a contagem do prazo se dá a partir da ciência do ato improbo pelas autoridades competentes, seja na via administrativa seja na judicial.

Pelo exposto, fica evidente que o servidor "X" cometeu o ato de improbidade, intitulado ato de lesão ao erário *(conclusão iniciada por meio de conector conclusivo). De fato,* serão a ele confirmadas as sanções previstas na Lei 8.429/92 *(explicação).*

Estudo de caso 5

Maria das Couves foi contratada para prestar serviços domésticos à família Silva, no âmbito residencial, durante três dias na semana. Foi acordado entre a família Silva e Maria das Couves que, além dos trabalhos domésticos, ela atenderia todas as ligações telefônicas dirigidas ao escritório da Dra. Fabiana Silva (advogada), instalado no mesmo endereço da residência da família e serviria café aos clientes que lá comparecessem. Durante o período de experiência, Maria das Couves comunicou à família que estava grávida.

Nesta hipótese, responda, fundamentadamente:

a) Maria das Couves será considerada uma trabalhadora autônoma (faxineira/ diarista), empregada doméstica ou empregada urbana? Por quê?

b) É necessário o registro em CTPS do contrato de trabalho por experiência? Qual é o prazo máximo de contratação? Este contrato pode ser prorrogado? Se possível, por quantas vezes?

c) A gravidez de Maria das Couves lhe garante algum tipo de estabilidade? Se afirmativa a resposta, qual o período de estabilidade e em que hipótese poderia ocorrer a rescisão do contrato de trabalho?

Empregada foi contratada para exercer atividades como doméstica em determinada residência com a condição de prestar assistência ao escritório de advocacia da empregadora. Ainda durante o período de experiência, a empregada engravidou *(resumo do caso)*. Aos domésticos, é aplicada a lei Complementar n. 150/2015; já aos empregados urbanos, aplica-se a Consolidação das Leis Trabalhistas (CLT) *(breve apresentação do tema)*.

A trabalhadora será considerada empregada urbana, visto que preenche os requisitos previstos na CLT para essa categoria *(tópico frasal construído por meio da reescritura do item "a")*. *Em verdade,* a legislação trabalhista estabelece que deverá existir habitualidade, onerosidade, trabalho exercido por pessoa natural, subordinação jurídica e riscos da atividade econômica suportados pelo empregador *(explicação)*. *Com efeito,* ao atender ligação e servir café para o escritório de advocacia, houve descaracterização do trabalho doméstico, já que nele a dedicação é exclusiva à família *(explicação)*. *Portanto,* não haverá aplicação da Lei Complementar n. 150/2015, mas sim da CLT *(conclusão/fechamento do parágrafo)*.

Ademais, é necessário o registro na CTPS do contrato de trabalho mesmo durante o período de experiência *(tópico frasal construído por meio da reescritura do item "b")*. *Conforme* dispõe a CLT, o prazo de duração máxima dessa modalidade é de 90 dias *(conformidade/testemunho de autoridade)*. Pode ocorrer, *além disso,* uma prorrogação, desde que não ultrapasse esse período *(adição)*.

Por fim, com a confirmação da gravidez, a empregada adquire estabilidade *(tópico frasal construído por meio da reescritura do item "c" e introduzido por um conector de conclusão)*. *De acordo com o* disposto no Ato das Disposições Constitucionais Transitórios (ADCT), ela não poderá ser demitida durante o período entre a confirmação da gravidez até cinco meses após o parto *(conformidade/testemunho de autoridade)*. *Entretanto,* haverá demissão, sem prejuízo ao empregador, em caso de falta grave, segundo rol estabelecido no art. 462 da CLT *(contraste)*.

Glossário

Ao longo da preparação para o conteúdo da produção de texto é importante alcançar um repertório variado e, ao mesmo tempo, de caráter aprofundado. Dessa forma, o domínio de alguns **conceitos, terminologias específicas, expressões e vocábulos possibilitam uma expansão crítico-reflexiva, assim como uma flexibilidade de raciocínio para diferentes troncos temáticos**. Por isso, daremos atenção especial a esse manuseio conceitual que garante uma assimilação dos conteúdos, trazendo visões sistematizadas de cada conceito, termo, expressão, a fim de garantir o uso em variadas propostas.

Abismal: que é profundo, distante.

Abstração: isolamento de fatores da sociedade, capacidade de "olhar de fora" – tratativa de questões subjetivas.

Acessibilidade: no debate sobre inclusão, são as estratégias que garantem o processo de inserção de um indivíduo em determinado grupo.

Aculturação: processo de superação de uma cultural a partir de uma relação desigual. Exemplo: brancos e indígenas.

Adultização: processo de antecipar as caracterizações específicas da vida adulta – modo de falar, de se vestir, gestos, hábitos etc.

Aldeia global: conceito criado pelo sociólogo canadense Herbert Marshall McLuhan, que parte da ideia de que a tecnologia rompeu com a dimensão geográfica ou temporal, há um estreitamento de laços na perspectiva política, econômica, cultural e social.

Alienação: processo de estar deslocado daquilo que se faz, sem a capacidade de raciocinar criticamente.

Algoritmo: sequência de regras, raciocínios e operações utilizadas pelas plataformas virtuais para a disseminação de conteúdo.

Alteridade: capacidade de se colocar na situação do outro, entendendo-se pertencente a um espaço coletivo.

Altruísmo: projetado inicialmente por um dos grandes nomes da Sociologia, Auguste Comte, trata-se de uma postura espontânea para o bem, sem nenhum tipo de artificialidade.

Analfabetismo funcional: indivíduos alfabetizados, mas que não apresentam a capacidade de interpretação de textos simples, nem a realização de exercícios básicos de matemática.

Animosidade: sentimento de rancor, má vontade.

Anomia social: estado de colapso oriundo de um acontecimento inesperado (distorções).

Anonimato digital: falsa ideia de que existe a possibilidade de resguardados dados nos ambientes virtuais.

Antítese: contradição.

Antropoceno: época em que os seres humanos tomam conta do planeta (objetiva um debate sobre a relação paradoxal).

Antropocentrismo: homem no centro das explicações.

Ambiguidade: aspectos de duplo sentido.

Apatia: estado onde prevalece a insensibilidade emocional.

A posteriori: conhecimento obtido após a experiência.

A priori: conhecimento obtido antes da experiência.

Apropriação: absorção de algo, utilização de elemento não necessariamente da sua identidade ou cultural.

Arquétipo: padrão, modelo exemplar de algo.

Artificialização: tratar de modo artificial, mecânico, superficial.

Assimetria: quando há divergência, disparidade.

Autonomia: capacidade de se autorregular, assumir as próprias ações com maturidade. Axiomas: verdades irrefutáveis, máximas universais.

Baby Boomers: geração dos nascidos pós-Segunda Guerra Mundial até a década de 1960.

Banalidade do mal: expressão criada pela alemã naturalizada americana Hanna Arendt (1906-1975) que aborda a naturalização da maldade. Na ocasião, ela analisa a ótica nazista que havia transformado a maldade em algo comum, natural. Dessa forma, na contemporaneidade, a abordagem refere-se à banalização de situações de violência que obstaculiza o enfrentamento de tais problemas sociais.

Banalização: retirar o significado de algo, deixar sem sentido.

Bioética: campo que analisa as implicações morais no desenvolvimento do pensamento científico (uso de animais em experimentos).

Booktuber: *youtuber's* que comentam enredos de livros.

Bullying: prática sistemática, repetitiva, de caráter intencional, de perseguição, violência (das mais variadas formas) contra um indivíduo.

Burocratização: excesso de trâmites para determinado processo.

Camarotização: processo de segregação sócio-espacial em busca de maior isolamento (segurança).

Capital cultural: bagagem adquirida ao longo da vida por meio das instituições sociais (conceito de Pierre Bourdieu).

Categorização: estabelecer em categorias, linearmente, racionalmente.

Ceticismo: incredulidade/falta de crença.

Cibercondria: hábito de realizar pesquisas virtuais para todos tipos de dores, doenças e sintomas.

Ciberdemocracia: capacidade de articulação da população via redes sociais.

Ciberespaço: espaço virtual utilizado pelos indivíduos (*sites*, plataformas, apps).

Cibridismo: confusão entre a vida *on-line* a e a vida *off-line*, já que a sociedade está conectada o tempo todo.

Cidadania Digital: novo modelo de plenitude da cidadania ao utilizar a lógica virtual.

Coercitividade: pressão exercida sobre algo ou alguém, em alguns casos, pressão implícita.

Coisificação: reduzir elementos a coisas, materializar.

Colorismo: movimento que luta contra a discriminação por conta do tom de pele, pigmentação.

Condominização: processo de segregação sócio espacial na dimensão dos condomínios, ampliando a segurança, mas abrindo mão da liberdade (próximo da ideia de camarotização).

Conformismo: situação em que se aceita.

Conservadorismo: maneira de se posicionar sobre tais aspectos (questões ideológicas), sustentada pela visão da manutenção.

Consuetudinário: oriundo dos costumes.

Consumismo: consumo em excesso, em demasia.

Cordialidade: capacidade de gentileza.

Crowdfunding: campanhas de arrecadação virtual.

Cultura de massas: produção de elementos artísticos e culturais que ganham a massa, grande parte do público.

Demagogia: arte, poder e capacidade de conduzir o povo (discursos bem alinhados).

Democracia digital: participação do cidadão utilizando os espaços virtuais para tratar das mais variadas pautas.

Democratização: quando algo ganha uma dimensão democrática, alcança a maioria.

Demonização: elemento taxativo na perspectiva pejorativa.

Desencantamento: falta de motivação.

Desglobalização: retrocesso na integração entre as nações.

Desmistificação: ruptura de tabus de determinados assuntos.

Desnaturalização: descontruir questões que se tornam naturais (geralmente, aspectos equivocados do comportamento).

Desumanização: retirar o viés humano do tema, debate, gesto.

Deterioração: desgaste oriundo de determinada força.

Determinismo: ideia de que se deve aceitar tal condição.

Deturpação: distorcer algo.

Dialética: diálogo.

Dialogicidade: característica dos elementos estabelecidos por diálogo.

Dicotomização: visões com dois polos.

Distopia: lugar ou estado imaginário em que se vive em condições de extrema opressão, desespero ou privação. Representação ou descrição de uma organização social futura caracterizada por condições de vida insuportáveis/caos.

Ditadura da beleza: imposições em busca de um corpo esteticamente aceito.

Ditadura da felicidade: imposições para o modelo de vida feliz.

Diversidade: diferenças em todos os aspectos.

Doutrinação: capacidade de reprodução de conhecimentos que ceifa a propriedade intelectual e o pensamento autônomo.

Dogmático: que tem solidez e não sofre alterações em uma doutrina.

Educacionismo: preconceito que leva em consideração grau de instrução dos indivíduos.

Edutuber: *youtuber's* que usam o espaço para divulgação de conteúdos.

Efemeridade: rapidez e superficialidade.

Egocentrismo: excesso de práticas que exacerbam a visão do indivíduo.

E-learning: aprendizagem em plataformas virtuais.

Elitização: capacidade de elevar as delimitações para a elite (econômica).

Emancipação: libertação.

Emburrecimento social: retroceder em aspectos considerados irrefutáveis.

Empatia: colocar-se na situação do outro.

Empírico: que nasce da experiência sensorial.

Empoderamento: ampliação da força de determinados grupos na defesa de pautas específicas.

Empreendedorismo: capacidade de ser original, buscar o ineditismo.

Epistemologia: estudo do conhecimento.

Erotização: efeito de erotizar (conteúdos infantis).

Escatologia: doutrina sobre fim do mundo.

Espetacularização: amplificar o acontecimento em si, oferecendo novos recortes hiperbólicos.

Estamental: que não tem mobilidade.

Estelionato eleitoral: enganação via promessas.

Estereótipos: padrões a serem seguidos previamente definidos pela sociedade do consumo.

Estetização: tornar algo estético (bonito para os padrões).

Estratificação social: divisão em classes sociais.

Etnocentrismo: entendimento da própria cultura como superior, modelo, referência, o que gera a inferiorização de tudo que é diferente.

Eurocentrismo: visão de que a Europa é referência em vários aspectos.

Extremismo: comportamento violento baseado no radicalismo.

Falácia: falsidade.

Favelização: processo resultando da macrocefalia urbana (junção de casas em áreas não apropriadas).

Fragilização: desgaste.

Fragmentação: quebra em pedaços.

Fronteirização: debater a questão das fronteiras na dimensão atual.

Fundamentalismo: corrente conservadora que apresenta premissas estáticas na lógica religiosa.

Gamificação: uso de técnicas virtuais (lúdicas) para cativar o público.

Gaslighting: forma de abuso onde há distorção de informações.

Genocídio: matança em grande número, extermínio em massa.

Gentrificação: hipervalorização de determinada localidade da cidade após chegada de empreendimento imobiliário. Quem viver na região e não consegue arcar com os gastos é extirpado do processo agravando problemas sociais.

Geração canguru: geração de jovens cada vez mais dependentes da família.

Geração *millennials*: pessoas nascidas entre 1980 e 1990.

Geração nem nem: indivíduos que não estudam e não trabalham.

Glamping: acampamentos *gourmets*.

Globalismo: condição de interligação entre as partes.

Gordofobia: preconceito estético.

Gourmetização: enobrecimento (oriundo da culinária) a partir de elementos específicos. No campo social, a questão do *status* toma corpo.

Hegemonização: tornar-se liderança, superior.

Heroicização: ótica do herói.

Heterogeneidade: dividido em camadas, diferentes.

Higienização: limpeza.

Hipervalorização: valorização em excesso de determinada questão.

Homogeneização: similar, idêntico.

Horizontalidade: tratar em um mesmo patamar.

Idolatria: consolidação dos ídolos.

Ikigai: razão de ser.

Indignação seletiva: seletividade na hora de demonstrar indignação com algo.

Inferiorização: redução de sentido e significado.

Influenciadores digitais: pessoal de alcance na dimensão virtual.

Infolatria tecnofágica: males da tecnologia utilizada em excesso.

Instagramização: vida a partir da ótica das redes sociais.

Internalização: assimilar para si.

Internetês: recursos linguísticos da comunicação virtual.

Invisibilidade social: tornar grupos sociais como seres invisíveis, sem representatividade.

Judicialização: resolução via Justiça.

Juridiquês: termos específicos do Direito.

Karoshi: morte por excesso de trabalho. Legitimação: tornar-se concreto, legal.

Libertinagem: excesso da liberdade.

Linchamento: uso da violência (violência com as próprias mãos) – supressão de direitos.

Limítrofe: alcança determinado limite.

Macrocefalia urbana: crescimento desordenado das cidades.

Maiêutica: teoria do filósofo Sócrates – parto do conhecimento.

Materialização: tornar tudo concreto, material.

Medicalização: sustentação de fármacos para situações variadas.

Melancolização: dramatização de questões cotidianas.

Memetização: tratar as questões a partir dos "memes" (recurso do humor).

Menoridade: segundo a teoria de Immanuel Kant, trata-se da "incapacidade de fazer uso de seu entendimento sem a direção de outro indivíduo".

Mercantilização: atribuir valores econômicos a todas as situações.

Meritocracia: noção de que a ascensão ocorre exclusivamente pelo mérito/querência.

Midiatização: abordagem midiática oferecida para determinados acontecimentos.

Minimalista: movimento que prega o desapego material, viver com o mínimo.

Minorias sociais: parcelas da sociedade que sofrem com a perseguição, violência, marginalização e exclusão social.

Miscigenação: mistura de raças

Multiculturalismo: coexistência de culturas.

Narcisismo: adoração ao "eu".

Nativos digitais: indivíduos que nasceram mergulhados no contexto tecnológico.

Niilismo: aniquilamento, redução ao nada.

Nomofobia: medo de ficar sem celular.

Maximização: ampliação.

Mediocrização: reduzir ao patamar medíocre, sem sentido, fútil.

Metamórfico: sofre transformações.

Minimização: redução em partes pequenas.

Miojização: geração que não pensa longitudinalmente, quer tudo em um curso espaço de tempo (termo usado por Mario Sérgio Cortella).

Misoneísmo: desconfiança com relação ao que é novo, modificações.

Obscurantismo: negação de fatos historicamente constatados (revisionismo histórico) e a sustentação de premissas anti–intelectualistas.

Ócio criativo: união de trabalho, lazer e estudo em uma mesma dimensão, sem que haja a segregação ao longo da rotina (conceito de Domenico De Masi).

Ontologia: estudo do ser.

Paradoxo: contradição subjetiva.

Parametrização: criar vertentes de análise, parâmetros de comparação.

Partidarização: posicionar-se com base em partidos.

Pasteurização: padronização.

Patologização: geração de doenças.

Patriarcalismo: disposição hierárquica superior do patriarca.

Patrimonialismo: confusão proposital entre o público e o privado.

Patrimônio cultural imaterial: que não é tangível, não está no tocante (músicas, tradições, lendas).

Pauperização: quando há um empobrecimento.

Pensamento binário: duas vertentes antagônicas.

Perpetuação: algo se repete continuamente.

Personificação: estabelecer a visão em determinada pessoa.

Perspecticídio: espécie de lavagem cerebral, manipulação agressiva. Pluralidade: diversidade, riqueza.

Polarização: dividir em dois pólis

Politização: ato de conscientização.

Populismo: estratégia de chamar o povo para o lado (recursos).

Pós-verdade: quando a objetividade da informação é deixada de lado, levando em consideração valores subjetivos.

Práxis: prática, concretude.

Precarização: que torna algo precário, sem qualidade.

Prisionização: efeitos da prisão na vida do detento.

Procrastinação: ficar postergando algo ou alguém.

Protagonismo: tomada de decisão em busca do papel central.

Pseudoativismo: falta articulação em busca de uma causa.

Pulverização: que se dispersa.

Putrefação: que apodrece.

Qualitativo: baseado na qualidade.

Quantificação: baseado na quantidade.

Radicalismo: uso de leituras extremistas.

Ramificação: divisão em setores, ramos.

Razão crítica (pensamento filosófico/sociológico): capacidade de se posicionar diante dos acontecimentos, fazendo uso de um crivo pessoal.

Reducionismo: reduzir algo.

Resiliência: capacidade de resistir aos desafios e superar dificuldades.

Retórica: capacidade de argumentar, persuadir, dialogar.

Retrotopia: visão nostálgica de que no passado tudo era melhor.

Revitalização: resgatar valores, traços.

Revolucionário: de caráter transformador.

Ridicularização: reduzir de forma pejorativa algo ou alguém.

Ritualismo: o que segue regras, ritos.

Robotização: uso intenso da robótica.

Romantização: tratar o tema a partir de preceitos pessoais.

Sacralização: tornar sagrado.

Satirização: usar o humor para tratar algo.

Saudosismo: culto ao passado, nostalgia.

Segregação: separação.

Senso comum: conhecimento fundado ao longo da história, sem a devida fundamentação científica.

Sexismo: preconceito baseado no gênero ou sexo da pessoa.

Socialização: capacidade do indivíduo de interação (família – socialização primária/ escola – socialização secundária).

Sofistas: teóricos criticados por Sócrates que usavam o dom da oratório/retórica para tornar qualquer argumento válido.

Sororidade: união entre mulheres para enfrentamento de problemas comuns.

Status: posição de destaque ou ainda maneira como se enxerga alguém.

Suicidologia: estudo da ocorrência de suicídios.

Superexposição: exposição em excesso (geralmente no ambiente virtual).

Sustentabilidade: desenvolvimento econômico e social com preservação do espaço geográfico.

Tabu: algo que se solidifica na histórica como "intransponível".

Teatralização: aplicar caráter teatral, performático.

Tecnicização: tornar questões técnicas.

Tecnofobia: receio da interação tecnológica na modernidade.

Telemedicina: atendimento para determinadas situações usando a virtualidade.

Terraplanismo: defesa de que a Terra é plana.

Tóxico: palavra do ano de 2018 pelo dicionário britânico de Oxford, revela comportamento agressivo (masculinidade tóxica), assim como a relação de agressividade com o meio ambiente.

Transversalidade: capacidade de diálogo com outras áreas.

Utilitarismo: mecanismos que visionam o que é útil.

Utopia: espaço de total idealização.

Vacuidade: vazio.

Vandalismo: ato de destruir.

Verticalização: olhar modo hierárquico.

Vilipendiar: desprezar, menosprezar.

Violência simbólica: violência não explícita, por meio de mecanismos.

Viralização: amplo potencial de disseminação de informações que a internet tem.

Virtualização: dimensão virtual das situações.

Vitimismo: redução dos indivíduos a uma situação genérica.

Youthquake: "terremoto jovem", potencial de transformação dos jovens pelas redes sociais.

Xenofobia: aversão ao estrangeiro, preconceito.

Referências

FIGUEIREDO, Adriana. **Gramática comentada com interpretação de textos para concursos.** 4. ed. São Paulo: Saraiva, 2015.

GARCIA, Othon M. **Comunicação em prosa moderna:** aprenda a escrever, aprendendo a pensar. 27. ed. Rio de Janeiro: Editora FGV, 2010.

KOCH, Ingedore Villaça. **A coesão textual.** São Paulo: Contexto, 2005.

MARCUSCHI, Luiz Antônio. **Produção textual, análise de gêneros e compreensão.** São Paulo: Parábola, 2009.

NEVES, Maria Helena de Moura. **Gramática de usos.** São Paulo: Unesp, 2000.

Para assistir às aulas dos professores com o método
utilizado neste livro, acesse o QR code a seguir:

https://uqr.to/1ywuz